L'ENVERS DE LA GLOIRE

*Il a été tiré, de cet ouvrage,
vingt exemplaires sur papier du Japon, tous numérotés
et parafés par l'Éditeur.*

DU MÊME AUTEUR

FLORISE BONHEUR

Illustrations de Geo DUPUIS

Un volume in-18. Prix. . . . . 3 fr. 50

PARIS INTIME

150 illustrations

Un volume in-18. Prix. . . . . 3 fr. 50

ÉMILE COLIN, IMPRIMERIE DE LAGNY, (S.-&-M.)

ADOLPHE BRISSON

L'Envers de la Gloire

ENQUÊTES ET DOCUMENTS INÉDITS

SUR

*Victor Hugo. — E. Renan. — Émile Zola.
Edgar Quinet. — Le P. Didon. — Ferdinand Fabre. — Rachel.
Le Prince de Monaco. — Ch. Garnier.
Hervé. — Marie Dorval. — Frédérick Lemaître.
Marie Laurent. — Henri Heine.
Alfred de Musset. — Gavarni, etc., etc.*

PARIS
ERNEST FLAMMARION, ÉDITEUR
26, RUE RACINE, 26
—

Droits de traduction et de reproduction réservés pour tous les pays,
y compris la Suède et la Norvège.

L'ENVERS DE LA GLOIRE

VICTOR HUGO

LE ROMAN D'UN ROMAN : « LES MISÉRABLES »

I

Je suis allé voir l'autre matin mon respectable ami l'ancien éditeur belge Albert Lacroix.

Son nom ne dit pas grand'chose aux générations nouvelles. Et pourtant il jouit, pendant plus de dix ans, d'une notoriété considérable. Albert Lacroix était connu à l'égal des Michel Lévy, des Dentu, des Hachette. Il fut le libraire, le confident et un peu le disciple des poètes, des philosophes et des historiens les plus illustres du dernier siècle, de Lamartine, d'Hugo, de Michelet, de George Sand. Il publia les premiers romans d'Émile Zola. Il gagna des millions à ce commerce. Puis il les perdit dans de fâcheuses spéculations de terrain. Et maintenant il vit en philosophe (1).

Il habite, au fond des Ternes, un étroit logement bondé de livres. C'est son seul luxe. On est à peu près sûr de l'y rencontrer, car il ne s'arrache à son labeur de bénédictin que lorsqu'il y est contraint par quelque nécessité impérieuse. Et chaque fois qu'un hasard propice me mène de son côté, je monte lui serrer la main. J'aime la forme ironique et joviale de son esprit et son humeur demeurée sereine malgré l'infortune. M. Lacroix ne se répand pas en lamentations sur les hommes, et s'il a de l'amertume dans le cœur, il ne la laisse point s'épancher, ce qui est, sans doute, une preuve de sagesse.

Lors de ma plus récente visite, il m'avait dit, me montrant un gros coffre rempli de paperasses :

— J'ai là cinq cents lettres inédites de Victor Hugo que personne n'a lues et dont je ne veux pas me dessaisir.

Et comme j'insistais pour qu'il m'autorisât à en prendre connaissance :

— L'heure n'est pas venue. Il faut d'ailleurs que je les classe. Vous viendrez plus tard me les demander.

---

(1) Hélas ! le bon libraire a cessé de vivre. Il s'est éteint dans un petit village de Savoie où il était allé passer la belle saison. Je laisse néanmoins subsister sans changement, ces pages qui évoquent son attachante et sympathique physionomie.

Les fêtes d'Hugo m'offraient une occasion de lui rappeler cette parole. J'ai gravi allègrement ses cinq étages, agité par l'espoir des révélations promises. Il vint lui-même m'ouvrir et me demanda en souriant :

— Qu'y a-t-il pour votre service ?
— Vous le savez bien !
— Ah ! oui, les fameuses lettres !

Je l'ai suivi dans le salon. Il est meublé d'une large table, tout entière couverte de manuscrits et de cartes géographiques. C'est là que, dès l'aube et jusqu'à trois heures du matin, M. Lacroix se courbe sur sa tâche accoutumée, excitant la surprise et l'admiration de ses voisins. Il s'occupe à mettre sur pied, avec le vicomte de Caix, une histoire de France illustrée en vingt volumes et dirige une encyclopédie scientifique populaire. Il ne suffit à tant de besogne que grâce à l'heureuse maigreur dont la nature l'a favorisé. Ce septuagénaire est agile et fluet comme un adolescent. Sa barbe et ses cheveux sont de neige, mais derrière son binocle luisent les yeux les plus vifs, des yeux fureteurs et malins. Joignez qu'il adore causer et qu'il conte l'anecdote avec beaucoup d'agrément. Or, il possède dans son sac des milliers d'historiettes.

— Nous allons, fis-je, dépouiller le dossier Victor Hugo.

Il prit sur la cheminée une chemise de papier gris.

— J'ai mis à part tout ce qui concerne les *Misérables*. Vous savez que j'entrai en relations avec Hugo, à l'occasion de ce livre. Nous échangeâmes à son sujet, avant et après sa publication, une copieuse correspondance... Ah! cher monsieur, quelle fièvre d'art nous avions alors, quelle ardeur et quel noble enthousiasme ! La jeunesse d'aujourd'hui ignore ces sentiments ; elle est dévorée par l'esprit de lucre...

M. Lacroix va médire du temps présent. C'est l'ordinaire penchant des vieillards. Mais il s'abstient de céder à ce plaisir trop facile. Il se ressaisit.

— Bruxelles, au lendemain du coup d'Etat, était une ville miraculeuse, une cité peuplée de génies.

Il s'est accommodé sur son fauteuil. Mais il n'y tient pas en place. Emporté par le feu du discours, il s'anime, gesticule et m'entraîne à sa suite dans l'évocation des jours lointains.

C'était en 1857... M. Lacroix venait de conquérir le grade de docteur en droit et d'obtenir le prix de littérature décerné par les quatre universités du royaume. Ce concours se faisait dans des conditions très solennelles. Le candidat subissait de difficiles épreuves ; non seulement il était interrogé par le jury en séance publique, mais les assistants pouvaient à leur gré lui poser des questions. Ainsi, M. Lacroix eut l'honneur d'être interpellé par Pascal Duprat, Edgar Quinet et de leur expliquer certains passages de son mémoire sur *Shakespeare et le théâtre français*. Mais leurs louanges ne contentaient pas son cœur ambitieux. Il en souhaitait une plus haute. Il envoya l'ouvrage à

Guernesey, accompagné d'une épître où il avait versé sa vénération pour le proscrit.

— Je reçus sa réponse par le retour du courrier. Je l'ai précieusement conservée. La voici.

Il me tend un feuillet bleu, que la plume d'oie d'Hugo a couvert d'une large et ferme écriture. Et, sous sa dictée, j'en transcris le contenu :

Hauteville house (Guernesey), 18 janvier 1857.

Vos lettres, monsieur, sont d'un noble esprit et me donnent hâte de lire votre livre. J'ai tardé à vous répondre, ce que vous me pardonneriez aisément, si vous voyiez de quels travaux et de quelles affaires de tout genre je suis, à la lettre, accablé. Je vous lirai avec bonheur. Nous avons une religion intellectuelle commune. Vous avez la généreuse ambition d'être un des porte-flambeaux du progrès. En relisant vos deux lettres, empreintes de tant d'élévation, je sens que vous en êtes digne. Prenez donc rang, monsieur, en tête de la phalange des esprits en marche. Je vous tends la main.

VICTOR HUGO.

Vous concevez l'enivrement de M. Lacroix qui était traité de « porte-flambeau » par le plus grand poète de l'univers. Il résolut de justifier l'opinion avantageuse qu'on avait de lui. Il entreprit, sur le conseil d'Edgar Quinet, d'éditer les œuvres de *Marnix de Sainte-Aldegonde* et acquit, dans ce but, un matériel d'imprimerie, affectant à cet achat son patrimoine qui se montait à une soixantaine de mille francs. Cependant, il avait toujours les regards fixés sur le rocher de granit, où le prophète exilé rendait ses oracles. Il tendait l'oreille aux brises de l'Océan. Elles lui apprirent un matin que Victor Hugo venait d'achever un livre, ayant pour titre les *Misérables*. M. Lacroix, qui venait de s'associer avec son compatriote Verboekhoven, jura dans son for intérieur : « Les *Misérables* seront à moi ! »

Il dépêche à l'auteur une missive, encore plus lyrique que la première ; il se déclare prêt à accepter ses conditions quelles qu'elles soient ; il souscrit à toutes ses exigences. « On ne marchande point avec le génie, » ajoute-t-il. Il croit savoir que Victor Hugo a passé par Bruxelles, à l'hôtel de la Poste. Il s'y précipite. Mais Victor Hugo l'a quitté ; il n'y rencontre que son fils Charles qui accepte obligeamment de jouer, au profit des deux jeunes associés, le rôle d'intermédiaire ou d'ambassadeur. En effet, le courrier de Guernesey leur apporte ce court billet :

5 septembre 1861.

Messieurs,

J'écris aujourd'hui même à mon fils et je le charge de vous donner tous les éclaircissements que vous voulez bien désirer. Je veux répondre de la façon la plus précise à votre ouverture honorable et franche...

La lettre à laquelle Victor Hugo faisait allusion était moins laconique. M. Lacroix en a conservé la copie de la main de Charles Hugo. Elle renferme sur les *Mi-*

sérables une instructive appréciation et vaut la peine d'être citée :

5 septembre 1861.

Mon cher Charles,

Voici ma réponse aux questions de MM. Lacroix et Verboekhoven.

L'ouvrage n'est pas politique. La partie politique est purement historique : Waterloo, le règne de Louis-Philippe, l'insurrection de juin 1832 (convoi du général Lamarque), et le livre, commençant en 1815, finit en 1835. Aucune allusion, donc, au régime présent. D'ailleurs, c'est un drame, un drame social, le drame de notre société et de notre temps. Il aura 8 volumes au moins, 9 peut-être et sera divisé en 3 parties ayant chacune un titre spécial et destinées à paraître successivement aux époques qui conviendront aux éditeurs, de mois en mois, par exemple. La revision que je fais sera finie dans deux mois au plus tard. Le livre pourrait donc paraître en février comme *Notre-Dame de Paris*. Et si c'était le 13 février, ce serait trente ans après, jour pour jour. Ce 13 n'a pas porté malheur à *Notre-Dame*.

Quant à mon prix, tu le connais. C'est 250.000 francs comptant, pour huit années d'exploitation, avec la réserve de ne pouvoir réimprimer dans les six derniers mois. Je me réserve le droit de traduction. Si on voulait me l'acheter également, le prix total serait de 300.000 francs ; le produit de la traduction partout sera, je crois, considérable. Il est à ta connaissance que 300 livres sterling comptant vont m'être payées en Angleterre pour le seul droit de traduction des deux volumes de la *Légende des Siècles*.

Ces détails abondamment donnés par le poète sur ce

roman qui était déjà célèbre, quoique n'ayant pas paru, ne pouvaient qu'enflammer notre éditeur. Pour complaire à son associé, il risque deux objections qui portent sur la longueur de l'ouvrage et sur son prix. Mais Hugo les réfute l'une et l'autre. On ne le prend pas sans vert. Il est armé pour tous les combats.

20 septembre.

... Je complète les indications données par moi. L'action du livre est une. Les trois parties existent sous des titres spéciaux, mais tout le livre tourne autour d'un personnage central.

Ce que vous me dites des romans longs ne me paraît point résulter des faits connus en librairie. Peu de succès sont comparables au succès de *Gil Blas*, de *Don Quichotte* et de *Clarisse Harlowe* : trois romans longs... Le prix indiqué par moi est d'environ 30.000 francs par volume pour une exploitation de huit ans. C'est un prix fort modéré. Une seule édition de *Notre-Dame de Paris* (la première édition illustrée faite par Renduel, 1836) a été affermée par moi 60.000 francs. Les 12.000 francs donnés par le traité Gosselin-Renduel pour deux volumes (3.150 exemplaires avec exploitation maximum d'une année) feraient pour huit années 96.000 francs et appliqués à huit volumes, pour le même laps de temps, 384.000 francs ; prix fort supérieur à celui que je demande.

Si M. Lacroix désire venir, je serai charmé de le voir. On fait plus de besogne, en effet, dans une heure de causerie que dans vingt lettres. Il verra le manuscrit. Le voyage n'est rien. Quelque chose comme 200 francs aller et retour. Il faut s'embarquer de façon à être à Southampton un lundi, mercredi ou vendredi. On est le lendemain à Guernesey.

Cette invitation à se rendre à Guernesey correspondait au plus fervent désir de Lacroix. Il eût accompli ce pèlerinage, pour la joie de contempler le grand homme. Or l'espérance d'une affaire fructueuse s'y ajoutait. Double raison de se mettre en route. Lacroix se hâta de boucler sa valise.

— Je ne reviens que le traité en poche, dit-il à Verboekhoven.

— Mais nous n'avons pas d'argent?

— Nous en trouverons.

— Et si nous n'en trouvons pas?

— On ne tenterait jamais rien, si l'on s'arrêtait à ces bagatelles.

Trois jours plus tard le paquebot de Southampton le déposait dans le petit port de Guernesey, au seuil de Hauteville house.

— Dussé-je vivre cent ans, m'a déclaré Albert Lacroix, que je n'oublierais aucun des détails de cette entrevue.

A neuf heures du matin, ayant fait un brin de toilette, il se présente chez l'écrivain. On l'introduit dans la bibliothèque. Et là, sur les rayons de chêne, il avise son ouvrage, l'essai sur *Shakespeare et le théâtre français*, qui lui valut une lettre si flatteuse, où il était qualifié de « porte-flambeau ». Il attire à lui cet enfant demeuré cher et s'aperçoit avec mélancolie que les pages n'en sont pas coupées ! Victor Hugo ne l'avait pas lu. Victor Hugo ne peut tout lire. Et, le « porte-flambeau » ne lui garde pas rancune, il n'est pas offensé de son dédain. Il songe bien, vraiment, à ces choses. Il est troublé, ému, à l'idée d'affronter le Maître et d'ouïr le son de sa voix.

Une portière s'écarte... C'est lui. Il se montre tout ensemble auguste et paternel, sévère et cordial.

— Nous causerons, dit-il, après déjeuner. Faisons d'abord le tour de mon île.

Ils s'en vont bras dessus, bras dessous, à travers les ruelles obscures et biscornues du bourg, Victor Hugo inépuisable en discours, anecdotes et autres joyeux propos, son hôte enfin rassuré par tant de bonhomie. Ils rentrent au gîte pour le repas de midi. Puis ils montent au look-out, cette pièce vitrée qui sert au poète de cabinet de travail.

— Maître, demande Lacroix, toujours palpitant d'espoir et de crainte, sommes-nous d'accord ? Je signe d'avance ce qu'il vous plaira.

Victor Hugo lui tendit une plume, de l'encre, une feuille de papier et proféra ce mot :

— Ecrivez !

Et sans une hésitation, ni un arrêt de mémoire, il lui dicta le traité suivant. M. Lacroix en a conservé soigneusement la minute. Je pense qu'il mérite d'être reproduit. Nul détail n'est indifférent qui concerne les grands hommes. Et celui-ci met en lumière des traits de caractère d'Hugo, sa précision, sa netteté d'esprit, sa prudence, son sens pratique des choses. Il aide, en somme, à pénétrer sa psychologie.

M. Victor Hugo cède à MM. Lacroix-Verboekhoven et Cⁱᵉ la propriété pleine et entière d'une œuvre nouvelle inédite formant un roman intitulé les *Misérables* et qui se divise en trois et quatre parties..

Cette propriété se trouve limitée, par la présente, à une durée de douze années.

Ils s'engagent à payer pour cette vente la somme de 240.000 francs :

1° 125.000 francs à la remise des manuscrits, qui s'effectuera du 15 novembre au 15 décembre ;

2° 55.000 francs, deux mois jour pour jour après la publication de la première partie du roman ;

3° Les 60.000 francs restant, deux mois après la seconde partie. Il est entendu que si, pour des causes indépendantes de la volonté de MM. L... et V..., la publication de la première partie avait lieu plus tard que le 15 février 1862, le second payement s'effectuerait quand même au 15 avril de la même année. A l'égard du troisième et dernier payement, la même obligation est imposée de ne point en reculer la date après le 15 juin de la même année.

MM. L... et V... acceptent le contrat antérieurement conclu par M. V... H... avec MM. Gosselin et Renduel.

Ils s'obligent à compléter les éditions existantes des œuvres complètes de M. V... H..., éditions originales et de propriété dans les formats usités et de bibliothèque, même celle que va publier M. Hetzel.

Le manuscrit est évalué par M. V... H... avoir une étendue égale au moins à 7 ou 8 volumes de l'édition in-8° de *Notre-Dame de Paris*, sans qu'une différence au moins d'un volume puisse rien modifier au contrat actuel... Le surplus des huit volumes profiterait aux soussignés.

Dans la dernière année de l'exploitation, il ne sera pas permis aux éditeurs de publier de nouvelles éditions des *Misérables*.

La publication des *Misérables* dans un journal français en feuilleton ne pourrait avoir lieu avant toute mise en vente que du consentement de l'auteur et de commun accord avec lui. En un cas semblable, le produit de la publication en feuilleton serait partagé entre les soussignés pour tout ce qui dépasserait la somme de 240.000 francs mentionnée ci-dessus.

L'auteur se réserve également l'exploitation de la donnée des *Misérables* sous la forme dramatique.

La remise du manuscrit aurait lieu au domicile actuel de l'auteur, où devrait s'effectuer aussi le payement en monnaie anglaise. En cas de défaut de payement de MM. L... et V..., le présent contrat serait résilié de plein droit et les sommes par eux versées seraient acquises à l'auteur.

MM. L... et V... espèrent à l'expiration du traité actuel pouvoir obtenir, s'ils le jugent convenable, la préférence pour de nouvelles éditions des *Misérables* à des conditions égales à celles émanant d'autres libraires ou éditeurs et dont M. V... H... voudrait bien les avertir.

Ainsi fait, convenu et signé pour être exécuté de bonne foi.

Lacroix traçait docilement ces phrases. Et cependant il réfléchissait à ce qu'elles enfermaient de redoutable. Il s'engageait à verser des sommes dont il n'avait pas le premier sou. Et quelques-uns des articles qu'il griffonnait d'un doigt nerveux lui inspiraient comme un vague effroi.

— Alors, dit-il, si MM. Renduel et Gosselin s'en réfèrent strictement à leurs droits, les deux premiers volumes des *Misérables* leur appartiennent?

— Arrangez-vous avec eux. Ce soin vous regarde.

Le jeune éditeur continuait de s'enfoncer dans ses rêveries.

— Et si l'empereur, votre ennemi intime, prohibe, en France, l'ouvrage, qu'arrivera-t-il ?

— Cela est à prévoir, effectivement, répliqua Hugo. Je vais à mon tour vous rédiger une lettre qui restera entre nous. C'est une *convention secrète* dont nous userons, s'il est absolument nécessaire.

Et il écrivit :

Messieurs,

Dans le cas peu probable où un procès serait fait en France aux *Misérables* et où ce livre serait interdit sur les marché français et frappé d'une amende, je m'engage :

1º A payer de mes deniers la moitié de l'amende ;

2º A prolonger votre droit d'exploitation d'un nombre d'années égal au nombre d'années pendant lequel l'interdiction aurait pesé en France sur le livre.

Dans le cas d'interdiction, nous aurions à nous entendre sur le plus ou moins d'utilité qu'il pourrait y avoir pour vous à compléter telle ou telle édition de mes œuvres en France.

Recevez, etc.

VICTOR HUGO.

Hauteville house, 4 octobre 1861.

Les principales entraves qui étaient à redouter se trouvaient abolies. Il ne restait aux deux parties contractantes qu'à déposer leurs seings au bas de l'acte. Avant de signer, Albert Lacroix fut pris d'un étrange scrupule. Il discernait sur un coin du bureau un énorme tas de feuillets noircis. C'était la copie des deux premiers volumes des *Misérables*. Il eût voulu les soulever, les manier, y glisser un coup d'œil rapide. Il confessa timidement cette envie.

— Ne pourrai-je... examiner... un peu... le manuscrit ?...

La main d'Hugo — sa main de Burgrave — s'abattit sur les cahiers. Et d'un ton qui n'était pas exempt de sécheresse :

— Non... C'est impossible !...

Il ajouta, en manière de plaisanterie (mais on sentait sous le badinage le mouvement de son orgueil irrité) :

— Supposez que ce soit là du papier blanc... J'y ai mis mon nom... Cela suffit !...

Albert Lacroix eût voulu que la terre s'entr'ouvrît pour l'engloutir. Il venait d'offenser son poète, son Dieu... Comment expier une telle maladresse ? Il leva vers lui des yeux chargés de repentir. Puis, saisissant le traité, il y apposa sa griffe, auprès de celle de Victor Hugo. Quand il sortit d'Hauteville house, son butin en poche, il nageait dans la plus pure ivresse. Il courut au télégraphe. Il expédia à son associé, à Bruxelles, une dépêche lui annonçant qu'il avait vaincu les grands libraires de Paris, les Hetzel, les Lévy, les Dentu qui s'étaient mis sur les rangs. M. Lacroix a gardé dans son dossier ce bulletin de victoire : « *3 octobre... Les concurrents reculent après négociations simultanées. Conclu 300.000 francs. Trois payements. Grande ré-*

serve. Silence obligatoire. » Ainsi la joie, la divine joie du triomphe gonflait l'âme du jeune éditeur, devenu l'éditeur de Victor Hugo.

Il n'avait plus que quelques formalités à accomplir. D'abord, se procurer l'argent nécessaire. Et désintéresser, aux conditions les moins onéreuses qu'il se pourrait, l'éditeur Renduel. C'était là le plus pressé. Il fallait obtenir son acquiescement avant que le bruit de la cession des *Misérables* se répandît. Albert Lacroix se dirige, en toute hâte, vers la Nièvre, où ce bon M. Renduel avait son château. Il lui explique qu'il est en négociations avec Victor Hugo — sans lui dire que l'affaire vient d'être conclue. Renduel temporise. Il est un peu froissé de n'avoir pas reçu de lettre d'Hugo, sollicitant l'abandon de ses droits. Il conférera avec son nouvel associé Charles Pagnerre, héritier de Gosselin. Il ajourne sa réponse à la fin d'octobre. Et le pauvre Albert Lacroix se ronge les sangs. Il aurait besoin, pour trouver les fonds qui lui manquent d'annoncer *urbi et orbi* qu'il détient les *Misérables*; et, d'autre part, il craint d'allumer les convoitises de Pagnerre et Renduel. Cruel tourment! De son côté, Victor Hugo s'impatiente contre les fausses nouvelles qui commencent à courir dans la presse au sujet de son roman.

12 octobre 1861.

Dites-moi au plus tôt ce que vous avez pu arranger au sujet du traité Gosselin-Renduel. D'ici là, je garde le silence. Mais le silence est bien difficile à garder. On m'écrit qu'un journal de Bruxelles, l'*Ulespiegel* annonce que les *Misérables* vous ont été vendus 140.000 francs Une énonciation, si fort au-dessous de la vérité, est fâcheuse et non moins préjudiciable à vos intérêts qu'aux miens. Je crois qu'il serait urgent de la rectifier avant qu'elle se répande.

En faisant publier par l'*Indépendance belge* que les *Misérables* vous ont été vendus 300.000 francs, l'annonce faite en ces termes effacerait l'autre. Vous pourriez y joindre quelques détails sur le livre, sur la division des trois parties qui sont comme les trois actes du drame social et historique du dix-neuvième siècle.

Malgré la prudente réserve que Lacroix s'est imposé, la vérité éclate. Mais les difficultés qu'il redoutait s'aplanissent. Renduel et Pagnerre, qui eussent pu exiger des sommes folles, se montrent bons princes et demandent seulement à être dépositaires de l'ouvrage pour la France. Enfin les plus importants journaux d'Europe sollicitent la faveur de publier les *Misérables* en feuilleton. Havin les demande pour le *Siècle*, Nefftzer pour le *Temps*, qui vient de se fonder. Lacroix, à qui ces combinaisons donneraient les deux ou trois cent mille francs qui lui font défaut, incline à les accueillir. Hugo l'en détourne avec beaucoup de vivacité.

15 octobre 1861.

Je vous remercie de tous les excellents détails que vous m'envoyez et vous les traduisez avec une chaleur où je reconnais votre esprit gracieux et sympathique.

Je crois seulement qu'il faut vous mettre en garde contre les offres empressées des journaux dont vous me parlez. La publication des *Misérables* doit se faire en livre et non en feuilleton. Vous vous souvenez que l'éventualité de la publication en feuilleton dans un journal n'a été prévue par nous que dans le cas d'une *complète liberté de la presse* et d'une offre minimum de 500.000 francs, ayant pour but d'employer les *Misérables* à la fondation d'un nouveau grand journal démocratique. Cette offre de 500.000 francs, qui m'a déjà été faite pour le cas où la presse deviendrait libre, reviendrait certainement si le cas se réalisait.

Au-dessous de 500.000 francs, aucune offre de journal ne peut être acceptée. Or les journaux actuels n'étant pas libres, ne peuvent faire une offre pareille. Je crois donc de la plus haute importance de ne point entrer avec eux dans des pourparlers inutiles, puisqu'ils sont sans résultat possible, et qui nous *découvriraient* en pure perte. (Songez au cas prévu par la lettre privée.) Je n'insiste point sur ce sujet délicat, certain que vous me comprenez.

Ces objections sont des plus sérieuses. Et Albert Lacroix s'y rallie — d'autant plus que l'auteur est maître de son œuvre et qu'on ne peut aller contre son consentement. Tout est prêt. L'événement s'annonce à merveille. L'opinion publique est bien préparée. Il ne reste qu'à prendre livraison du manuscrit et qu'à le remettre aux imprimeurs. Albert Lacroix vérifie l'état de sa caisse et recule épouvanté. Elle est vide, ou à peu près. Pourtant il n'obtiendra les deux premiers volumes des *Misérables* que contre cent vingt-cinq mille francs versés en monnaie anglaise sonnante et trébuchante. Où dénicher ce trésor ? Il s'en va relancer un vieil ami de sa famille, le banquier Oppenheim, qui lui lave la tête d'importance.

— Comment, malheureux ! Tu n'as pas un maravédis et tu t'engages à payer trois cent mille francs !

— Avancez-les-moi...

— Tu deviens fou ! je pense.

Quand il sortit de chez le financier, Albert Lacroix exultait. Il avait son capital. Le banquier Oppenheim, qui était un homme fort intelligent, croyait, comme le monde entier, au succès des *Misérables*. Et puis, il s'était réservé, pour prix de son concours, la négociation des papiers de commerce afférents à l'entreprise.

J'examine curieusement M. Albert Lacroix, tandis qu'il me retrace ses aventures. Il éprouve à les narrer par le détail une satisfaction bien concevable, et toute pareille à celle que ressentent les capitaines retraités qui racontent leurs campagnes. Les heures coulent, rapides, en ces devis. Le jour baisse dans la petite pièce et les objets y deviennent indistincts. Nous avons peine à déchiffrer les carrés de papier bleu où s'épanchait la verve familière de Victor Hugo. Il nous en reste beaucoup à lire.

— Je reviendrai demain, dis-je.

— Faites mieux. Vous partagerez mon modeste déjeuner... A l'époque de mes splendeurs, j'avais table ouverte. Votre présence me les rappellera... Je me croirai riche de nouveau.

M. Lacroix soupire... Mais aucune tristesse n'est sur son visage. Il vient de revivre ses jeunes années... Il est heureux...

II

Quand je revins hier matin chez M. Albert Lacroix, je trouvai mon respectable ami en train de tourner et de retourner entre ses doigts un objet de singulière apparence, une sorte de gibécière en vieux cuir un peu moisi.

— Qu'est cela ? demandai-je.

— C'est le sac qui me servit à transporter à Guernesey les cent vingt-cinq mille francs d'or anglais que je remis à Victor Hugo, contre les deux premiers volumes des *Misérables*. Vous vous rappelez qu'il avait stipulé dans notre contrat cette condition expresse...

Ce fut encore un voyage très pittoresque et que M. Lacroix m'a narré avec beaucoup d'agrément. Il partit de Bruxelles au mois de décembre 1861. Le chemin de fer n'allait que jusqu'à Rennes. Il dut prendre la patache pour gagner le port de Saint-Malo. Il tremblait que son trésor ne lui fût dérobé; il n'osait s'endormir; il grelottait dans le coupé de la diligence et tâtait sournoisement sa sacoche pour s'assurer qu'elle était toujours en bonne place. Quand il atteignit Saint-Malo, le vapeur qui desservait les îles de la

Manche venait de partir. Il passa la nuit à l'hôtel, verrouillé dans sa chambre, couché sur son trésor. Il fit marché, le lendemain, avec un bateau, fin voilier, et s'y embarqua, non sans une secrète appréhension. Il avait remarqué qu'un individu de mine assez louche le suivait à bord, et il gardait dans sa main un coutelas grand ouvert, prêt à se défendre en cas d'alerte.

Enfin il atteignit, sans autre accident, Hauteville house, se délivra de son fardeau, reçut en échange le précieux manuscrit et reprit le chemin du continent. S'il dévora, en chemin, la prose de Victor Hugo, je vous le laisse à penser! Cette lecture l'émut, et il envoya à Guernesey ses impressions toutes fraîches. Elles plurent apparemment au poète, car il répondit par un billet des plus flatteurs.

— Je n'ose vous le montrer, s'est écrié M. Lacroix. Vous allez m'accuser de manquer de modestie.

— Donnez, donnez donc... Et faites-vous violence.

— Puisque vous l'exigez, le voici :

9 janvier 1862.

J'attache le plus grand prix à votre impression. Ce que vous m'écrivez me fait un vif plaisir. Vous me communiquez votre émotion avec une réelle éloquence et en termes qui honorent l'écrivain autant que l'éditeur. Vous avez écrit là, au courant de la plume, une fort belle page de haute philosophie littéraire et sociale. J'ai reconnu en vous, du premier jour, une noble et chaleureuse intelligence.

Dès lors, la correspondance, entre l'auteur et l'éditeur, devient presque quotidienne. Victor Hugo se livre à de minutieuses corrections ; il les marque sur de petits bouts de papier, laissant à M. Lacroix le soin de les reporter sur l'épreuve et de veiller à leur stricte exécution.

Fac-similé des corrections de Victor Hugo.

Il lui écrit encore, sur d'autres sujets, le chargeant de certaines communications pour la presse. Car le grand homme est attentif et suit des yeux, du haut de son rocher, ce qui s'imprime sur sa personne et ses œuvres. Il a fort à faire. Il est le soleil vers lequel se tournent tous les regards. Le monde entier s'occupe de lui. Les fausses nouvelles que l'on publie sur son compte ne le laissent pas toujours indifférent, et souvent il s'en irrite.

19 janvier 1862.

Je suis tellement enfoui dans le travail depuis six semaines, et ce travail me fait un tel redoublement de solitude que je n'ai pu lire un journal dans ces temps-ci et que je ne connais pas l'affaire de Charleroi. Je ne trouve certes pas mauvais qu'on use et même qu'on abuse de mon nom pour faire le bien, mais l'invraisemblable, c'est, dans ma position, de me faire écrire à un roi, fût ce au roi Léopold, dont j'apprécie toutes les qualités comme homme et personnellement, mais auquel je ne pourrais écrire sans être illogique. Quand je suis intervenu en 1854, pour tâcher de sauver Tapner, je me suis adressé au peuple de Guernesey, non à la reine d'Angleterre.

« Fût-ce au roi Léopold..., » le mot est drôle. Et M. Lacroix en rit de bon cœur. Soudain ses rires redoublent :

— Ma foi, s'écrie-t-il, j'avais tort de me réjouir des éloges littéraires de Victor Hugo. Voilà une autre lettre, où il m'assène, avec une grâce exquise, une volée de bois vert... Je m'étais permis de lui signaler un ou deux passages des *Misérables* qui, à mon avis, faisaient longueur. Et dame ! Il n'aimait pas ce genre d'avertissements. Jugez plutôt :

7 février 1862.

Je vous mettrai en garde contre vous-même. L'inconvénient de ce livre, pour ceux qui cherchent à s'en rendre compte, c'est son étendue. S'il pouvait être publié d'un seul bloc, je crois que l'effet en serait décisif. Mais, ne pouvant être encore à cette heure lu que morcelé, l'ensemble échappe. Or, c'est l'ensemble qui est tout. Tel détail, qui peut sembler long dans la première ou la deuxième partie, est une préparation de la fin. Et ce qui aura paru longueur au commencement ajoutera à l'effet dramatique du dénouement.

Comment en juger dès à présent? Vous-même, avec votre intelligence si pénétrante et si ouverte, vous risqueriez de vous tromper, en essayant d'apprécier définitivement ceci ou cela. Et ne voyant pas la perspective du tout, vous commettriez une erreur d'optique. Ce livre est une montagne. On ne peut le mesurer ni même le bien voir qu'à distance, c'est-à-dire complet.

M. Lacroix m'a lu, lui-même, cette élégante et piquante mercuriale. Il s'agite sur son fauteuil, fébrilement.

— Hein! la sentez-vous, la griffe du lion; la main de fer sous le gant de velours! On ne peut pas dire plus gentiment à quelqu'un : vous êtes un imbécile!...

La vérité, c'est que, dans ces lignes, une sorte d'inquiétude se manifeste, l'anxiété naturelle de l'écrivain qui se trouve à la veille d'une bataille. Les *Misérables* allaient paraître...

Ils parurent. Et Victor Hugo fut bien vite rassuré. Il n'eut pas besoin de solliciter les journaux, ni de presser son éditeur d'y insérer des annonces et des réclames payantes. Quiconque tenait une plume en Europe, l'employa à louer ce roman, que la gloire de

Fragment de la lettre du 8 mai, envoyée de Guernesey à M. Lacroix.

son auteur, autant que ses mérites propres, recommandait à l'admiration publique. Les éditions pleuvent, les demandes de traductions affluent. Albert Lacroix est appelé simultanément en Angleterre, en Allemagne, en Autriche. Il se rend à Londres, chez un important libraire de Pater Noster road, qui l'interpelle avec brusquerie.

— Combien exigez-vous pour le droit de publier les *Misérables* en langue anglaise ?

— Trois mille livres... Soixante-quinze mille francs.

— Prenez ce chèque, nous sommes d'accord.

Beaucoup de causes contribuaient à assurer ce triomphe. Depuis *Notre-Dame de Paris*, Victor Hugo n'avait pas écrit d'ouvrage en prose. Il s'essayait dans une note nouvelle. Enfin toutes les passions républicaines se groupaient autour de son nom, comme autour d'un drapeau. Il avait pour amis les ennemis de l'Empire... De ce côté, apparaissait un point noir. De sourdes menaces passaient la frontière. On parlait d'interdire sur le sol français la vente des *Misérables*. Albert Lacroix ne put se tenir d'enregistrer ces rumeurs. Et la lettre qu'il dépêcha au poète pour l'exhorter à adoucir un passage de son livre lui valut une réponse foudroyante :

8 mai 1862.

Il serait fâcheux qu'en lisant le manuscrit avant tout le monde vous eussiez trop présente à l'esprit *l'éventualité*. Cela vous troublerait l'effet. Le dénouement sort de la barricade. Le tableau d'histoire agrandit l'horizon et fait partie essentielle du drame. Il est comme le cœur du sujet. Il fera le succès du livre en grande partie. Il faut donc prendre son parti de la situation que nous fait l'abominable régime actuel. C'est le despotisme. Il fera à sa fantaisie. Nous n'y pouvons rien que le faire repentir ensuite. Ce que vous devez dire et répandre dès à présent, c'est que si Bonaparte persécute les *Misérables*, la littérature au dedans de la France m'étant fermée, je reprendrai la littérature du dehors et je recommencerai la guerre de *Napoléon le Petit* et des *Châtiments*. Ceci pour intimider la persécution et la faire reculer.

Examinez cette page que nous reproduisons en fac-similé (pages 24 et 25). L'écriture en est irritée, agressive, inégale. On dirait qu'un vent de colère a passé sur elle. Victor Hugo était encore dans la fièvre de l'inspiration ; ses nerfs, tendus, frémissaient. Il était prêt à descendre dans l'arène, à se mesurer avec César et à défendre son œuvre contre les détestables persécutions du despote...

D'un geste brusque, M. Albert Lacroix a refermé la précieuse chemise de papier gris, où gisent les reliques des *Misérables*.

— Je crois, dit-il, que l'heure est venue de déjeuner. Rien ne creuse autant que la lecture des autographes.

Comme si elle eût attendu ce mot, sa charmante fille est entrée. Elle a disposé sur la table de travail, prestement débarrassée, la nappe blanche, les verres, les bouteilles, les couverts étincelants. Mme Albert

Lacroix est venue nous joindre. Et tout en attaquant, avec entrain, le bifteck aux pommes, nous avons poursuivi notre conversation hugotique ou hugolâtre. La mémoire de Mme Lacroix est aussi bien meublée que celle de son mari. La physionomie du grand homme, avec d'autres images, s'y reflète.

— Ah ! monsieur, vous n'avez pas connu Mme Victor Hugo ! Quelle femme distinguée et de tout point accomplie... Te rappelles-tu, Albert, le dîner d'anniversaire que nous avons donné à Bruxelles, en 1862 ?

S'il s'en souvient ! Il s'agissait de fêter les soixante ans du poète. Et Albert Lacroix se trouvait embarrassé. Il voulait réunir chez lui les intimes de Hugo, ceux qui vivaient de sa vie et qui composaient en quelque sorte sa cour. Or, Victor Hugo témoignait beaucoup d'égards et de soins à sa femme, mais il n'avait pas moins d'affection pour Mme Drouet, sa fidèle amie, qui recopiait avec tant de piété ses manuscrits et qui ne le quittait pas plus que son ombre. Convier l'une sans l'autre, cela ne se concevait guère. Les convier toutes deux, cela pouvait paraître indélicat ou grossier. Albert Lacroix, déchiré par ce cruel tourment, l'alla confier à Mme Victor Hugo. Celle-ci en reçut l'aveu d'une âme bénigne :

— Invitez Mme Drouet, dit-elle.

— Mais vous, madame ? Je tiens, par-dessus tout, à votre présence.

— Vous pouvez compter sur moi...

— C'est promis ?

— Je vous le jure!...

Ainsi fut fait. La vénérable Mme Lacroix a gardé jusqu'au moindre détail de ce repas mémorable. Mme Hugo, Mme Drouet étaient assises à droite et à gauche de l'amphitryon. L'entretien, un peu froid au début, ne tarda pas à s'animer. Chacun se mit à l'aise. Mais, quand vint le dessert, un léger frisson secoua les convives. Mme Victor Hugo s'était levée, sa coupe de champagne en main, et promenant autour d'elle ses regards mélancoliques, souriant de son sourire un peu las, elle porta la santé de Mme Drouet.

— Les mots qu'elle prononça, s'écrie M. Lacroix, je ne saurais les redire. Ce n'était qu'une phrase. Et c'était exquis. Elle y mit exactement ce qu'elle y devait mettre, sa pudeur, sa dignité fière, sa tendresse, et la mansuétude, et la clémence qu'elle accordait aux faiblesses du génie.

Mme Albert Lacroix boit les paroles de son époux. Elle leur donne une approbation complète. Elle revit cette scène surprenante. Elle revoit le visage de Mme Hugo, où s'épanouit une douce satisfaction, et la mine un peu troublée de Mme Drouet, qui ne put, dans son saisissement, que balbutier un remerciement confus.

Et cent tableaux encore s'éveillent au fond de son souvenir. C'est le banquet du 16 septembre, le merveilleux banquet offert à Victor Hugo et aux éminents journalistes de tous les pays qui avaient aidé à la diffusion des *Misérables*. Et c'est la promenade que M. et Mme Lacroix accomplirent dans les provinces de

Flandre et dans les Ardennes, en compagnie du grand homme, qui s'amusait comme un écolier. On avait loué une calèche, de forme surannée. On vagabondait à travers champs. Parfois on s'arrêtait. Victor Hugo demeurait songeur devant un site, une ruine, un moulin, l'eau d'une rivière, la fuite éperdue d'un vol d'hirondelles ou de cigognes. Et le lendemain, dès l'aube, il déposait sur son carnet des lignes inégales qui grossissaient son volume en germe, la *Chanson des rues et des bois.* Et c'est ainsi qu'ayant contemplé, de loin, un paysan qui traversait la campagne en jetant des poignées de semences à la brise, il eut la vision, qu'il allait rendre immortelle, du geste auguste du semeur !...

Nous continuons de deviser, les coudes sur la nappe, dans cette indulgente béatitude qui suit les déjeuners que la cordialité assaisonne. A travers les propos du maître et de la maîtresse de céans, la silhouette de Victor Hugo surgit ; et son caractère se nuance de couleurs vives et fortes. Il me semble qu'il est là. Quelque chose de sa personnalité imprègne cette maison. Son ombre la hante, l'emplit ; elle me charme et m'obsède.

Lui toujours... Lui partout...

Aux murs sont ses effigies, ornées de dédicaces aimables : « A Albert Lacroix, A ma gracieuse hôtesse. »

Ses yeux d'aigle nous dominent ; son front jupitérien brise le plafond de l'étroite chambre où nous sommes et se hausse vers le ciel... Cet homme est effarant et sublime.

— En somme, demandai-je à Albert Lacroix, était-il dur, ou sensible, ou gai, ou triste, ou politique, ou sincère ?

— Il était toutes ces choses, et d'autres que je ne puis expliquer. Il se faisait aimer et craindre. Il répandait sur ceux qui l'approchaient son rayonnement. A de certaines minutes on avait envie de le haïr ; et la minute d'après, on l'adorait comme une idole. C'est le prestige des êtres faits pour régner.

Je suis demeuré silencieux. M. Lacroix rêvait... Tout à coup, il retire de sa poche une feuille de vélin usée aux angles et soigneusement pliée.

— Voulez-vous voir la perle de ma collection ? Lisez ce billet... Il accompagnait l'envoi du dernier chapitre des *Misérables*.

Il l'a déplié. Et je n'ai pu contenir mon admiration. Jamais le légitime orgueil de l'écrivain conscient de sa force, satisfait de son œuvre, heureux de produire, fécond et dispos, ne s'était épanoui avec une si belle allégresse. Cette ligne tracée d'une main puissante, lancée, si l'on peut dire, à toute volée, dans un superbe mouvement de strophe, c'est plus qu'une phrase, c'est un cri, le cri du bon ouvrier qui s'arrête, ayant fini sa tâche, le cri du voyageur parvenu au sommet de la montagne et qui contemple, à ses pieds,

Si cette fin n'émeut pas, je renonce à écrire à jamais.

Note accompagnant l'envoi de la fin des *Misérables*.

le chemin parcouru, le cri du soldat qui, la bataille achevée, essuie son arme. L'initiale qui le termine, la majuscule posée là, comme un défi, ajoute un geste héroïque au langage du poète. Cela, en vérité, est unique en son genre. Cela est inestimable.

M. Albert Lacroix reprend en souriant :

— Parlons comme Hugo... Ce V ne signifie pas Victor. Ce V signifie Victoire !...

Qu'ajouterai-je ?... Je resterais pendant des jours et des semaines avec M. Lacroix ; et toujours j'en obtiendrais des confidences nouvelles. Ses souvenirs sont loin d'être épuisés ; son coffre aux autographes est plein de mystères. Mais je crains d'être indiscret.

Et puis le temps passe trop vite en ces fugitives causeries. On vient d'apporter la petite lampe qui restera allumée jusqu'au matin ; on la pose près du poêle, à sa place accoutumée. Et je prends congé de mon vénérable ami, qui est pressé — je le sens — de revenir à ses chères études, d'ajouter une pierre au monument qu'il élève, une page à son histoire de France populaire illustrée, en vingt volumes !...

« LA LÉGENDE DES SIÈCLES » EXPLIQUÉE ET COMMENTÉE
PAR VICTOR HUGO

J'ai reçu, l'autre jour, un billet ainsi conçu : « Monsieur, je suis le petit-fils de Noël Parfait, ancien secrétaire d'Alexandre Dumas et correcteur de Victor Hugo. Je conserve, dans une armoire, beaucoup de papiers inédits concernant ces deux grands hommes. Si vous voulez y jeter les yeux, je les tiens à votre disposition. » Je me hâtai d'accourir chez le signataire de cette lettre, M. Georges Noël Parfait, ingénieur distingué, qui ne s'occupe point de littérature, mais a gardé le pieux souvenir de son grand-père.

Quand j'arrivai près de lui, mon premier soin fut de chercher la fameuse armoire où il cachait ses trésors. Il ne me laissa pas languir, il me l'ouvrit. Et j'y aperçus, empilées, de nombreuses liasses qui, à en juger par la poussière qui les recouvrait, n'avaient pas été défaites depuis longtemps. Nous les jetâmes, pêle-mêle, sur la table et commençâmes à les dépouiller. C'étaient des manuscrits, écrits tout entiers de la main de Dumas père, nouvelles, chroniques, pièces de théâtre achevées ou à l'état de scénarios.

— Je ne puis vous assurer, dit M. Parfait, que ces

ouvrages de Dumas soient inédits. Pourtant, ils ne figurent dans aucun de ses volumes.

A côté des manuscrits se trouvaient des monceaux d'autographes : toute la correspondance échangée entre l'illustre romancier et ses confrères, pendant dix ans, et que son secrétaire, moins négligent qu'il n'était lui-même, avait dévotement recueillie. Je saisis au vol les noms de Victor Hugo, Louis Blanc, Gautier, G. Sand, Bocage, Renan, cent autres encore... Et tandis que je feuilletais, avec cette intime allégresse et ce petit frisson voluptueux que connaissent bien les collectionneurs, des documents si curieux et si rares, M. Parfait me rappela comment son aïeul les avait pu réunir.

Après le coup d'Etat de décembre, Alexandre Dumas partit pour Bruxelles : il entendait lier sa destinée au sort des proscrits. Mais alors qu'ils menaient en Belgique une existence conforme à la dureté des temps et à la médiocrité de leurs ressources, il s'y installait, lui, en nabab. Il louait, au n° 73 du boulevard Waterloo une sorte de palais, le meublait superbement, y entassait mille coûteux brimborions, glaces de Venise, tapis d'Orient, guéridons de Boulle, ivoires florentins, porcelaines chinoises, vaisselles d'argent. Mais le plus précieux bibelot qu'il possédât était son secrétaire, l'honnête Noël Parfait, qui travaillait vingt-quatre heures par jour à ses côtés, car ils étaient l'un et l'autre infatigables.

Noël Parfait n'était pas riche. En vain ses amis

avaient-ils voulu le retenir à Paris, lui représentant que des charges impérieuses l'y retenaient, le soin de subvenir à l'entretien de sa jeune femme et de leur enfant.

— Je sais, avait-il dit, où est mon devoir.

Il était parti, tout seul, empêchant les êtres qu'il aimait de le suivre, leur laissant ce qu'il avait et n'emportant qu'une faible somme destinée aux dépenses du voyage, prêt à endurer la misère, à se plier aux métiers les plus humbles, à partager la souffrance des proscrits. La Providence mit Dumas sur son chemin.

— Tu cherches un logis? dit le colosse. Viens avec moi. Je te prends à mon service.

Il l'enferma dans une chambre attenante à son cabinet de travail, et lui imposa l'obligation de récrire en quadruple expédition ce qu'il improvisait au courant de la plume, les œuvres de Dumas étant éditées simultanément dans les quatre plus grandes villes de l'Europe. Et non seulement Parfait copiait, mais il corrigeait; il remettait sur pied les phrases que le brûlant génie du romancier dédaignait d'achever. Et non seulement il purifiait, il filtrait son style, mais il épluchait les notes des fournisseurs, et palliait les vols de la domesticité. Ce modèle des secrétaires était la perle des intendants. Il ne quittait point son maître. Quand Dumas, ayant besogné vingt heures de suite, se sentait un peu fatigué, il se jetait sur un lit de camp pour y goûter vingt minutes d'un sommeil réparateur. Parfait était astreint à la même discipline. Il avait, lui aussi, son petit lit de fer dans un coin du bureau, et n'en usait que discrètement. Ils étaient, tous deux, devenus légendaires et populaires. Quand on avait quelque chose à demander à Dumas, on parlait à Parfait, et c'est à lui aussi que l'on confiait les lettres qui s'adressaient au grand homme ; on était sûr, au moins, de cette façon qu'elles seraient décachetées. Et voilà comment des rapports épistolaires se nouèrent entre Victor Hugo et Parfait. Le poète avait dû fuir la Belgique après la publication de *Napoléon le Petit* ; il s'était réfugié à Jersey. Mais il songeait souvent à ses compagnons d'exil ; il éprouvait le désir très naturel de leur envoyer, à travers l'Océan, un bonjour affectueux et d'échanger avec eux quelques pensées.

Ici, j'interrompis l'aimable narrateur... Je venais de découvrir, dans un paquet poudreux, cinq ou six feuilles de vélin très minces, très transparentes, sur lesquelles s'étalait l'écriture du géant. Et je vis tout de suite qu'elles se rapportaient au récit de M. Parfait et le complétaient heureusement — puisqu'il y était question de *Napoléon le Petit* et de divers incidents relatifs à cet ouvrage.

Nous les lûmes ensemble.

Jersey.

Quelle bonne lettre, cher collègue. Le mot de Barthélemy nous a charmés. C'est un incendie, en effet, que je pensais allumer, incendie de toutes les haines, incendie de toutes les colères, incendie de tous les regrets, incendie de tous les sentiments généreux qui couvent à cette heure dans ce tas de cendre qu'est la France. Hélas! Quand l'étincelle jaillira-t-elle ?

On me donne de Paris d'assez bonnes nouvelles. Haymond est à Paris, et ma page sur lui l'y a précédé. On a fait foisonner les copies. Le faubourg Saint-Antoine s'émeut un peu, me dit-on ; on me dit même, *s'émeut beaucoup*, mais je traduis ce *beaucoup* par *un peu*. Soyons modestes.

Mon cher Dumas est à Turin. On m'écrit de Paris qu'on s'arrache ses feuilletons sur moi. Je suis avide de les lire et tout mon groupe a la même soif. Vous seriez bien aimable, cher Parfait, de me faire envoyer le volume, ou les volumes que je n'ai pas, par le ballot où Tarride m'envoie mes exemplaires de *Napoléon le Petit*. Remettez-le-lui pour cela.

Que devenez-vous ? que reste-t-il des bons dîneurs du boulevard Waterloo ? Où sont ces excellents amis ? Serrez-leur la main. Ecrivez-moi souvent et largement. Nous lisons vos lettres en famille. Ma femme ne tarit pas sur la vôtre. S'aimer dans la proscription, cela compte double.

Offrez à Mme Parfait, à Mlle Dumas tous nos hommages et tous nos souvenirs. Mettez Charles et moi à leurs pieds. Que ces dames nous permettent de nous relever pour vous embrasser tous.

V. H.

Ceci, cher ami, n'est pas une réponse à votre bonne et charmante lettre. Six mots pour six pages, six sous pour six louis d'or, je ne suis pas si mauvais débiteur que cela. Je veux seulement vous embrasser d'abord, puis vous prier de faire tenir quelques lignes à Dumas. Nous avons lu ici son treizième volume avec ravissement. Ma femme est tout émue et tout attendrie Nous radotons de Dumas et nous le réclamons ici à grands cris, ainsi que vous. Oh! arrivez-nous bien vite. Si vous venez, il n'y aura pas d'hiver. A quoi pense le ministère jésuite de vous laisser en Belgique ? J'ai envie de vous dénoncer et de demander votre expulsion.

Mettez-moi aux pieds de Mme Parfait et de Mlle Marie et laissez-nous jouter, Charles et moi, à qui vous embrassera le plus fort.

V. H.

Je commence, cher ami, par me mettre aux pieds de Mme Parfait et par baiser humblement les mains de Mlle Marie, ces belles mains qui font de si beaux anges, puis je viens à vous et je vous embrasse bien fort. Vos lettres ici font une partie de notre joie. Elles sont bonnes, spirituelles et cordiales, comme votre conversation. *C'est parfait*, dit Charles, car son amitié pour vous triomphe de sa haine pour les calembours. Quand vous écrirez à Dumas le Grand envoyez-lui toutes mes tendresses.

Il va faire un livre pour la Savoie, mais ce sera tout de même un livre pour la France. Je le défie bien de faire jamais dire : ce savoyard de Dumas.

On dit ici qu'on va publier en France ce qu'il écrit sur moi sous ce titre : V. H. Est-ce vrai ? Si cela était, cher ami, envoyez-moi bien vite les 2 volumes (on me dit 2 volumes). On en a faim et soif autour de moi.

Nous avons ici le temps le plus charmant dans le plus ravissant pays. Si vous étiez là, les bons amis des dîners à 35 sous, comme on narguerait le Bonaparte ! Charles s'est remis au travail quoique ce temps soit de la paresse qui tombe du ciel. Vacquerie vous donne deux poignées de main pour une. Nous avons eu quinze jours P. Meurice et sa femme, et depuis avant-hier, Victor nous est arrivé. La famille du sang est au complet, mais vous êtes plusieurs qui manquez à la famille du cœur. Écrivez-moi et aimez-moi.

V. H.

Vous savez, cher et excellent collègue, toute la place que vous avez dans mon cœur. J'étais sûr que ce discours irait à votre esprit qui voit l'avenir si juste. Votre lettre m'a fait un vif plaisir. Je n'ai fait autre chose qu'exprimer les idées généreuses et vraies qui sont dans vos âmes, à tous. On m'applaudit, on se trompe. C'est vous tous qu'il faut applaudir. Certes c'est là un beau spectacle : les victimes se refusent d'avance le sang des bourreaux. Ouvrons les yeux de l'Europe ; ouvrons les yeux de la France et tout sera dit : La lumière est avec nous. Le malheur c'est que nous avons affaire à des aveugles. Apportez donc le soleil aux chauves-souris ! C'est égal, ne nous lassons pas, ne nous décourageons pas, et surtout ne nous désunissons pas.

La publication de mon discours par les proscrits de Bruxelles me touche vivement. C'est encore là un gage de cette douce et fraternelle intimité à laquelle je ne puis songer sans que les larmes me viennent aux yeux. Restons toujours ainsi ; notre accord, c'est notre consolation dans le présent, c'est notre triomphe dans l'avenir.

C'est un bonheur pour moi de penser que vous avez eu un peu de joie des vers qu'on vous a lus. Vous m'en parlez en termes qui m'enchantent. Cet encouragement, dans un groupe comme le vôtre, c'est la gloire. J'espère que vous aurez avant peu le livre tout entier. Il y a un peu de reculade depuis la loi Faider ; mais avançons de tout ce qu'on recule. Je comblerai l'intervalle, et le livre paraîtra bientôt, soyez tranquille. Châtiment à ces bandits ; secours à la République. C'est le double devoir que je remplis. *Napoléon le Petit* n'est que la moitié de la tâche. Puisque ce drôle a deux joues, il faut que je lui donne deux soufflets.

Cette allusion à des poèmes rimés dans la note vengeresse des *Châtiments* est bientôt suivie d'indications plus précises. Vous pensez quelle émotion ces vers, lus à Bruxelles, devaient causer aux proscrits, qui y retrouvaient leurs propres sentiments, revêtus d'une forme souveraine. Et d'ailleurs, Victor Hugo en écrivait d'autres encore, il préparait les *Contemplations* et la *Légende des Siècles*. Il était pris d'une rage de travail.

Après plusieurs siècles, c'est moi. J'ai passé tout le temps à faire des vers. *Napoléon le Petit* est plus gros que je ne le croyais. J'y ai encore trouvé de quoi tailler un volume. Il était utile que la Poésie souffletât le drôle sur l'autre joue. Je suis tout ahuri, je reviens aujourd'hui comme si j'avais dormi quatre mois, je me consacre à cette pauvre diablesse de Vérité sortant de son puits. Je regarde les vivants avec un air bête, pardonnez-le-moi. Est-ce que vous m'aimez toujours un peu ? Figurez-vous que tout cet hiver, pendant que l'Océan tempêtait contre moi, je le rendais au Bonaparte. Toute cette écume amère passait dans mes vers. Cela fait maintenant un gros volume, un bon gros volume, ma foi. Vous lirez cela quelqu'un de ces jours, s'il y a encore moyen d'imprimer quelque chose en Europe.

Ci-inclus quelques lignes pour notre cher et grand Dumas. Charles et moi, nous parlons sans cesse de vous tous. Victor est maintenant avec nous, et nos soirées de famille se passent à jaser de Bruxelles.

On voit, au ton de ces lettres, la tendresse véritable que Victor Hugo avait vouée à Parfait. Un commerce plus étroit allait bientôt les rapprocher l'un de l'autre.

Le poète avait vu à l'œuvre l'excellent secrétaire de Dumas ; il savait quelle conscience, quelle intelligence il apportait à son labeur patient et ingrat. Il résolut d'en profiter pour lui-même. Il lui proposa de corriger les épreuves de ses volumes futurs, et de le représenter auprès de l'imprimeur et du libraire. C'était une main intelligente à laquelle il transmettait ses volontés et qui les exécutait docilement.

Noël Parfait accepta d'autant plus volontiers ces offres, que Dumas lui laissait des loisirs. Le romancier, toujours somptueux et criblé de dettes, conservait, il est vrai, son palais bruxellois ; mais il l'abandonnait à sa fille Marie et ne l'habitait plus. Après avoir couru le monde, il était rentré à Paris et y avait fondé ce journal paradoxal, le *Mousquetaire*, qu'il rédigeait dans un petit salon de la Maison d'Or, et qui devait consommer sa ruine. Parfait, las de lutter contre des créanciers qui devenaient de plus en plus exigeants, quitta le boulevard Waterloo, loua rue d'Assaut un logement modeste et ne s'occupa plus guère que de son second grand homme, qui avait beaucoup plus d'ordre et de méthode que le premier. « J'ai l'honneur, écrivait-il à son frère, de corriger les épreuves des *Contemplations*, et je corrigerai bientôt celles de la *Légende des Siècles*. C'est moi qui suis chargé de correspondre avec Hugo et de surveiller tous les détails de la composition et de l'impression. Ah ! j'en ai vu des autographes du poète, et de curieux, en réponse aux observations que je lui soumets comme je le dois ! Quand tu liras ces nouvelles poésies, ne t'étonne point d'y trouver par ci par là quelques orthographes excentriques, des *abats-jours* avec une *s*, *métempsychose* avec une *h*, non plus que *phalène* au masculin. Ces fautes ne seront point imputables au correcteur, comme le prouvent les lettres curieuses dont je te parlais plus haut, et dans lesquelles l'auteur déduit minutieusement les raisons de son français à lui... »

— Parbleu, dis-je à M. Georges Parfait, voilà des lettres qui se payeraient cher. Victor Hugo expliqué et commenté par lui-même ! Sont-elles dans ces dossiers ?

Et je lorgnais d'un œil de concupiscence tous les paquets épars sur la table. M. Parfait répondit en souriant :

— Je ne les ai pas. Mais je sais où elles sont... Mon grand-père les a léguées à sa fille, Mme Baudoin, la veuve du paysagiste. Et si cette bonne tante veut vous les communiquer...

Un quart d'heure plus tard, j'étais chez la « bonne tante ». Elle occupe, tout en haut du boulevard Montparnasse, un petit appartement encombré de reliques et de curiosités littéraires. Aux murs sont des dessins d'Hugo, de Théophile Gautier, d'Henry Monnier, plusieurs portraits de Dumas, dont une miniature ravissante, le représentant à trente ans, glorieux, ardent, magnifique, dans l'épanouissement de sa jeune gloire. Mme Baudoin avait clos ses volets pour

se préserver des chaleurs sénégaliennes de l'été...
Autant que j'en pus juger dans la pénombre, elle
a dû être fort belle et elle a gardé toute sa grâce.
D'abord, quand je lui exposai l'objet de ma visite,
elle parut hésiter; mais elle me sentit si fermement résolu à triompher de sa résistance, et je lui
démontrai en termes si pressants la nécessité de révéler au public des pièces dont elle n'avait en somme
que le dépôt, qu'elle voulut bien se laisser convaincre.
Elle alla quérir dans sa bibliothèque deux volumes
reliés en chagrin plein. C'étaient les deux tomes de la
Légende des Siècles, édition princeps, Michel Lévy-Hetzel, 1859. Ils étaient bourrés d'autographes, d'annotations, de billets de la main de l'auteur.

— Voilà tout mon bien. Je vous le livre. Faites-en
ce qu'il vous plaira.

La « bonne tante » me donna une plume et du papier. Elle y joignit, par une prévenance à laquelle je
fus sensible, une bouteille d'eau minérale, du sucre
et un citron, de sorte que je pus goûter tout ensemble la douceur de la limonade et des beaux
vers.

Je me plongeai dans cette lecture passionnante;
j'assistai à l'éclosion d'un chef-d'œuvre; je la suivis
pas à pas; je pénétrai ce labeur intime qui ne parvient
pas à la foule. C'était le drame, vu des coulisses, dans
le mystère des répétitions.

Durant trois heures, j'ai copié, copié sans relâche.
Et je vais vous faire partager mon plaisir, en vous

offrant ces documents auxquels je n'ajouterai presque aucun commentaire. Ils n'en ont pas besoin.

La première lettre, datée d Hauteville house, est adressée à M. Noël Parfait, 26, rue d'Assaut, à Bruxelles, par Ostende, *via* London. Les autres se succèdent sans interruption, depuis le 1ᵉʳ mai jusqu'à l'apparition de l'ouvrage.

Dimanche 1ᵉʳ mai.

En même temps que ce mot, ô le plus heureux des mortels! vous recevrez franc de port un paquet, le premier envoi de la *Légende des Siècles*, environ les deux tiers du volume. Le reste de ce premier volume vous arrivera par le prochain courrier.

Dans la note qui accompagne ce paquet, je parle d'une pièce que j'enverrai peut-être, à ajouter à la première édition. Cette pièce, la voici. *Booz endormi*. Il faudrait la placer entre le *Temple* et l'*Ane*.

Le second volume suivra de très près le premier.

A vous *ex-intimo*.

V.

Hier l'ouragan est venu s'abattre sur l'île et je l'ai chargé de vous porter le commencement de la *Légende des Siècles*. L'ouragan m'a pris 6 shellings, c'est-à-dire sept francs quatre sous, et c'est de cette façon que les 2/3 du premier volume s'en sont allés dans la tempête. Ils continueront leur destinée dans la guerre. Tout cela est bien, et va à ma nature d'oiseau d'orage.

Voici, cher Noël, la fin de ce volume dont vous avez le commencement.

Maintenant que vous avez le premier volume, décidez en conseil si vous irez au galop, je n'y vois pas d'urgence, mais je trouverai bon ce que vous ferez. Moins de rapidité permettant une plus attentive correction des épreuves. J'attendrai un mot de Bruxelles avant de vous envoyer le second volume. Il est tout prêt. Voici quelque chose à ajouter à l'Idylle biblique que je vous ai envoyée dimanche.

Je serre vos deux paires de bonnes mains.

(Victor Hugo envoie trois strophes pour compléter *Booz*. Ce sont celles qui commencent par *L'ombre était nuptiale... La respiration de Booz... Ruth songeait...* Elles complètent effectivement la fin du poème et lui donnent plus d'ampleur.)

Serk, 29 mai.

Je suis à Serk ; de là le retard de cette réponse, cher Parfait. Je suis dans un pays sauvage où l'affranchissement du genre humain est à peine entrevu et où l'affranchissement des lettres est inconnu. Ceci dit, je passe à vos observations. Vous avez à la fois tort et raison pour *toute Rome*. L'*e* euphonique corrige la règle de *tout*, sans l'accord. On dit une femme *toute* nue, une porte *toute* grande ouverte, etc. En somme, comme *toute Rome* est disgracieux, je mets : où croulait *Rome entière*.

(Allusion à deux vers du *Lion d'Androclès* :

> Le noir gouffre, cloaque au fond, ouvrait son arche
> Où croulait Rome entière...

On voit que Parfait avait repris ses habitudes de correcteur raisonneur dont il usait avec Dumas père. Hugo, ici, en a tenu compte. A-t-il sagement agi ? Certains estimeront que l'expression *toute Rome* était plus forte et sonnait mieux à l'oreille que *Rome entière*.)

N'y a-t-il pas des étoiles indiquant des séparations dans *Booz endormi* ? Vérifiez. Je n'ai point là le manuscrit. S'il y a des étoiles, mettez-en, en augmentant le blanc, là où elles sont. Cher Parfait, c'est admirablement corrigé et je vous remercie. Cependant, il faudra remanier le tout (voyez l'observation au bas de la première page). Et les étoiles de *Booz* (si *Booz* est, en effet, étoilé) feront encore du recul. Veillez, je vous prie, à ce que ce recul n'entraîne aucun écroulement et aucun désastre. Plein de confiance en vous, mon cher *alter ego*, je donne le bon à tirer.

12 juin.

J'arrive de Serk... Je passe à vos *desiderata*.

Non, point de M à *mohabite*. Je suis de ceux qui écrivent plutôt un juif, un gascon, un normand que un Juif, un Gascon, un Normand. Une majuscule est un effet. Ne point en abuser.

Quant au titre, lorsque vous connaîtrez le livre entier, vous verrez que la *Légende des Siècles* (qui éveille l'idée d'épopée sans éveiller l'idée de petitesse) est le vrai titre. Ce livre est, dans son ensemble, une sorte d'histoire de l'homme, à bâtons rompus, à grandes enjambées, vue à travers le clair obscur mystérieux de la légende, et allant, d'époque en époque, des plus vieux âges jusqu'à nos jours et même jusqu'à l'avenir. Ces deux volumes, retenez bien ceci, n'en sont que la première série. Après cela, je l'ai déjà dit, si vous y tenez tous, on pourra arranger le titre ainsi :

V. H.

LA LÉGENDE DES SIÈCLES

Première série.

LES PETITES ÉPOPÉES

et donner à ce sous-titre, les *Petites épopées*, toute l'importance typographique qu'on voudra. En sous-titre, il aura tous les avantages sans les inconvénients.

Cher compagnon d'épreuves, je vous serre la main.

(Noël Parfait devait être fort entêté, comme tous les correcteurs. Il insiste sur ces prétendues fautes de grammaire. Et Victor Hugo, à la fin, en témoigne un soupçon d'agacement.)

Cher Parfait,

J'ai raison. Voici qui est bref, mais vrai :

1° L'évêque d'Aarhus chante non *une* hymne d'église, mais *un* hymne à la gloire de Kanut. L'oraison funèbre à l'état sauvage s'appelle hymne ou épopée ;

2° On ne dit pas : courir comme un Basque, tricher comme un Grec, liarder comme un Juif, boire comme un Polonais, hâbler comme un Gascon, mais basque, grec, juif, polonais, gascon, etc. Les lettres capitales ne sont de rigueur que pour le nom générateur des pays, Grèce, Pologne, Gascogne, etc. Quand on passe aux peuples, l'arbitraire commence, c'est une question de goût et d'appréciation. Il faut la lettre capitale ici, il ne la faut point là ; de là ce qui vous semble une irrégularité ; je n'ai pas le temps de vous faire la philosophie des majuscules, mais vous, bon et charmant esprit, souvenez-vous que je suis un vieux métaphysicien du langage et croyez-moi un peu sur parole.

Le fait est qu'il y a dans les langues — et l'orthographe fait partie des langues — beaucoup moins de symétrie qu'on ne croit. La grammaire est souvent une bourrique, et le dictionnaire est un gros âne. L'ânier, c'est-à-dire l'écrivain, les doit de temps en temps remettre en droit chemin.

P. S. — A propos, avez-vous vérifié s'il y a des étoiles dans *Booz* ?

(Les observations du secrétaire ne portent pas seulement sur la langue de l'ouvrage, mais sur son allure générale, sur son esprit. Il est visiblement inquiet. Et Victor Hugo le rassure.)

3 juillet.

Je ne crois pas, et personne autour de moi ne pense, du reste, que les bourgeois soient plus hérissés de la *Légende des Siècles* qu'ils ne l'ont été des *Contemplations*. Cependant, vous me faites l'effet, ô Parfait, d'être, au fond, un peu intimidé. Je sacrifie lâchement à cette peur que je déclare puérile, le vers 3 de la page 160, mais je le rétablirai dans les éditions futures, car il est épique et pittoresque. L'avenir me donnera raison en cela, comme en politique.

Maintenant, Victor Hugo va presque se fâcher. Il s'agit de la fabrication matérielle des volumes. Et, sur ce point, le poète, attentif aux plus petits détails, n'entendait pas raillerie.

11 juillet.

Ah ! ça, nous jouons aux propos interrompus. Où avez-vous vu que la page de la *Légende des Siècles* (œuvre épique, récit) dût être identique à la page des *Contemplations* (œuvre lyrique, strophe) ? Si vous avez une seule lettre de moi où je dise cela, envoyez-la-moi et je passe condamnation.

Le curieux de la chose, ô mes chers étourdis, c'est que j'ai précisément dit le contraire. J'avais pris soin d'envoyer avec la première liasse du manuscrit une note pour l'imprimeur. Relisez-la et vous trouverez le paragraphe 4 ainsi conçu : « Le nombre des vers de l'ouvrage étant connu, s'entendre avec M. Hetzel pour fixer le nombre de vers qu'aura chaque page. Tenir compte des blancs et des faux-titres. Il y aura peu de strophes, par conséquent moins de blancs que dans un ouvrage purement lyrique. » Voilà l'identité avec les *Contemplations*, prévue et rejetée.

Les blancs fréquents des strophes permettent, en effet, d'adopter un parti pris de 28 vers à la page qui, en réalité, ne s'y trouvent presque jamais, tandis que dans des récits les pages de 28 vers pleins reviennent souvent. Il fallait donc que la page pleine ne prît pas plus de 22 ou 24 vers. . C'était là l'objet de ma note. On n'y a pas pris garde. Aussi, qu'arrive-t-il ? La *Légende des Siècles* contient presque autant de vers que les *Contemplations*, et le premier volume (le plus long) n'a pas 17 feuilles. Le deuxième n'ira peut-être pas à 16 ; et si l'on eût tenu compte de ma note, chaque volume aurait au moins 20 feuilles.

Ici apparaît un personnage nouveau : le *papier épais !*... Hélas ! expédient ! Et voilà qu'avec près de 9.000 vers, nous aurons l'air de n'avoir su à quel saint nous vouer pour arriver à faire deux volumes. Je crois que des volumes de plus d'apparence et en même temps des pages moins compactes auraient eu plus de chances d'agréer au public. Je ne veux pourtant pas faire de ceci une objection radicale. Le personnage inattendu *papier épais, ex-machinâ*, mérite considération. Et si vous en courez l'aventure, vous éditeur, j'en courrai aussi le risque, moi auteur — mais, à regret, je l'avoue.

J'eusse rêvé ce livre à la fois plus volumineux et moins serré. Enfin, je m'y résigne. Faites comme vous l'entendrez, attendu que je ne tiens que la queue de la poêle littéraire. Cependant, croyez-moi, ne prenez pas légèrement ce parti de donner à la librairie et aux Parisiens un

livre qui paraîtra gauchement fabriqué, ayant à la fois
trop de lignes à la page et trop peu de pages au volume.
Demandez-vous si, en laissant l'édition belge telle qu'elle
est, il ne vaudrait pas mieux donner à Paris des volumes
de 400 pages, plus espacées, interlignées, plus agréables
à voir et à lire.

19 juillet.

Votre calculateur radote. D'abord j'ai dit vingt-deux et
vingt-quatre vers à la page. Les premières éditions des
Feuilles d'automne n'ont que vingt-deux vers. Ensuite il
oublie que les blancs eussent grandi en raison de l'écart
des vers. En somme, rien n'eût été plus facile que d'obtenir 100 pages de plus par volume. Mais tout ceci est de la
discussion rétrospective. Or le rétroactif en discussion ne
vaut guère mieux que le réchauffé en mangeaille. Nous
sommes d'accord grâce au seigneur *papier épais*. Donc ne
finassons plus sur le passé et tournons-nous vers l'avenir.

Cher Parfait, voyez ce que c'est que les fautes d'impression ! Vous êtes, je le déclare, un merveilleux et un incomparable correcteur. La pire faute, inouïe et stupide,
vient de moi. Un des bons vers que j'aie faits dans ma vie
est le vers 2 de la page 219 ; eh bien ! je m'aperçois aujourd'hui seulement, à la troisième lecture, qu'il est défiguré et n'a aucun sens, parce que, au lieu de *ta peau*, il
y a *la peau*. J'ai laissé passer cette faute trois fois et même
quatre. Donc, veillons !...

Hauteville House, 14 août.

Impossible d'affranchir ce paquet. C'est aujourd'hui dimanche, visite de la reine Victoria à Guernesey. Je vous
écris pendant le canon du départ de cette dame. (Par parenthèse nul enthousiasme. Je l'ai vue passer, elle a salué
du côté où j'étais. Comme je rends toujours son salut à

une femme, j'ai porté la main à mon chapeau, j'ai été le seul.)

15 août.

Encore aujourd'hui point d'affranchissement possible. Fête : Assomption (Huguenote!). Poste fermée. Je vous envoie la pièce finale ; elle clôt le livre dont la préface doit, maintenant, vous donner l'idée mère.

P.-S. — Je trouve l'amnistie bonne, elle permet aux uns de rentrer et ils travailleront à la révolution en laissant les autres libres de rester et ils maintiendront l'empire en échec. Le devoir se fait donc des deux manières, et à quelque parti qu'on se décide on fait bien. Quant à moi, il va sans dire que je devais rester.

Je sais d'ailleurs que la rentrée est universelle. L'immense solitude va se faire autour de moi, mais je ne m'en plains pas. Et j'en suis content, au contraire, puisque nos pauvres amis, qui ont tant souffert, vont revoir le cher pays. Voilà les nostalgies guéries. Dieu soit béni!

Enfin, la tâche touche à son terme. Le volume va paraître. Hugo procède aux suprêmes préparatifs.

20 septembre.

Si vous désirez une première page avec ma signature, pour vous et vos amis, envoyez-moi les noms, vous serez servis chaud.

Au moment de frapper les trois coups et de crier : *Au rideau !* je vous embrasse et je vous dis merci du fond du cœur.

Quoique au fond effarouché par ce livre, vous avez été admirable pour lui. Vous l'avez soigné, couvé, aimé, vous m'avez aidé à en chasser la nuée des virgules (et, à ce propos, comme les ouvriers sont bêtes avec leurs exigences de ponctuation !) Vous avez corrigé mes épreuves, oh! ami, comme si j'eusse été votre père ou votre enfant, et aujourd'hui que le voilà publié, vous le couvrez de vos bonnes et douces ailes, et je lis dans le *National*, dans l'*Indépendance*, des choses où je sens le souffle de votre amitié. Merci donc, et merci, et merci encore.

Continuez de m'aimer et de m'aider, donnez-moi des conseils. Je vous remercie des journaux bienveillants que vous m'envoyez. Continuez les envois s'il y a lieu et dites-moi à qui je dois écrire si j'ai quelques reconnaissances à exprimer.

Voilà, assurément, des gentillesses très joliment nuancées. Elles ne suffisent pas à épuiser la gratitude dont le cœur d'Hugo déborde et qui s'épanche dans un dernier billet.

Cher Parfait,

Dans ce tourbillon de journaux et de lettres qui m'enveloppe me suis-je retourné vers vous, et vous ai-je dit combien votre charmant applaudissement m'avait touché? Si je ne vous l'ai pas dit, je vous l'ai crié ; vous êtes pour moi aujourd'hui comme toujours l'ami cher, tendre et préféré ; je pense à vous, je parle de vous, je déraisonne de vous ; j'aime ce livre, puisqu'il vous plaît ; toute ma maisonnée est comme moi pour vous ; nous sommes Parfaitistes ; et à défaut de lettres, le vent, s'il est fidèle, va tous les jours en France et vous porte mon cœur.
A vous,
V. H.

Ma cueillette est terminée. J'ai restitué à Mme Baudoin l'incomparable exemplaire que tous les bibliophiles de l'univers lui arracheraient à prix d'or, si elle consentait à s'en dessaisir. Mais je doute qu'elle veuille se séparer d'un reliquaire, où le nom de son père est filialement uni à celui d'Hugo, et qui renferme la noble expression de sentiments, pour tous deux, si honorables.

EDGAR QUINET ET SON LIBRAIRE

Quand j'ai vu que l'on s'occupait d'Edgar Quinet, ma pensée s'est reportée vers le vieux libraire, M. Albert Lacroix, qui édita les plus retentissants de ses livres. Vous savez que M. Lacroix possède des richesses inédites où il me permet libéralement de puiser. Je n'avais garde de manquer une si belle occasion. Je le prévins donc de ma visite ; et hier, dès neuf heures du matin, je trouvai mon estimable ami sous les armes. Entendez, par là, qu'il avait remué le fond de ses caisses et en avait tiré tout ce qui se rapporte à notre auteur : volumes, dossiers, livres de comptes, correspondance et fragments de manuscrits. Ces objets, amoncelés sur la table, en avaient chassé les cartes de géographie et autres matériaux dont se sert M. Lacroix pour l'élaboration de sa grande histoire de France en vingt volumes. Il s'était, de plus, remémoré les lointaines circonstances des relations qu'il entretint, durant vingt-cinq ans, avec le grand homme. Il achevait de les repasser dans son esprit, lorsque je l'abordai.

— Ma foi, me dit-il, j'en ai long à vous conter.

— Tant mieux.

— Oui, tant mieux ! Car Edgar Quinet fut une vaste intelligence doublée d'un cœur sensible. Et l'on ne saurait trop lui rendre hommage.

Le bon libraire s'accommoda sur son fauteuil, assujettit son binocle, darda sur moi un regard vif et malicieux, et entama son récit.

— Vous ne devineriez jamais comment j'ai appris à aimer l'illustre philosophe. C'est en dînant à la table de mon grand-père.

Le grand-père de Lacroix, M. François van Meenen, était un homme considérable. Ancien élève de Laplace et de Volney, jurisconsulte éminent, président de la Cour de cassation de Belgique, il n'avait qu'une passion, la lecture, et il voulait que tout le monde l'aimât autour de lui. Lorsqu'il réunissait ses enfants à dîner, il exigeait que chacun d'eux prît un livre, l'ouvrît contre son assiette et remplaçât par une sévère méditation les vains propos que l'on échange ordinairement au cours des repas. Il proscrivait la littérature romanesque, du moins il l'abandonnait aux femmes. Il avait choisi quelques volumes, l'*Enseignement du peuple*, l'*Ultramontanisme et la révolution française*, le *Génie des religions*, *Ahasvérus* et les avait mis aux mains de son petit-fils. Celui-ci, âgé de douze ans, trouvait que ces ouvrages manquaient de légèreté. Pourtant il commença de les feuilleter par obéissance. Bientôt il y prit goût, et tous les dimanches, entre la chope de bière et le gigot du souper familial, il s'imprégnait des doctrines et du style de Quinet. Quelques années s'écoulèrent. Un soir, M. Van Meenen parut plus agité que de coutume.

— Je vous annonce, dit-il, que d'admirables Français, chassés de leur pays par le coup d'État, viennent chercher un refuge à Bruxelles. Nous recevrons, comme ils le méritent, ces sincères amis de la liberté.

Il les énuméra : E. Deschanel, Bancel, Pascal Duprat, Alexandre Dumas, Edgar Quinet. A ce dernier nom, le jeune Albert Lacroix tressaillit. Justement, huit jours plus tard, il prenait part au concours solennel organisé entre les quatre universités belges ; il avait soumis aux juges un vaste mémoire traitant de *l'influence de Shakespeare sur le théâtre français* et devait le soutenir, selon l'usage, en séance publique. Quelle ne fut pas sa surprise, quand il vit entrer dans la salle cinq ou six des proscrits chers à son grand-père, et son émotion, quand l'un d'eux, se levant, et l'interrogeant, suivant les traditions usitées en ces sortes de cérémonies, lui demanda :

— Comment concevez-vous le théâtre ? Ne doit-il pas être autre chose qu'un frivole amusement ?

C'était Quinet. Le néophyte lui répondit et versa dans ses paroles l'enthousiasme, la foi, le respect qui débordaient de son âme. Il obtint le prix. Il fut couronné au temple des Augustins, et reçut le soir même les félicitations de l'auteur d'*Ahasvérus*. Il s'ensuivit, entre eux, un aimable commerce, fait d'un côté de vénération, de l'autre, de bienveillance. Albert Lacroix subissait le charme du philosophe et il le subit toujours par le souvenir.

— Que vous dirai-je ? Quinet avait ce je ne sais quoi qui fait les prophètes, les chefs intellectuels, les pasteurs d'hommes. Il était doux et ferme à la fois. Il inspirait la confiance ; il donnait envie de s'épancher. Et cependant de ses yeux, de son large front, de son nez au pur dessin, de sa noble bouche, de ses cheveux ondulés, émanait une force singulière, ce qu'on appelle, faute de mots plus clairs pour le rendre, l'autorité.

De quoi devisaient le maître et le disciple ? Ils étaient tous deux possédés par la passion du moment ; ils vivaient en Belgique dans la fièvre des colères mal éteintes ; ils haïssaient l'empire nouvellement restauré et, plus violemment encore, l'Église. Le rêveur d'*Ahasvérus* se changeait, sous l'influence des événements, en un fougueux polémiste. Il aspirait à la bataille ; il devenait ligueur, homme de parti. Il avait publié récemment dans la *Revue des Deux Mondes* une importante étude sur les *Pays-Bas au seizième siècle*. Il dit au jeune élève qui frémissait à sa voix :

— Voulez-vous accomplir une tâche généreuse et servir utilement nos idées ?

— Oui, certes.

— Il existe un sublime ouvrage, totalement oublié, et dont on ne trouverait pas en Europe trois exemplaires. C'est le livre de l'héroïque Marnix de Sainte-Aldegonde qui flétrit, de sa plume vengeresse, les forfaits de l'exécrable et sanguinaire catholicisme. Rééditez ce chef-d'œuvre.

— Mais je n'ai pas de libraire à ma disposition.

— Publiez-le vous-même.

— Mais c'est un métier que j'ignore.

— Apprenez-le. Faites-vous imprimeur.

— Mais l'argent me manque.

— Réunissez, groupez vos amis et les miens... Je vous donne la préface.

Albert Lacroix, éperdu, court chez son grand-père, lui expose en traits de feu le désir du poëte et le conjure de le seconder... L'honorable président n'y résiste pas.

— J'ai vingt mille francs d'économies, s'écrie-t-il. Retourne chez Quinet. Tout ce que je possède lui appartient. Hâte-toi. Achète une imprimerie. Embauche des ouvriers.

Les ateliers furent installés dans une dépendance de la maison. Quatre typographes se courbèrent sur l'œuvre de Marnix de Sainte-Aldegonde. Albert Lacroix, l'excellent conseiller François Van Meenen. Edgar Quinet se relayaient pour corriger les épreuves,

Ils respiraient avec délice l'odeur de l'encre fraîche et goûtaient une joie de bibliophile à relire la langue verte et savoureuse du vieil auteur. C'étaient entre eux d'interminables discussions, qui ne dégénéraient jamais en querelles. Ils avaient des convictions, des espérances communes ; ils vibraient à l'unisson.

— Ce fut, me dit M. Lacroix, le temps le plus heureux de ma vie. Je m'exaltais au contact de ce merveilleux esprit. Et il faut croire que l'enthousiasme qu'il m'inspirait était contagieux, car lorsque le premier volume de Marnix, orné de sa préface, fut annoncé, les souscripteurs affluèrent. Nous avions fait, sans nous en douter, une avantageuse opération. Tous frais payés, Marnix de Sainte-Aldegonde nous laissa cinq mille francs de bénéfice. De son vivant il n'en avait pas tant gagné. Et c'est ainsi que je devins éditeur. Vous comprenez maintenant pourquoi le nom d'Edgar Quinet m'est sacré. Je conserve précieusement ses lettres, ses manuscrits, ses pages inachevées. Ce sont mes plus précieuses reliques.

Le digne M. Lacroix tira vers lui une énorme chemise de carton, poussiéreuse, usée aux angles. Et nous nous mîmes en devoir de la vider.

La haute et fière écriture d'Edgar Quinet est fort incommode. Elle paraît assez nette quand on la regarde de loin ; et quand on s'en approche, elle devient illisible, car les caractères n'en sont pas nettement formés. Mais l'infaillible mémoire de M. Lacroix vient à mon secours, elle dissipe les obscurités, elle supplée aux lacunes.

— Quinet, poursuit-il, fut plus étonné que moi du grand succès de Marnix. Il n'était pas habitué à pareille aubaine. Ses livres se vendaient mal ; les plus fameux n'avaient guère dépassé mille à quinze cents exemplaires. Je résolus de profiter de ce bon vent qui gonflait nos voiles. Je composai un volume avec une lettre d'Eugène Sue et l'introduction d'Edgar Quinet ; j'eus beaucoup de peine à lui faire accepter 300 francs d'indemnité. Rien n'égalait son désintéressement, si ce n'est sa modestie. « Qui voulez-vous qui achète cet ouvrage? » disait-il. Nous l'avions intitulé la *Révolution religieuse au dix-neuvième siècle*. Et ce titre, effectivement, n'avait rien de récréatif. Eh bien ! Quinet se trompait. Tout ce qui sortait de la plume des exilés remuait puissamment l'opinion. Trois mille exemplaires partirent en moins d'un mois. Et si je vous montrais la liste de souscription...

Il la déploie ; et j'y découvre trois noms qui semblent un peu surpris d'être rangés côte à côte :

S. A. R. monseigneur le duc de Brabant. — F. Guizot. — Henri Brisson.

— Vous n'êtes pas stupéfait, reprend le brave libraire, de voir M. Henri Brisson fraterniser avec le roi des Belges sur le terrain de l'anticléricalisme?

— Le roi des Belges ?

— Assurément... Le duc de Brabant s'appelle aujourd'hui Léopold II. Et il reçut à ce sujet les plus véhéments reproches de sa famille.

L'ouvrage n'était pas de nature à édifier la cour de Bruxelles, non plus que la cour des Tuileries. Dans une lettre adressée à M. Lacroix, Quinet en précise le dessein et la portée.

> Vous ne vous êtes point laissé ébranler par les clameurs qu'a excitées l'Introduction, et je vous en félicite. C'est la marque d'un vrai courage et d'une forte raison. De pareilles idées doivent nécessairement étonner d'abord ; mais ceux mêmes qui les combattent s'y accoutument, et c'est déjà un grand pas vers leur accomplissement. D'ailleurs, les adhésions importantes n'ont pas manqué. J'ai la conscience qu'une grande chose est lancée, qu'elle ne se perdra pas, qu'elle sera relevée tôt ou tard. Eh ! que demandons-nous de plus ?
>
> Pour achever d'acquitter ma tâche envers Marnix, il me restait à montrer combien sa pensée s'adapte encore aux nécessités de notre siècle. Car c'est le caractère des œuvres durables qu'elles apparaissent toujours comme une actualité à quelque moment qu'on les retrouve ; le vrai moyen de prouver que les œuvres de Marnix sont vivantes, c'est de les attacher à des questions vivantes et pratiques.

Quinet était alors dans l'échauffement de la bataille. Peu à peu, il s'apaisa. Il quitta la Belgique pour les bords du lac Léman. Il s'y recueillit, y vécut dans une retraite aimable et laborieuse, en compagnie de sa jeune femme. Et c'est là qu'il prépara son importante *Histoire de la Révolution*, qui parut en 1863.

A cette époque, M. Albert Lacroix était un des gros éditeurs de Paris. Il avait pignon sur rue ; et sa boutique du boulevard Montmartre ne désemplissait pas ; les littérateurs et les philosophes s'y donnaient rendez-vous ; on y causait avec autant d'animation qu'au perron de Tortoni. La *Révolution* de Quinet se vendit à vingt mille exemplaires. Mais pour la lancer, M. Lacroix s'était avisé d'un expédient très ingénieux. Il avait invité à dîner, au café Riche, les directeurs des plus grands journaux français : Nefftzer, Peyrat, Guéroult, Jourdan. On avait beaucoup parlé de l'absent ; et, le surlendemain, sans avoir l'air de s'être donné le mot, le *Temps*, l'*Avenir national*, l'*Opinion*, le *Siècle* consacraient à Quinet et à son œuvre des articles enflammés. L'effet en fut foudroyant. Les presses gémissaient et ne suffisaient plus au tirage. Un tel triomphe devait nécessairement susciter des jalousies. A quelque temps de là, M. Albert Lacroix travaillait tranquillement dans son cabinet, lorsqu'un de ses auteurs le vint surprendre. Et ce n'était pas le moins glorieux. C'était Michelet. Ils commencèrent à s'entretenir de choses indifférentes. Et cependant Michelet paraissait, contre sa coutume, un peu froid, un peu « pincé ». Tout à coup :

— J'espère que mon ami Quinet n'a pas à se plaindre ! Vous poussez gaillardement sa *Révolution !*

Et comme le libraire se taisait, ne sachant quelle contenance observer, il ajouta :

— Soit dit sans reproches, vous n'en faites pas autant pour la mienne.

En vain Lacroix jura-t-il ses grands dieux qu'il ne faisait aucune différence entre elles et les entourait d'une égale sollicitude. Michelet ne se laissa pas convaincre :

— J'en suis ravi pour Quinet. Vous savez si je l'aime !

Il partit, à demi fâché. Lacroix s'empressa d'inonder la presse de réclames et d'annonces touchant l'ouvrage de Michelet. Mais voici que Louis Blanc surgit à son tour :

— Mon petit Lacroix, dit-il, vous traitez en bon père de famille la *Révolution* de Michelet et celle de Quinet.. Eh bien !... Et la mienne ? Il n'en est pas plus question que si elle n'existait pas.

La *Révolution* de Louis Blanc fut aussitôt affichée aux quatre coins de Paris. Mais le plus curieux, c'est que M. Lacroix reçut à ce moment la visite de madame Edgar Quinet.

— Vous faites grand bruit autour de la *Révolution* de Louis Blanc et de celle de Michelet. Vous en faites un peu trop. Vous devriez, ce me semble, concentrer vos efforts sur la plus récente, sur celle de mon mari. Elles se nuiront à être ainsi présentées toutes ensemble.

Cette fois l'honorable éditeur demeura court et ne sut que répondre. Il garda de l'aventure un souvenir joyeux et mélancolique. Après me l'avoir contée, avec infiniment de grâce et de vivacité, il conclut :

— Que voulez-vous, ce sont les petites misères des hommes célèbres.

Il se reprend aussitôt ; car il craint de noircir son illustre maître Quinet et d'attacher à sa renommée une anecdote désobligeante.

— Remarquez bien, je vous prie, la différence. Michelet et Louis Blanc sont venus me voir en personne. Quinet n'est pas venu, mais madame Quinet. Cela était moins direct, plus délicat. Et puis, Quinet ignorait sans doute la démarche de sa femme.

Il ne put s'empêcher de rire.

— Monsieur Lacroix, vous êtes un fin psychologue.

Je crois bien que mon respectable ami est flatté de mes louanges. Il n'en laisse rien paraître. Il ne veut pas que j'attribue à Quinet des sentiments envieux, vulgaires ou intéressés.

— C'était une âme incomparable, une âme divine, une âme débordante d'amour et de foi. Si vous aviez vu sa douleur pendant les désastres de la guerre !... Tenez, j'ai là un chapitre inédit de son livre sur le *Siège de Paris*. Il m'est arrivé trop tard, alors que l'ouvrage était sous presse, et je n'ai pu l'imprimer.

D'une main fiévreuse, M. Lacroix a saisi les feuillets ; il les déchiffre, il les commente, en les accompagnant de beaux gestes oratoires. Quinet, s'associant aux ardents désirs de Gambetta, prêchait la résistance désespérée. Et il adressait au peuple, à tous les citoyens, un brûlant appel. Le morceau est empreint d'une ironie hautaine et assez singulière. Il est d'ailleurs éloquent, mais trop long pour être intégralement cité. Je n'en reproduirai que la conclusion :

Ne voulez-vous donc point, me dira-t-on, d'Assemblée nationale pendant le feu de la bataille ?
Ah ! que vous me faites injure !
— Au contraire, je ne cesse depuis trois mois de demander, d'implorer la convocation d'une Assemblée nationale ; je la veux même très nombreuse, d'au moins deux millions de notables. Je veux même que la gauche, les deux centres et la droite soient armés de fusils à tir rapide. Je veux aussi qu'une artillerie formidable de six canons pour mille orateurs soit placée dans les intervalles du centre gauche et du centre droit, et une quantité proportionnée de mitrailleuses dans les couloirs, et à chaque étage des tribunes réservées ou non au public. La Délibération commencera en termes parlementaires, modérés par la mitraille sur le front des orateurs ennemis ; elle continuera par une fusillade honnête, sage, tranquille, à hauteur de ceinture. La réserve prononcera la clôture d'un mot foudroyant. Après quoi nos honorables adversaires s'invectiveront par le vote, l'épée dans les reins.
Venez donc, Français des départements de l'Est à l'Ouest, du Midi au Nord ! A nous ! Vous êtes cinq millions en état de porter les armes. Venez, nous vous tendons les mains. C'est l'ennemi qui avait forgé tous ces faux bruits de démission, de séparation. Il mentait. Devant lui nous ne formons qu'un seul homme.
Ne croyez pas davantage aux négociations entamées. Le monde sera avec vous, s'il vous voit forts, et vous vendra s'il vous voit faibles. Car il porte encore en lui l'esprit du

2 décembre dont vous êtes affranchis et dont il reste esclave.

Jamais ennemis plus haineux n'ont dévasté vos villes et vos campagnes, et ne pensez pas leur échapper si vous vous laissez périr. Le prince Frédéric-Charles disait l'autre jour aux bonapartistes de Metz : « Nous irons, partout! partout! »

Hommes des départements, c'est à vous de l'empêcher de tenir cette promesse. Voulez-vous qu'ils aillent vous obliger de saluer, chapeau bas, leurs officiers qui ont tué vos amis, vos fils, vos parents ?

J'ai vu les invasions de 1814 et de 1815. Jamais je l'affirme, les cosaques de 1815 n'ont exercé la centième partie des cruautés commises par les Allemands de 1870. Venez donc, marchez, arrivez! Empêchez ces ravageurs d'aller partout, partout, partout. Venez! nous vaincrons, morts ou vivants!

M. Lacroix s'arrête, essoufflé par l'extrême véhémence qu'il a mise en sa lecture.

— Qu'en pensez-vous? Est-ce le langage d'un égoïste ou d'un sceptique? Et n'est-ce pas celui d'un prophète?...

Il réfléchit un instant.

— Voyez-vous : nul ne connaît plus profondément un homme de lettres que son libraire. Ils sont tous deux de « mèche », comme on dit. Le libraire est le témoin, le confident et souvent le complice de l'écrivain. Il démêle les plus subtils mouvements qui l'agitent, inquiétudes d'ambition, d'orgueil, de dépit, les mille sentiments contradictoires dont est pétrie son âme complexe... Je me suis amusé à classer mes grands auteurs, non pas par ordre de mérite, mais par ordre de noblesse. Savez-vous à qui j'accorde la première place, pour le désintéressement, la bonté et l'oubli total des petits calculs personnels? C'est à George Sand.

— Et Quinet?

— Quinet n'arrive qu'au second rang. Puis Lamartine, Louis Blanc, Michelet.

— Et Victor Hugo?

A ce nom, M. Lacroix manifesta une joie immodérée.

— Je vais vous conter, dit-il, une dernière historiette. Je me trouvais à Hauteville House, après la publication des *Misérables*. Victor Hugo voulait revenir passer deux semaines en Belgique où je retournais moi-même. La veille de notre départ, il me conduisit dans le grenier de sa maison et me montra une large caisse bondée de manuscrits. Je lui demandai la permission d'y jeter les yeux : et je notai quelques titres qui me parurent significatifs : la *Fin de Satan*, *Toute la Lyre*, *Dieu*, *Post-Scriptum de ma vie*. — « Ce sont, déclara Hugo, mes œuvres posthumes. Il est un de ces ouvrages qui sera publié cent ans, jour pour jour, après ma mort. » Il ficela la caisse, la cacheta de son sceau de pair de France. Nous partîmes. Et je demeurai accablé, anéanti par l'implacable majesté de ce poète, qui, en plein épanouissement de ses forces, songeait à l'avenir, songeait à se rendre immortel, et se préparait à éblouir la postérité, par l'étalage d'une fécondité sans exemple .. Victor Hugo, c'est le Génie, c'est le Monstre... Il échappe à toute classification.

Ainsi parla l'excellent M. Lacroix. Je pense décidément que le proverbe a raison, et qu'il n'y a pas de vrai grand homme pour son libraire!

ÉMILE ZOLA

L'AUBE DE LA GLOIRE

Je suis allé revoir hier mon vieil ami M. Albert Lacroix, l'ancien libraire. Je voulais prendre des nouvelles de sa santé, mais — l'avouerai-je? — ma visite avait un autre mobile. L'entretien de M. Lacroix, nourri d'anecdotes piquantes et de souvenirs, est de ceux dont je ne me lasse point Et puis, lorsqu'il me fit, au sujet des *Misérables*, les précieuses révélations qu'on a lues plus haut, il m'avait dit, me montrant une caisse bondée de paperasses :

— Il y a là des trésors. Ce sont les lettres que j'ai reçues de tous nos auteurs illustres, depuis Lamartine jusqu'à Zola. Nous les lirons ensemble, quand vous voudrez.

Ces paroles ne m'étaient pas sorties de la mémoire. La malle de M. Lacroix me hantait. Elle me poursuivait dans mes rêves. J'y puisais, à brassées, d'admirables autographes que M. Spoelberch de Lovenjoul eût payés au poids de l'or. Une telle obsession devenait trop douloureuse et je résolus d'y mettre un terme, en rappelant à mon vénérable ami son obligeante promesse.

Je le trouvai dans son petit logement, sous les toits. Il s'occupait à corriger les épreuves de son *Histoire de France* en vingt volumes et regardait, entre temps, tomber la neige d'un air mélancolique.

— J'arrive de Suisse, dit-il. Je m'y portais à merveille, au milieu des brouillards et des frimas. A peine rentré à Paris, je m'y suis enrhumé. Votre maudite ville ne me vaut rien... Mais c'est assez parlé de moi...

Il me fixa de ses yeux spirituels :

— Je devine l'objet de votre visite. On inaugure bientôt le monument d'Erckmann-Chatrian ; et vous venez me demander sur eux quelques papiers.

— Ma foi, je n'y songeais guère.

— Oui, oui, beau masque. On vous connaît. Eh bien ! puisque vous voilà, nous allons vider la fameuse malle.

Nous la renversâmes sur le plancher. Il en sortit des liasses de lettres et des manuscrits. M. Lacroix, toujours agile et vif, malgré son grand âge, se précipita pour les ramasser.

— Le dossier de Zola, le dossier de Goncourt, le dossier de Michelet... Erckmann-Chatrian... Justement, voici qui les concerne.

En classant ses richesses, le brave éditeur commença de me parler de choses très anciennes et qui, dès les premiers mots, me captivèrent.

Un jour de l'année 1863, M. Lacroix déjeunait avec Hetzel, chez Caron, à l'angle de la rue Jacob et de la rue des Saints-Pères. Chaque jeudi, ils se rejoignaient dans cet antique café blanc et or où fréquentaient les joueurs d'échecs de la rive gauche, et y causaient de leurs affaires — car ils avaient en commun un certain nombre d'auteurs.

— Devons-nous continuer avec Erckmann-Chatrian? demanda Hetzel... Leurs romans se vendent mal.

— Ils ont beaucoup de talent, répondit Lacroix.

— Sans doute. Mais les chiffres sont les chiffres. La moitié du *Fou Yégof*, la totalité de *Daniel Rock*, les trois quarts du *Joueur de Clarinette* nous restent en magasin.

Ils résolurent de tenter une dernière expérience. Ils publièrent *Madame Thérèse*, qui s'enleva péniblement. Enfin ils décidèrent le *Journal des Débats* à donner en feuilleton le *Conscrit de 1813*. Et soudain, sans qu'ils pussent en deviner les raisons, la vogue arriva aux écrivains jusqu'alors méconnus. Ce fut de l'engouement, de la rage. Cent mille exemplaires du *Conscrit* partirent en quelques mois. *Madame Thérèse*, à son tour, fut entraînée. Les noms obscurs d'Erckmann-Chatrian étincelèrent. Et lorsqu'ils se réunirent de nouveau au café Caron, Hetzel et Lacroix se réjouirent de n'avoir pas rompu avec ces romanciers qui contribuaient maintenant à leur fortune.

Il y a, dans le succès, un grain de mystère. Ce n'est pas le seul mérite qui le détermine ; c'est aussi l'occasion, un heureux concours d'événements, la « veine », comme dit Capus, et enfin l'adresse qui consiste à fixer l'attention du public, à la tenir éveillée, à l'exciter par une réclame ingénieuse et savante...

Le bon M. Lacroix clignait de l'œil, avec malice, derrière son binocle.

— On traite nos jeunes gens d' « arrivistes ». On les accuse de se pousser effrontément vers la gloire, d'user de la camaraderie et de soudoyer la presse pour que leurs noms y soient exaltés. Si vous croyez que leurs devanciers se privaient de ces moyens ! Dans tout littérateur, entendez-moi bien, est un cabotin qui sommeille. Eh ! grands dieux ! je ne les blâme point ! Ils ont beaucoup travaillé. Ils veulent réussir. Ils sont ambitieux. N'est-ce pas leur droit ? N'est-ce pas leur devoir ? La période des débuts est si malaisée ! Aussi sont-ils animés d'une égale impatience et doués d'une adresse, d'une souplesse merveilleuses dès qu'il s'agit des intérêts de leur réputation. Lamartine, Hugo, Balzac, Dumas, Michelet, Zola, furent à cet égard d'incomparables metteurs en scène.

Il prit à terre une épaisse chemise de papier gris.

— Tenez, voilà l'histoire complète des premiers livres d'Emile Zola. Feuilletons les lettres qu'il m'a adressées. Vous en déduirez de curieuses indications sur son caractère. Et peut-être en tirerez-vous une leçon de Philosophie.

Nous ouvrîmes le dossier... M. Lacroix ralluma son éternelle cigarette, essuya les verres de son lorgnon. Et lui, fumant, riant, se trémoussant sur sa chaise, et moi, déchiffrant, compulsant, annotant, rapprochant du texte écrit les paroles de mon hôte, nous reconstituâmes la jeunesse de Zola, son énergique effort vers la renommée, le roman de ses romans...

Le vieil éditeur se souviendra toujours de la première conversation qu'il eut avec Émile Zola. C'était à la fin de l'année 1863. Il vit entrer dans son cabinet du boulevard Montmartre un gros garçon timide et gauche qui sortit de sa poche un paquet soigneusement plié et ficelé de faveurs bleues.

— Je suis employé à la librairie Hachette, dit-il, et j'utilise mes loisirs à des travaux littéraires. Je vous apporte quelques nouvelles que je voudrais bien faire paraître... Me promettez-vous de les lire?

M. Lacroix protesta de sa bonne volonté.

Zola reprit avec embarras :

— Je ne vous cache pas que je les ai montrées à plusieurs de vos confrères. Ils m'ont rendu le manuscrit sans l'ouvrir. Et je suis un peu découragé, un peu las. Puis-je espérer un meilleur sort?

— Revenez dans huit jours.

C'était la formule usitée pour éconduire les importuns. Zola partit. Et M. Lacroix, qui était surchargé de soucis de toutes sortes, n'y pensa plus. Et, chaque matin, il rencontrait, au seuil de la boutique, le gros jeune homme timide, qui implorait, sans l'obtenir, sa réponse. Enfin l'obstination de Zola fut récompensée.

— Je vous en prie, répétait-il, lisez mes *Contes à Ninon*. N'en lisez qu'un, au hasard. Je vous assure que j'ai du talent.

Il y avait dans son accent, dans son regard une conviction si sincère que M. Lacroix en fut touché. Il accepta d'éditer sans frais le volume. Et, pour sceller leur accord, Zola lui écrivit la lettre suivante :

Paris, 2 juillet 1864.

Mon volume de nouvelles, sous le titre de *Contes à Ninon*, sera publié dans la collection Hetzel et Lacroix.

Le tirage du volume pourra se faire à quinze cents exemplaires ; au delà de ce nombre et en cas de seconde édition, il me sera accordé un droit d'auteur de vingt-cinq centimes par exemplaire.

Comme équivalent de vos frais de première édition, je m'engage, aux termes de ma lettre de proposition, à faire pour mon volume, dans tous les journaux, des annonces ou réclames, pour une valeur au moins égale aux frais d'impression de l'ouvrage, sans que M. Hetzel, ou vous, vous ayez à supporter aucune dépense de ce chef

L'ouvrage réussit médiocrement. Il s'en écoula

deux ou trois cents exemplaires. La *Confession de Claude*, qui suivit, eut le même sort. Zola craignait de s'aliéner les sympathies de cet éditeur qu'il avait eu tant de mal à conquérir; il le comblait d'égards et de petits soins : « Envoyez-moi l'*Ami Fritz*, d'Erckmann-Chatrian, disait-il. Je lui consacrerai trois colonnes dans le *Salut public* de Lyon. » (Il y rédigeait la critique des livres nouveaux.) Mais ces expédients ne valaient pas un franc succès personnel. Et ce succès se faisait attendre. Zola le sollicitait de mille manières; il ébauchait des desseins gigantesques, mais avant de les imposer à la foule, il fallait lui crier son nom, la forcer à s'arrêter, à se retourner. Il fallait à tout prix sortir de l'ombre. C'est alors qu'il s'avisa d'un stratagème imprévu. Il proposa à M. Lacroix de réimprimer les *Contes à Ninon*, en y ajoutant des images. Celui-ci poussa les hauts cris. Rééditer un livre qui ne s'était pas vendu ! c'était de la folie pure ! Mais Zola avait son idée. Il insista. « Si vous connaissiez le dessinateur qui me prête son concours, disait-il, vous seriez converti. » Cet artiste, il n'ose pas l'indiquer plus clairement, il le désigne par périphrase. Il a peur d'effrayer M. Lacroix :

Quant à l'artiste et à moi, vous nous donnerez tant pour cent sur chaque exemplaire vendu. Nous acceptons à l'avance ce que vous nous offrirez. Vous voyez que, de toutes les façons, nous nous mettons à votre disposition. Nous désirons faire une affaire d'art et non d'argent; nous voudrions, pour que vous acceptiez, vous faire toutes les conditions possibles. Il me déplairait d'avoir à retirer le livre de chez vous, qui y est fort bien. D'ailleurs, je compte sur un succès, tout au moins de curiosité. Mon dessinateur va faire grand bruit dans quelques semaines d'ici. Ce serait pour votre maison une véritable publicité. Vous savez que je me connais en cette matière et que je me suis trouvé à une bonne école pour les réclames. Je vous ai promis pour les *Contes à Ninon*, in-18, une large publicité, et j'ai tenu plus que je n'avais promis. Eh bien ! je crois pouvoir m'engager à vous assurer pour les *Contes à Ninon* in-8º une publicité plus large encore. Certaines circonstances amèneront forcément ce retentissement.

Naturellement, de si grandes précautions intriguaient le libraire. Quel pouvait être cet illustrateur masqué ? Portait-il un nom éclatant ? Etait-ce M. Meissonier ou M. Gérôme ? Appartenait-il à l'Institut ? Ou bien venait-il d'un pays extravagant, du Kamtchatka, du Japon, de l'Amérique ? Quand Zola eut jugé que son homme était à point, il se décida aux confidences ; il lui dévoila le plan qu'il avait conçu.

Paris, 8 mai 1867.

Je comprends le désir que vous témoignez de connaître la manière de l'artiste qui doit illustrer les *Contes à Ninon*. Je dois cependant vous faire remarquer que l'artiste ne demande aucune rémunération immédiate et proportionnelle, mais seulement un tant pour cent sur chaque exemplaire vendu. Nous désirons avant tout faire une œuvre *purement artistique*, sans contrôle d'aucune sorte : c'est pourquoi nous voulons rester entièrement maîtres.

Si je pouvais causer avec vous, je vous ferais comprendre le mécanisme de l'affaire que je vous propose, et je suis certain que vous accepteriez cette affaire. Je vais essayer de m'expliquer le plus clairement possible.

Il ne s'agit pas d'une œuvre ordinaire. Pour moi et pour l'artiste, je le répète, il s'agit d'une œuvre d'art. Pour vous, il s'agit d'un succès d'argent. Mon dessinateur est M. Edouard Manet, jeune peintre de grand talent, dont vous devez connaître la bruyante réputation. On a fait de lui le type de l'excentricité, on se plaît à tourner ses œuvres en ridicule, comme on a tourné en ridicule les premières toiles de Decamps et de Delacroix Demain, j'en ai l'intime conviction, M. Edouard Manet sera accepté comme un maître. J'ai plaidé chaleureusement sa cause dans feu l'*Événement*, et, par reconnaissance, par sympathie, il veut bien me faire quelques dessins pour mes *Contes à Ninon*. Dans quelques semaines, M. Manet ouvre une exposition particulière de ses œuvres, à côté de l'exposition de Courbet; il vient de dépenser 15.000 francs pour se montrer au public dans l'ensemble de son talent. Il est certain d'avoir une publicité énorme, la publicité que Courbet a déjà eue en 1855. Vous voyez, dès maintenant, que l'œuvre que je vous propose d'éditer n'est pas une œuvre ordinaire, ainsi que je vous le disais. La manière de l'artiste ne doit pas vous inquiéter; peu vous importe qu'il fasse ceci ou cela; il signe, et voilà tout : son nom vaut du bruit, de la curiosité, une publicité qui amènera le public chez vous. Tout le tapage qui s'est fait autour de M. Manet, tout le tapage qui se fera encore ces jours-ci est une assurance que son œuvre ne passera pas inaperçue. S'il s'agissait d'un dessinateur ordinaire, d'un homme qui a la spécialité des culs-de-lampe et d'autres babioles, je comprendrais vos défiances. Mais ici votre spéculation ne porte pas sur l'aspect plus ou moins plaisant des dessins, mais sur le nom, sur la réputation bruyante du dessinateur.

Je ne sais si je me suis bien expliqué. Je ne parlerais pas aussi carrément à certains de nos éditeurs de Paris. Mais j'ai appris à connaître votre sagacité, votre coup d'œil prompt à saisir les phases probables d'un succès. Si vous m'accordez quelque expérience en matière de réclame, croyez à mes assurances ; mon nom et celui de Manet mis sur une même couverture doivent tirer l'œil des passants et les forcer à s'arrêter.

D'ailleurs, je vous envoie deux eaux-fortes que M. Manet a gravées lui-même d'après deux de ses tableaux. Il ne peut faire en ce moment les deux croquis que vous me demandez, se trouvant accablé d'ennuis par les soucis de toutes sortes que lui cause la prochaine ouverture de son exposition particulière. J'ai pensé que les deux eaux-fortes ci-jointes vous mettraient à même de comprendre le talent vigoureux et original du peintre. L'eau-forte représentant une danseuse espagnole est, à mon sens, un chef-d'œuvre d'une souplesse et d'une énergie rares. On dirait une eauforte de Goya. Soyez sans crainte, je sais ce que j'ai fait en choisissant M. Manet pour dessinateur. Vous me connaissez assez pour savoir que je cherche le succès. Vous avez bien voulu me dire un jour que j'étais habile. Eh bien ! jamais je n'ai si habilement travaillé à ma réputation qu'en cherchant à mettre le nom de Manet sur une de mes œuvres. — Faites l'affaire et vous verrez si je me trompe.

Cette lettre est amusante. Elle est très politique. Elle renferme quelques flatteries à l'adresse de M. Lacroix : « Je connais votre sagacité, votre coup d'œil. » Ces précautions étaient nécessaires pour faire avaler à un honorable commerçant, obligé de compter avec les goûts du public, le choix d'un pareil collaborateur.

Aujourd'hui Manet est classé parmi les maîtres. On se dispute ses toiles. Mais en 1867, il n'en allait pas de même ; elles étaient dédaignées, elles soulevaient une universelle moquerie...

M. Lacroix ne m'a pas caché que le projet de Zola le précipita d'abord dans un profond étonnement.

— Mais aussi j'admirai son imagination si fertile et l'âpre désir où il était d'avancer. Sans cesse il revenait à la charge : « J'ai plus besoin de bruit que vous, disait-il. Croyez-moi, c'est l'homme qu'il nous faut. Vous verrez le beau tapage. » Et non seulement j'acceptai de publier l'édition illustrée des Contes, mais j'étais tout prêt à signer avec Zola pour une nouvelle série de volumes. Que voulez-vous ? J'avais foi en ce jeune homme. Son enthousiasme m'échauffait et endormait ma prudence.

Ces espoirs s'évanouirent, Édouard Manet n'exécuta pas les dessins qu'il avait promis ; Zola retomba dans ses incertitudes et dut chercher un autre moyen de frapper le grand coup qu'il méditait. Il ne s'attardait pas aux regrets stériles. Dès qu'une de ses œuvres avait vu le jour, il ne s'inquiétait plus que de la suivante. Celle qu'il préparait en 1867 commença de paraître dans l'*Artiste*. Aussitôt Émile Zola entreprit, par de savants travaux d'approche, le siège de son éditeur. Il lui écrivait, le 21 septembre 1867 : « J'espère que puisque vous avez deux de mes enfants, vous voudrez bien vous charger d'un troisième. Vous savez que l'union fait la force. Trois volumes sont plus forts contre le public que deux. » Le surlendemain, nouvelle lettre, corroborant la première :

Si je ne vous ai pas envoyé les numéros de l'*Artiste* qui contiennent mon roman, c'est que M. Guérin m'avait assuré que vous deviez avoir ces numéros à Bruxelles. Aujourd'hui encore, il me dit que votre maison de Paris vous les enverra, si vous ne les avez pas. Donc, je ne m'inquiète pas de ce détail. Quant au titre, il sera d'autant meilleur, selon moi, qu'il sera plus simple. L'œuvre s'intitule dans l'*Artiste* : *Un mariage d'amour*, mais je compte changer cela et mettre *Thérèse Raquin*, le nom de l'héroïne. Je crois que le temps des titres abracadabrants est fini et que le public n'a plus aucune confiance dans les enseignes.

En deux mots voici le sujet du roman : Camille et Thérèse, deux jeunes époux, introduisent Laurent dans leur intérieur. Laurent devient l'amant de Thérèse, et tous deux, poussés par la passion, noyent Camille, pour se marier et goûter les joies d'une union légitime. Le roman est l'étude de cette union accomplie dans le meurtre ; les deux amants en arrivent à l'épouvante, à la haine, à la folie, et ils rêvent, l'un l'autre, de se débarrasser d'un complice. Au dénouement, ils se suicident.

L'œuvre est toute dramatique, très poignante et je compte sur un succès d'horreur. Une prompte réponse, je vous prie.

Le traité fut conclu. *Thérèse Raquin* naquit. Le volume fit un peu plus de bruit dans le monde que ses frères. On en tira une seconde édition. Le colportage en fut interdit, à cause des audaces qu'il contenait et qui avaient alarmé les pudeurs de la censure. L'auteur eut un moment de joie. Si des polémiques de presse avaient pu se greffer sur l'incident ! Il essaya de les allumer, ainsi qu'en témoigne ce billet :

31 juillet 1868.

J'ai songé à une chose : puisque Ulbach va répondre aux notes du colportage, ne pourrait-il pas glisser dans son article un mot pour *Thérèse Raquin?* Faites-lui donc lire la préface de la deuxième édition et prenez en mon nom l'engagement que je ne lui répondrai pas, même s'il m'attaque de nouveau.

Dites également à Robert Halt qu'il parle de mon livre. Je parlerai du sien. C'est bien le moins que nous nous soutenions mutuellement, puisqu'on nous attaque en bloc.

Mais non... Les journaux gardèrent le silence. La tempête annoncée s'apaisa. *Thérèse Raquin* continua son petit bonhomme de chemin, sans heurt, sans secousse. Elle éveilla l'attention de la critique intelligente et lettrée, mais laissa la grande masse des lecteurs à peu près indifférente. Et Zola, qui travaillait, avec son invincible ténacité, à un nouveau livre, pestait tout bas contre leur mollesse. Mieux eût valu un échec retentissant que cette paisible réussite. Il rêvait batailles, blessures échangées, débordement d'invectives, attaques et répliques furibondes... Comment déchaîner cet orage salutaire, qui, du jour au lendemain, l'eût arraché aux ténèbres où il languissait?

Enfin son vœu fut exaucé.

A cet endroit de sa narration, l'estimable M. Lacroix s'est interrompu. Il a poussé un grand éclat de rire.

— Ce fut une aimable comédie. Et je peux vous en parler savamment puisque, de connivence avec Zola, j'y jouais un rôle. Nous étions tous deux de mèche.

M. Lacroix assujettit les verres de son binocle et se caressa la barbe. Et cela m'indiqua qu'il avait à me rapporter une anecdote très divertissante.

Il achevait d'imprimer *Madeleine Férat*, le quatrième roman de Zola. La censure, qui s'était déjà montrée sévère pour *Thérèse Raquin*, s'arma d'une rigueur plus impitoyable. Elle menaça l'auteur et l'éditeur de la police correctionnelle. M. Lacroix avait empoché, au cours de sa carrière, beaucoup de mois de prison ; il accueillit sans plaisir cette nouvelle, et eut la velléité de battre en retraite. Mais Zola ne l'entendait pas ainsi, et il lui dépêcha cette épître fulminante :

Paris, 14 novembre 1868.

Cher monsieur, je reçois votre lettre qui me surprend beaucoup. Je connais votre position devant la justice française, et j'aurais été le premier à vous avertir, si j'avais pensé que la publication de mon livre pût présenter quelque danger pour vous.

Raisonnons, je vous prie. *Madeleine Férat* a déjà été publiée dans l'*Événement* sous le titre *La Honte*. Il est impossible qu'on inquiète cette œuvre mise en volume. Ce qui a été autorisé sur la voie publique ne saurait être défendu dans les librairies. M. Bauer m'a bien dit ce qu'il vous a dit à vous-même. Il paraît qu'en effet le procureur impérial l'a averti que, bien qu'on lui eût fait grâce, à lui qui est un officieux, on pourrait fort bien ne pas me faire grâce, à moi, rédacteur de la *Tribune*. C'est là bel et bien de la censure préventive, et au lieu de me demander des suppressions vous devriez m'aider à dire son fait au parquet. La question est celle-ci : peut-on poursuivre en volume une page qui a été tolérée sur la voie publique? — et, d'autre part, un procureur impérial peut-il prendre sur lui d'annoncer à l'avance les poursuites dont un livre non publié sera l'objet. Remarquez que le procureur impérial parlait de ces poursuites futures au directeur même du journal auquel il venait de faire grâce.

Je ne vous accorde donc pas les coupures que vous me demandez. Pour moi il y a une question de droit. Je crois de ma dignité d'aller en avant, d'affronter ce danger dont on me menace. Et s'il le faut, je raconterai tout haut cette histoire.

Une autre raison me fait vous refuser la coupure en question. C'est que le passage incriminé contient toute la thèse du roman. J'ai pris cette thèse dans Michelet et dans le docteur Lucas, je l'ai traitée d'une façon austère et convaincue, je n'entends pas convenir que j'aie pu être immoral. Je préfère que le volume ne paraisse pas. D'ailleurs, j'espère que vous comprendrez mes raisons et que vous reviendrez sur votre décision.

Zola avait un souci louable de sa dignité d'écrivain. Et puis, l'occasion était trop avantageuse pour qu'il la laissât échapper. Ce tumulte, après lequel il soupirait depuis si longtemps, s'offrait de lui-même! Et il y aurait bénévolement renoncé!... Il débarque tout bouillant chez Lacroix, il le remonte, il l'échauffe. Il dresse, avec lui, ses batteries. Voici comment ils procéderont. Ils feindront, pour la galerie, de se fâcher. Zola signifiera par huissier à son éditeur l'ordre exprès de mettre l'ouvrage en vente. L'éditeur regimbera. Et les journaux seront saisis de l'aventure. Des bruits sournoisement semés, puis des notes plus vives, puis de violents entrefilets en instruiront le public... Et l'arsenal est forgé par nos deux compères. J'en ai là, sous mes yeux, toutes les pièces. La plus importante, c'est la sommation sur papier timbré :

> L'an mil huit cent soixante-huit, le vingt-sept novembre, à la requête de monsieur Émile Zola, homme de lettres, demeurant à Paris-Batignolles, rue Truffaut, 23, j'ai François-Victor Denis, huissier près le tribunal de la Seine, fait sommation à MM. Lacroix, Verboeckhoven et Cie, de, dans le plus bref délai, avoir à mettre en vente un volume ayant pour titre : *Madeleine Férat*, etc.

A côté de cet acte extra-judiciaire, et dans la même enveloppe, je découvre le bout d'article rédigé de la plume de Zola et destiné au *Figaro*. Cela est parfait. C'est un modèle du genre. Jugez plutôt :

> Il y a, en ce moment, entre un romancier et un éditeur, un conflit dont les détails sont des plus curieux. Nous donnons ces détails sous toutes réserves M. Émile Zola a publié dans un journal un roman : *La Honte*, qui doit porter en librairie le titre de *Madeleine Férat*. M. Lacroix refuse aujourd'hui de mettre ce livre en vente, bien qu'il soit lié par un traité avec l'auteur.
> Il paraît que lors de sa publication en feuilleton, un

passage de ce roman aurait ému le parquet qui aurait fait appeler le directeur du journal. « On vous fait grâce, aurait dit le procureur impérial, parce que vous êtes bien en cour ; mais prenez garde, l'œuvre sera sans doute poursuivie en volume, et vous pourriez être inquiété. »

Le directeur, effrayé, se serait alors empressé de venir rapporter cette conversation à M. Lacroix qui hésite, naturellement, à accomplir son traité devant une pareille menace. De son côté, M. Émile Zola serait bien décidé à n'accorder aucune coupure, faisant de cette affaire une question de droit, prétendant que ce qui a été autorisé sur la voie publique ne saurait être poursuivi en volume. On parle d'huissier, et il y aura peut-être procès.

Et l'on affirme qu'il n'y a plus de censure préventive !

Il faut croire que le *Figaro*, sollicité, refusa de marcher. Il était, apparemment « gêné par ses attaches officielles ». Zola s'empressa de le mander à son éditeur.

Vous trouverez, ci-jointe, la note qui devait passer dans le *Figaro*. Je la trouve si complète, si réussie, que je ne puis me décider à la perdre. Tâchez donc, pour l'amour de Dieu ! qu'on la publie quelque part. Feyrnet est de retour, je pense. Il pourrait la donner dans le *Temps*. S'il refuse, voyez ailleurs.

Pour ma part, j'ai brûlé mes vaisseaux. Toute ma causerie de la *Tribune*, qui doit paraître samedi, est consacrée à notre affaire. Puisque personne ne veut m'aider, je m'aiderai moi-même. Je pense que vous m'approuverez. Ma causerie fera grand effet, j'en suis sûr.

Mais je compte absolument sur vous pour m'aider. Il faut que le *Temps* me seconde.

La campagne ne fut pas aussi chaude qu'Émile Zola l'eût souhaité. L'Empire ne releva pas son défi et renonça à le poursuivre. Trois jours s'écoulèrent. Le « communiqué » attendu n'arrivait point. Alors Zola presse son complice de lancer l'ouvrage; il n'y a pas une minute à perdre si l'on veut avoir le bénéfice de cette escarmouche. On oublie si vite en France! Hâtez-vous, Lacroix, hâtez-vous!

2 décembre 1868.

Le bruit s'apaise et je ne crois pas qu'on m'envoie un communiqué. Il serait bon de ne pas perdre de temps. Je suis d'avis qu'on mette en vente samedi.
Voici le grand avantage que je vois à paraître ce jour-là. Il faudrait, dans ce cas, obtenir à *toute force* un article d'Henry Fouquier dans le *Figaro*. Vous savez qu'il fait sa causerie le dimanche. Tâchez de le voir et sondez-le. Suivant ce qu'il vous dira, remettez-lui immédiatement un exemplaire, en lui demandant d'annoncer la vente de ce terrible roman qui... que.., etc. Vous voyez tout le parti qu'on tirerait d'une pareille annonce.

Après ces innombrables péripéties, *Madeleine Férat* prit son essor. Le livre n'était pas ennuyeux. On en avait parlé. Il se vendit mieux que *Thérèse Raquin*. Zola s'acheminait vers les gros tirages. Il inspira dès ce moment à M. Lacroix, et comme stratège et comme littérateur, une confiance sans limite. Et ils signèrent le mémorable traité qui devait passer plus tard aux mains de M. Georges Charpentier et qui servit de base à leur féconde association.

M. Albert Lacroix acheva son récit en même temps que sa trentième cigarette.

— Avais-je tort, conclut-il, de prétendre que les routes de la gloire sont étrangement encombrées et hérissées de difficultés? Soyons indulgents à ceux qui s'y engagent. Le génie ne suffit pas à les conduire au succès. L'exemple de Balzac et de Zola nous le prouve. Il en est des victoires littéraires comme des victoires diplomatiques. Cela s'échafaude, se combine, se cuisine — c'est le mot — dans la coulisse. Le public n'aperçoit que le résultat de la bataille; il ignore par quels procédés ingénieux on l'a gagnée. Mais il n'est pas permis aux gens du métier d'être si naïfs. Aussi quand je vois la critique dénoncer avec indignation l'audace et l'humeur impatiente de nos jeunes écrivains je souris — moi qui connus leurs prédécesseurs...

Le digne libraire sourit, effectivement... Et tandis qu'il s'exprime avec tant de clairvoyance et de sagesse, je considère son humble logis, les pauvres objets dont il est orné, le petit poêle, la lampe fidèle, l'étroite table où le philosophe corrige nuit et jour les épreuves de son *Histoire de France*, et la grosse malle — la malle symbolique — échouée sur le parquet, et qui renferme en ses flancs les illusions et les déceptions d'une longue vie.

— Mon cher monsieur Lacroix, vous devriez posséder un palais à la ville, un château à la campagne et des rentes de nabab... Comment n'est-il rien demeuré, de tout l'argent qui a passé par vos mains?...

Il soupira doucement, sans amertume :

— C'est l'instant, dit-il, de nous souvenir de nos classiques :

Sic vos, non vobis mellificatis, apes...

LE CARACTÈRE D'ÉMILE ZOLA

Emile Zola, qui menait une existence assez retirée, se retrouvait toujours avec délices chez son éditeur et vieil ami Georges Charpentier. Il s'y sentait à l'aise, dans une atmosphère d'admiration et de sympathie. Mme Charpentier, avec cette grâce et cette impétueuse bonté qui inspirent tous ses actes, s'ingéniait à lui plaire. Elle y réussissait aisément. Je vois encore Zola, silencieux d'abord et comme renfrogné et mélancolique, puis s'animant à mesure que la conversation s'échauffait, et y versant bientôt l'ardeur et la fièvre dont il était dévoré. C'était le roi du logis, un roi tout à la fois timide et pénétré de sa force, bonhomme et cependant orgueilleux. J'ai devant les yeux les larges rides de son front, son regard réfléchi, et dans l'oreille le son de sa voix hésitante et passionnée.

Au lendemain de sa mort, j'allai voir l'aimable femme. Elle me fit un récit touchant de cette longue affection qu'aucun dissentiment n'a jamais altérée; et sans le vouloir, sans le chercher, par la seule éloquence de son cœur, elle traça du romancier un portrait saisissant et qui me parut nouveau.

Voilà tout juste trente ans que Zola fut mis en rapports avec la famille Charpentier. C'était au lendemain de la guerre. M. Georges Charpentier, qui venait de prendre possession du fonds de commerce paternel, avait alors ses magasins et ses appartements sur le quai du Louvre. Un grand nombre d'artistes et d'hommes de lettres y fréquentaient; l'un des plus assidus était Théophile Gautier. Souvent, il s'y rencontrait avec Francisque Sarcey. Ils y dînèrent un soir et accompagnèrent leurs hôtes à la Comédie-Française. L'entretien effleura mille sujets divers. Gautier, d'humeur plaisante et paradoxale, entreprit son jeune confrère sur le chapitre de la toilette.

— Je suppose, s'écria-t-il, que vous possédez dans votre garde-robe plusieurs habits noirs?

— Je n'en ai qu'un, répliqua Sarcey. Et il n'est pas neuf.

— Eh quoi! fit Gautier, vous mettez le même habit aux enterrements et aux mariages! Cela est d'une suprême inconvenance!

Le bon Théo avait, lui aussi, ce jour-là, un habit râpé. Mais sous le drap, fatigué par un trop long service, battait son cœur d'or. Aucune infortune, aucune injustice ne le laissait indifférent. Il en vint à s'occuper des écrivains nouveaux dont la réputation commençait à poindre.

— Il en est un qui n'est pas heureux, dit-il, et qui ne ressemble pas à tout le monde. Prenez-le donc chez vous, mon cher Charpentier. Ou je me trompe fort, ou ce garçon est doué d'un brin de génie. Il se nomme Émile Zola. En avez-vous ouï parler?

— Certes!...

Sarcey et Charpentier l'avaient suivi depuis ses débuts à l'*Evénement* et au *Figaro*. Ils avaient lu *Thérèse Raquin*. L'opinion de Gautier ne laissa pas, cependant, de les surprendre. Et le jeune éditeur l'avait encore présente à l'esprit quand, quelques semaines plus tard, on lui remit la carte d'Emile Zola. Il vit entrer dans son cabinet un homme trapu, robuste, très brun, mal nippé, lourd et fruste d'allure, et qui paraissait fort embarrassé de sa personne. Mme Charpentier, en l'apercevant, s'éclipsa et les laissa seuls. Ils causèrent. Zola était si ému, qu'il prit la jolie et charmante femme de Charpentier pour sa mère. Mais il fut tout de suite réconforté par la physionomie juvénile de son interlocuteur. Il croyait avoir affaire au papa Charpentier, à un vieux bonze du romantisme; et cette perspective le terrorisait. Il se remit. Il exposa ses désirs, ses ambitions, ses projets, sa misère présente, ses rêves de gloire.

— J'ai dans la tête des idées de roman. Ce qui me manque, c'est le repos moral, la vie assurée, c'est le pain quotidien. Pour me le procurer, je me plie à des métiers de manœuvre. Je cours les journaux, j'accepte des besognes insipides... Si vous saviez quels durs moments j'ai passés!

Dans l'humble logement qu'il habitait avec sa mère et sa femme, il avait subi l'assaut de la faim, l'humiliation des dettes et des saisies, toutes les tortures réservées aux débutants sans fortune. Il lui était arrivé de vendre la laine de son matelas pour fléchir les rigueurs du boulanger. Mme Zola, dont l'existence entière ne fut que dévoûment, abnégation et noblesse d'âme, allait quérir au Temple des vêtements d'occasion qu'elle lui ajustait tant bien que mal. Mais l'écrivain ne se laissa point décourager par ces épreuves.

— Voici ce que je vous propose, dit-il à Charpentier : c'est de continuer avec vous le traité qui me liait à votre confrère Albert Lacroix et qu'il a été contraint d'interrompre. Je m'engage à vous remettre deux volumes chaque année. Pendant dix ans vous en aurez la propriété exclusive, tant au point de vue de la librairie que de la reproduction. Et en retour de ces avantages, je vous demande de me verser cinq cents francs par mois, durant six années consécutives.

— En d'autres termes, dit Charpentier, il faut que je m'engage pour trente-six mille francs. Vous m'accorderez bien vingt-quatre heures pour réfléchir...

Lorsque Zola, palpitant d'inquiétude, reparut le lendemain, l'éditeur ne lui laissa même pas le temps d'ouvrir la bouche.

— Topez là. Vous me plaisez. J'ai confiance. Nous sommes d'accord !

Avec quelle fureur le jeune écrivain se rua au travail, vous le devinez ! Les vingt-cinq louis qu'il était sûr d'empocher mensuellement suffisaient à ses besoins et lui permettaient de s'absorber en son œuvre. Le bien-être, peu à peu, pénétra dans le ménage. Tout en creusant, avec une invincible patience, le sillon des Rougon-Macquart, Zola se multipliait ; il tirait des coups de pistolet dans la presse, il poussait une pointe vers le théâtre, qui fut son éternel tourment et le but ingrat de ses efforts. Il peinait, il agissait ; ses quatre pages quotidiennes tracées, il descendait dans un petit jardin attenant au rez-de-chaussée qu'il avait loué rue La Condamine, aux Batignolles ; il arrosait de ses mains le maigre gazon et les quatre géraniums de son unique pelouse. Ses livres, à la vérité, se vendaient mal. On en écoulait quinze cents, deux mille exemplaires, tout au plus. Mais il se dépensait ; et quoiqu'il eût le labeur âpre et difficile, il concevait dans la joie, il croyait en l'avenir. Il était heureux. Une lettre que M. Charpentier a conservée témoigne de cette santé, de cette inaltérable allégresse. Par une étrange anomalie, le romancier qui décrivait de préférence la laideur des choses ne les voyait ainsi que sur le papier ; il était optimiste dans le commerce ordinaire de la vie ; et le monde ne lui paraissait noir que quand il s'attachait à le peindre.

Paris, 23 juillet 74.

Excusez-moi, si j'ai tant tardé de vous écrire. J'attendais une solution.

D'abord, mon affaire avec Montigny a manqué. Il m'a rendu mon manuscrit d'une façon charmante, en me jurant qu'il avait le plus vif désir de monter quelque chose de moi Il m'a même donné mes entrées au Gymnase, comme consolation, sans doute. En somme, il a été effrayé, mais il est très certain qu'il a longtemps hésité et que la porte de son théâtre me reste ouverte, si je veux être sage.

Dès que j'ai eu mon manuscrit, je n'ai rien eu de plus chaud que de le porter ailleurs. C'est décidément une maladie : on veut quand même être joué. Je n'avais plus qu'à aller frapper à la porte du théâtre de Cluny. J'y suis allé. Et hier Weinschenk a reçu ma pièce. Elle passera avant celle de Flaubert, vers le milieu de septembre, Dieu sait dans quelles conditions, car la troupe m'effraie singulièrement. Que voulez-vous? Ç'a été plus fort que moi, il m'a fallu aller dans cette galère, pour ma tranquillité de tête. Le manuscrit dans un de mes tiroirs me rendait malheureux.

Le pis est que voilà votre aimable invitation dans l'eau. Les répétitions commenceront du 10 au 17 du mois prochain et il ne me sera pas possible de tenir la parole que j'ai donnée à Mme Charpentier. Dites-lui de ne pas trop me tenir rancune. Expliquez-lui qu'un auteur qui a une pièce à placer est l'être le plus à plaindre du monde. J'ai vainement supplié Weinschenk de remettre la chose à plus tard. Il a sa saison prête, dit-il. Enfin, je suis désolé, d'autant plus que je comptais sur ces quelques jours de repos pour me remettre du très vilain été que je viens de passer.

Une bonne poignée de main, mon cher ami, et encore une fois, excusez-moi de tout ceci.

Votre bien dévoué,

ÉMILE ZOLA.

Il est bien entendu que je retarde la première jusqu'à votre retour. Je tiens beaucoup à ce que vous soyez là.

Il ne manquait à notre auteur pour devenir tout à fait célèbre que la consécration d'un grand succès populaire. L'*Assommoir* le lui apporta. Ce fut la vogue foudroyante, accompagnée de son habituel cortège de panégyriques et d'envieuses censures. Zola eut la double satisfaction d'être exalté et déchiré immodérément, et celle — qu'il apprécia aussi, sans doute — de rencontrer chez son éditeur une conscience d'honnête homme. Paul Alexis nous a conté cette scène mémorable :

— Notre traité primitif ne saurait subsister, dit Charpentier. Il m'est trop avantageux. Je le supprime. Et c'est moi qui vous redois vingt mille francs.

Jamais Zola n'eût supposé, jadis, qu'il pût tenir dans ses mains pareille somme! Il descendit de la rue La Condamine à la rue Saint-Georges ; il eut un « petit hôtel » pour lui tout seul et un jardin de 20 mètres carrés. Mme Zola prit une cuisinière... C'était le grand luxe. Et il acquit, pour 9.000 francs, une maison de campagne, à Médan, joli village, où la corruption parisienne n'avait pas encore pénétré. Les épreuves matérielles étaient finies. Le romancier n'avait plus que des luttes intellectuelles à soutenir. Elles ne l'effrayaient point, elles le tentaient au contraire et aiguillonnaient sa verve. Il était né pour se précipiter, la tête baissée et les poings en avant, dans la bataille.

Peut-on affirmer que, malgré sa gloire et les satisfactions d'amour-propre qu'elle lui procura, il ait pleinement joui de la vie? Le parfait bonheur est rare, et chez ceux-là, surtout, qui semblent le posséder. Il n'est presque pas un artiste qui ne souffre d'une plaie secrète, de quelque tristesse qu'il cherche en vain à dissimuler. C'est presque toujours un regret inapaisé ou une ambition déçue. Le public suppose, avec vraisemblance, qu'Émile Zola fut ulcéré du mépris, absurde du reste et puéril, que lui montra l'Académie, en lui refusant obstinément ses suffrages. On insinue que l'irritation qu'il en ressentit ne fut pas étrangère à l'extrême violence des paroles et des actes, où, plus tard, on le vit s'abandonner. L'aventure, quand on y songe, est extraordinaire. Cet homme qui s'était posé en adversaire farouche des préjugés, des conventions sociales, qui méprisait l'art officiel et lui avait asséné les plus rudes coups de sa massue ; ce paysan du Danube, ce révolté s'humanisait soudain, se pliait aux sollicitations, aux visites déférentes, acceptait de suspendre à sa boutonnière le hochet écarlate qu'il avait souvent raillé... D'où provenait un tel changement ?... Faut-il, comme le docteur Toulouse, l'attribuer uniquement au désir qu'avait l'écrivain d'accroître son prestige aux yeux de la foule?

Je vais essayer d'éclaircir ce petit problème psychologique. Mais je suis obligé de tirer les choses d'un peu loin...

Gustave Flaubert aimait sincèrement Zola; ils

dévisaient volontiers de leurs ouvrages, et se communiquaient leurs projets. C'est ainsi que Zola fut amené, analysant un volume qu'il avait sur le chantier, à désigner un personnage qui devait, dans sa pensée, s'appeler Mme Bouvard. A ce nom, Flaubert pâlit et manifesta un trouble singulier. Dès qu'il fut seul avec son ami, il lui prit les mains et, d'une voix bouleversée :

— Zola, dit-il, je vous prie de me rendre un immense service.

— Et qu'y a-t-il, Flaubert? Je vous suis tout acquis, vous le savez...

— Promettez-moi que votre héroïne ne sera plus Mme Bouvard...

— Pourquoi cela?... Bouvard est agréable et euphonique... Mme Bouvard... cela sonne bien... Ce nom vous déplaît-il ?

— Il ne me plaît que trop.

Et Flaubert ajouta sur un ton de mystère :

— J'achève un roman intitulé *Bouvard et Pécuchet*. Si vous m'enlevez Bouvard, je f... mon manuscrit au feu, et je me f... moi-même par la fenêtre...

L'illustre homme de lettres avait un visage si tragique en proférant ces mots que Zola s'empressa de le rassurer et jura d'immoler Mme Bouvard sur l'autel de la camaraderie. Flaubert rasséréné lui sauta au cou et s'engagea, *in petto*, à lui prouver sa gratitude.

Or — voyez comme tout s'enchaîne ici-bas — il ar-

riva que, en 1878, après la victoire orageuse de
l'*Assommoir*, M. Agénor Bardoux devint ministre.
Flaubert le connaissait ; il le supplia d'attribuer une
de ses croix à l'auteur de ce livre si remarquable et si
contesté. M. Agénor Bardoux acquiesça au vœu de
Flaubert. Il acquiesçait toujours. Il était aussi charmant qu'on peut l'être. Mais il était faible. Il se troubla par avance à l'idée des criailleries que soulèverait
son choix. Au lieu de décorer Zola, il décora Ferdinand Fabre. Et deux fois de suite, la même comédie
recommença. Serments, protestations du ministre. Et,
au dernier moment, défection subite. Zola, justement
blessé, publia dans les gazettes une épître retentissante où il déclarait renoncer au ruban rouge.

Les années coulèrent. Zola persévéra dans son attitude intransigeante. Il était le colosse, le génie
inaccessible aux médiocrités humaines. Il poursuivait la tâche qu'il s'était tracée, avec la régularité des
astres qui accomplissent leur révolution. Et voici
qu'un matin, comme il venait d'achever la *Terre*, il
lut un manifeste rendu public, et par lequel ses cinq
plus intimes disciples l'abandonnaient. Le scandale
fut énorme. On s'en amusa beaucoup, dans certains
salons rivaux, où l'on trouvait la personnalité de Zola
trop encombrante. Les cinq transfuges furent loués
par ceux-ci, blâmés par ceux-là. Le ministre d'alors,
M. Lockroy, n'approuva point leur conduite. Et il
forma, à son tour, le dessein de conférer la croix de
chevalier au maître si cruellement trahi. Il s'en ouvrit

à une amie commune qui voulut bien jouer le rôle d'ambassadrice et prit en toute hâte le chemin de Médan. Zola repoussa avec fermeté ses ouvertures.

— C'est de la folie!... Vous oubliez ma lettre! Je me couvrirais de ridicule!

Elle insista. Elle avait d'excellentes raisons à alléguer. Il était bon de réagir contre ce reproche d'immoralité dont on accablait son œuvre. Une récompense, solennellement décernée, ruinait cette accusation et réhabilitait, en quelque sorte, l'auteur aux yeux du vulgaire.

— Réfléchissez-y...

Il pesa le pour et le contre, consulta Mme Zola, dont il prisait infiniment le sens judicieux, et, brusquement, il se décida.

— J'accepte... Mais à une condition, c'est que vous m'apportiez aujourd'hui même l'engagement formel du ministre.

L'amie dévouée reprend le train, se précipite rue de Grenelle, formule son *ultimatum*...

— Le conseil se réunit vendredi; je lui ferai part de mes intentions, dit le ministre.

— Il me faut une promesse immédiate.

— Attendez deux jours.

— Pas une minute. C'est à prendre ou à laisser.

— Eh bien! je vous la donne!

La renommée assure que M. Lockroy eut fort à faire pour amener ses collègues à son sentiment et que la dispute fut si vive qu'il dut les menacer d'une démission bruyante. Enfin, il eut la joie de fleurir le romancier, en présence et dans le salon de son amie. Cette amie fidèle était très étonnée — malgré tout — d'avoir si aisément triomphé des scrupules de Zola. Elle le fut davantage, lorsqu'il l'aborda la semaine suivante par ces paroles :

— Vous ne devineriez pas d'où je viens.. Je sors de chez Halévy... Je pose ma candidature à l'Académie française...

Et comme elle demeurait interdite, il lui développa sa pensée :

— J'avais le choix entre deux voies à suivre : ou la voie officielle ou l'autre. Je ne songeais point à la première. Vous m'y avez introduit. Je dois la parcourir jusqu'au bout. Un homme comme moi ne s'arrête pas à mi-côte. Ou il passe, sans s'arrêter, devant la montagne, ou il en gravit le faîte. Le sort en est jeté. Je serai grand'croix de la Légion d'honneur. Je serai sénateur puisqu'il existe un Sénat. Et puisqu'il existe une Académie, je serai académicien.

L'excellente femme comprit alors ce qu'il y avait au fond de ce caractère et quelle énergie et quelle volonté implacable il recélait. Dix-neuf fois Émile Zola tenta les chances académiques. A chaque nouvel échec, il répétait :

— Je fais de l'histoire littéraire. Si le jour de ma mort on vote sous la coupole, je m'y présenterai. Et mes petits-neveux sauront que Zola a été refusé vingt-cinq ou trente fois à l'Académie française... Tant pis pour elle !...

Quelqu'un, à qui l'amie de Zola révéla ces curieuses particularités, ne put s'empêcher de s'écrier :

— Quel orgueil !

Elle s'empressa de le défendre :

— Orgueilleux, qui ne l'est ici-bas ? Citez-moi un romancier, un dramaturge, un poète qui ne soit convaincu de son génie !... Mais la plupart de ces messieurs ont l'orgueil sournois ; ils affectent une modestie qui n'est point dans leur âme, et prennent sous les compliments des airs doucereux et pâmés. Zola se rendait pleinement compte de sa valeur ; il la proclamait hautement ; son orgueil s'épanouissait au soleil comme un fruit superbe. Et c'est principalement cette altière franchise, ce manque d'hypocrisie qu'on ne lui pardonnait pas.

M'ayant rapporté avec exactitude ces propos intéressants, Mme Charpentier prit dans un carton, qui en était bourré, deux ou trois autographes. Je les lus avec plaisir. Et je n'y découvris pas ces suggestions malsaines et cette inquiétude maladive dont Zola, si l'on en croit certains de ses ennemis, aurait eu l'imagination troublée. Ce sont d'honnêtes billets, écrits sans malice, exempts de méchanceté et d'intentions spirituelles (pas plus que Lamartine, Zola ne se piquait d'avoir de l'esprit) ; de braves billets qui respirent l'équilibre, la sérénité, la passion du travail :

Médan, 27 août 89.

Merci, mon vieil ami, de votre bonne lettre. J'ai lu dans le journal de Billaud le beau succès que vous avez fait à l'*Assommoir* chez Pietro Bono. Et j'avoue que je n'ai pas trop regretté d'être absent, car je n'aime les ovations qu'à distance. Pourtant nous regrettons fort de n'être pas avec vous, malgré le mauvais temps. Mais toutes sortes de devoirs nous clouent ici.

J'ai travaillé à mon roman avec rage. J'aurai certainement fini le 1er décembre. Je crois que la *Vie populaire* en commencera la publication vers le 20 octobre, et nous tâcherons de paraître à la fin de janvier. Dès le 15 septembre, je compte porter à Fasquelle les sept premiers chapitres pour qu'on les compose tout de suite. N'est-ce pas ? donnez-lui des ordres en conséquence. Je compte aussi lui remettre enfin le *Vœu d'une morte*, que je suis en train de relire. Ah ! mon ami, quelle pauvre chose ! Les jeunes gens de dix-huit ans, aujourd'hui, troussent des œuvres d'un métier dix fois supérieur à celui des livres que nous faisions, nous, à vingt-cinq ans. Enfin, ce sera un bouquin curieux à comparer avec ceux qui l'ont suivi. Il faudrait qu'on se hâtât et qu'il fût prêt à paraître en un mois, vers le milieu d'octobre.

Je... suis pris du désir furieux de terminer au plus tôt ma série des Rougon-Macquart. Je voudrais en être débarrassé en janvier 92. Cela est possible, mais il faut que je bûche ferme. Je traverse une période très saine de travail, je me porte admirablement bien, et je me retrouve comme à vingt ans.

C'est le 10 septembre que nous allons rentrer à Paris, pour nous installer tout doucement dans notre nouvel appartement. Il nous faudra bien six semaines, et nous voudrions y être avant le froid. Il y a beaucoup à faire, mais nous en prendrons à notre aise, quitte à ne tout meubler que plus tard. — Vous nous trouverez donc réinstallés à Paris. — En décembre nous reviendrons à Médan tuer le cochon, et, si le cœur vous en dit, vous serez des nôtres.

Il fait ici un temps atroce, comme partout, je crois. Moi, personnellement, je n'en souffre pas, me cloîtrant du matin au soir. Je n'ai d'ailleurs guère vu, cet été, qu'Alexis, Thyébaut et Céard. Ce dernier, pour le moment, voyage en Savoie. Notre cousine Amélie, qui a passé trois semaines avec nous, est partie d'hier.

Voilà, mon bon ami. Je vous souhaite à vous du soleil, puisque vous êtes allé là-bas pour en avoir. Dites à votre femme que nous sommes heureux de la savoir en bonne santé et que nous comptons bien la revoir tout à fait remise. De bonnes caresses aux enfants, vives amitiés à Georgette et à son mari, grandes poignées de main aux Desmoulin et aux Billaud, de notre part à tous deux. J'espère que je n'oublie personne.

Ah! mon ami, si je n'avais que trente ans, vous verriez ce que je ferais! J'étonnerais le monde!...

Comme j'achevais ces lignes, une autre lettre est tombée à terre. Je l'ai ramassée. C'est la copie d'une dépêche adressée par Zola au petit-fils de Victor Hugo. Le grand homme venait de mourir. Zola l'avait, de son vivant, furieusement attaqué. Il détestait en lui le chef d'une école rivale. Le naturalisme exécrait le romantisme. Mais en ce jour de deuil, il lui parut décent de déposer les armes.

Vous saurez peut-être un jour, monsieur, que, même devant Victor Hugo, j'ai réclamé les droits de la critique.

Et c'est pourquoi, dans l'affreuse douleur où vous êtes, je tiens à vous dire que tous les cœurs se sont brisés avec le vôtre.

Victor Hugo a été ma jeunesse, je me souviens de ce que je lui dois. Il n'y a plus de discussions possibles en un pareil jour : toutes les mains doivent s'unir, tous les écrivains français doivent se lever pour honorer un maître et pour affirmer l'absolu triomphe du génie littéraire.

Veuillez croire, monsieur, à ma profonde et douloureuse sympathie.

ÉMILE ZOLA.

Paris, 22 mai 1885.

Puissent, d'une et d'autre part, ces nobles paroles être entendues ! La haine devrait expirer au bord des tombes ouvertes...

LE CŒUR DU P. DIDON

J'ai passé l'autre jour deux heures inoubliables. Quelqu'un m'avait dit :

— Voulez-vous rendre visite à la plus fidèle amie du P. Didon? Lorsqu'il mourut, elle publia les lettres presque quotidiennes qu'elle avait reçues de lui. Mais ce qu'elle n'a conté à personne, c'est le secret de l'affection spirituelle qui les liait l'un à l'autre. Il y a là un mystère d'âme, très délicat, qu'elle vous confiera peut-être. Si elle consent à parler, vous aurez, sur le caractère de l'illustre religieux, des lumières toutes nouvelles. Et puis elle a conservé des pages douloureuses qu'elle n'osa pas imprimer d'abord, mais qui, maintenant, pourraient être révélées. Enfin la confidente du P. Didon est une femme supérieure. Et vous tirerez un gros profit de son entretien.

Il n'en fallait pas tant pour éveiller ma curiosité et ma sympathie.

L'Amie du P. Didon réside ordinairement à Saint-Pétersbourg. Elle n'est que de passage à Paris. Elle habite, dans une vieille rue du faubourg Saint-Germain, un logis silencieux et discret. C'est là que je l'ai trouvée. Elle n'était pas seule. Elle causait avec un père dominicain à qui elle me présenta. Et je vis bien que leur réunion n'était pas un pur effet du hasard, et que j'y étais pour quelque chose.

Ce moine a beaucoup connu Didon; il fut un peu son disciple et le témoin des derniers événements de sa vie. Sa physionomie ouverte et franche, le ton de son discours et la netteté de son regard me plurent infiniment. Et quant à l'Amie, elle me conquit de suite. Elle a franchi le cap de la première jeunesse; les roses de ses joues se sont fanées, quelques fils d'argent sont épars dans ses cheveux. Mais elle dut être belle; elle l'est demeurée par ce qui ne vieillit pas, par l'expression des yeux, qu'elle a bleus et limpides, et par les lignes du visage. Je devinai que la vérité allait sortir de leurs bouches et, dès le début de notre conversation, je me sentis à l'aise et en confiance.

— Oui, murmura-t-il, le père Didon fut calomnié; on ne lui rendit justice ni dans le sein, ni hors de l'Église.

— Oui, soupira-t-elle, ce fut un cœur admirable. Si

je vous disais comment je l'approchai et comment il m'accueillit...

Il se fit un profond silence.

Et l'Amie commença...

Elle n'avait pas vingt ans. Il en avait trente-cinq. L'éducation, la forte culture qu'elle avait reçues, irritaient, sans l'assouvir, son désir d'apprendre. Elle ne voyait pas clair dans sa destinée. Elle avait besoin d'une direction morale. Une parente, à qui elle envoyait l'aveu de ses tourments intimes, communiqua ses lettres au P. Didon. « Il n'y a que vous, lui dit-elle, qui puissiez la discipliner. » Le P. Didon lut ces billets ; leur tristesse, l'étrange désordre qu'ils décelaient, l'émurent. Il répondit à la date du 9 août 1875 :

« Vous avez un esprit ouvert à la lumière, un cœur inquiet parce qu'il est vide et affamé, une imagination éprise d'idéal, une âme digne d'être toute à Dieu. Pour vous, telle que je vous devine, le monde ne vous séduira pas longtemps. »

La jeune fille, soutenue par cette bienveillance, dépêcha au P. Didon sa confession complète et sollicita en retour l'appui dont elle avait soif. « Si vous devez être sauvée par moi, répliqua le Père, nous uous verrons. *Cela me semble écrit.* » Il ne restait plus qu'à convenir d'une entrevue. Elle eut lieu. Quel était le trouble de la pénitente, vous le pressentez !

— Je parus devant lui. Je lui avouai mes doutes, mes angoisses ; je ne lui cachai pas le peu de goût que j'avais pour le commerce des prêtres, et la confiance instinctive qu'il m'inspirait, lui qui ne ressemblait point aux autres. Il me témoigna une ineffable bonté. Ah! ce premier entretien! Tous les mots en sont gravés au plus profond de moi-même. J'entends le père, et — en fermant les yeux — je le vois!

Dès lors, entre ces deux âmes, qu'un dessein de la Providence a rapprochées, des relations presque journalières s'établissent. Le père prodigue les avis que l'on accueille avec gratitude et que l'on médite avec ferveur :

« Dans toute vie humaine, écrit-il, il y a deux côtés, le grand et le petit. Dans toute destinée, il y a deux chemins : le vulgaire et l'héroïque; le petit côté de votre vie, ce serait de rester ce que vous êtes, irrésolue, inquiète; le grand côté, ce serait de sortir de vous et de suivre l'appel de Dieu. Le petit côté, en un mot, ce serait de devenir vieille fille; le grand côté, ce serait d'épouser un homme digne de vous et, si vous n'en trouvez pas, d'épouser le Christ et la pauvre humanité qui souffre, qui est misérable et qui a tant besoin d'être aimée. Vous êtes la première jeune fille à qui je parle ainsi. »

Les semaines s'écoulent. La pénitente continue de s'enivrer du vin de cette parole, qui lui devient nécessaire, comme l'air qu'elle respire. Et peu à peu un sentiment tout neuf l'envahit, la soulève au-dessus d'elle-même; elle ne sait pas s'il est d'essence humaine ou divine, ni ce qu'elle aime le plus, des paroles consolantes qui lui sont versées ou de celui qui les verse, et si c'est Dieu qu'elle aime en Didon ou Didon qu'elle aime en Dieu. Mais elle aime ! Son affection, sa piété filiale a des accents si passionnés, que le père en éprouve quelque remords. Il s'accuse d'avoir déchaîné cet orage. Il cherche à l'apaiser.

« Soyez calme, soyez forte. Regardez plus haut. Je ne dois pas, je ne veux pas être dans votre vie un élément de trouble. J'y serai une énergie pleine de sérénité. »

Ce sont les conseils de la sagesse. Il est bien rigoureux de s'y attacher. Il y a telle minute où les plus fermes résolutions s'évanouissent. La jeune fille ne vit plus que dans l'attente de cette voix qu'elle espère chaque jour, et dont le charme la persuade et dont l'accent la vivifie. Elle s'exalte à ce point que le père Didon s'en épouvante. Il est lentement gagné par cet incendie qui la consume. Quelquefois, au milieu de ces conversations, où bien des choses qui palpitent en eux-mêmes n'osent s'exprimer, il se réfugie dans la prière :

« — A genoux, ma fille ! Récitez avec moi le » *Pater !* »

L'invocation produit son miraculeux effet. Quand ils se relèvent, leur agitation est calmée, leur paix reconquise. Mais ces luttes perpétuelles, cette crise sans cesse conjurée et renaissante, offrent des dangers que le père Didon devine et redoute. Il exige qu'on les fuie. Il impose à sa pénitente, et il s'impose ce sacrifice.

Elle s'en ira très loin, durant des mois, durant des années, jusqu'à ce que sa raison ait vaincu ses sentiments. Et lui aussi, il étouffera cette faiblesse, contre laquelle il n'avait plus d'armes, il repoussera l'aiguillon du péché, il s'arrachera à sa mortelle douceur.

Elle courba la tête, elle partit. Pendant près de trois ans elle s'exila. Et leur vertu fut victorieuse.

— Du moins, nous nous écrivîmes. J'ai là, toujours, les chers feuillets que sa main emplissait pour moi et qui m'aidaient à vivre. Je ne m'en sépare point.

L'Amie s'est tue. Elle est restée songeuse. Nous respections son recueillement, comprenant la mélancolie où la jetait cette évocation d'un passé si vieux déjà, et si proche.

Cependant le dominicain l'exhorta à poursuivre son récit.

Ces événements s'accomplissaient en 1876. C'est l'époque où la réputation du père Didon prenait un brillant essor. Ses prédications, ses conférences remuaient la foule. Son éloquence n'excitait pas seulement l'enthousiasme, elle appelait la contradiction, elle invitait à la polémique. Il y avait en elle quelque chose de combatif, d'agressif. Elle ravissait les uns, elle irritait les autres. Elle ne laissait personne indifférent. Il n'est pas nécessaire de retracer ce qu'il advint des prédications de Saint-Philippe-du-Roule et les démêlés qui s'ensuivirent. Ils sont dans toutes les mémoires. Le père Didon n'ignorait pas ce qui se tramait contre lui dans l'ombre et la défiance où le tenait l'autorité ecclésiastique. Il s'était rendu à Rome, auprès du Saint-Père, afin de requérir son appui. Il l'obtint plus complètement qu'il n'eût osé l'espérer. Le 23 mars 1879, il adressait à l'Amie, à sa languissante Amie, un billet qui lui peignait l'immense satisfaction qu'il venait d'éprouver.

« Comme je sortais, le Saint-Père me mit la main sur l'épaule ; il m'accompagna deux ou trois pas. J'aimais cette main du Christ sur moi. J'allais sortir, lorsqu'il me dit à voix haute et avec un geste hardi : « *Continuez, Didon, continuez !* » Ce fut le dernier mot. Je l'ai emporté comme un mot d'ordre. Un vieux monde finit, cher enfant. Un nouveau monde est en train de naître. Léon XIII en sera le parrain. »

Malgré la protection de Léon XIII, Didon fut frappé et sa prédication brusquement interrompue. Il dut retourner à Rome et comparaître devant le général de l'Ordre, le P. Larrocca, qui lui dit, après l'avoir embrassé : « Vous n'êtes pas un apôtre, vous êtes un tribun ; vous ne convertissez pas les incroyants ; vous les confirmez dans leur incrédulité. Vous n'avez pas l'esprit de l'Evangile. Vous avez compromis l'Ordre, en disant qu'il était dans vos idées. » Didon accepta ces reproches, sans mot dire. Il voulait revoir le pape. L'audience qu'il sollicitait lui fut refusée. Il se rendit au couvent de Corbara, en Corse, dont on lui imposait le séjour pour une période indéterminée.

L'opinion, qui assistait à ce drame et en surveillait

avec un intérêt très vif les péripéties, fut confondue d'une telle docilité. Elle apercevait en Didon un autre Hyacinthe. Elle le voyait dépouillant le froc, rentrant dans la vie civile, revendiquant ses droits de citoyen libre.

Fut-il sur le point de franchir le Rubicon, de couper le câble qui l'attachait à l'Eglise ? La tentation était d'autant plus forte qu'il avait, près de lui, un cœur sincère prêt à le soutenir, à partager ses épreuves, à s'associer à son sort bon ou mauvais. L'Amie, la triste Amie, n'attendait qu'un signe pour tomber dans ses bras et lui apporter le baume d'un inaltérable amour. Il lui suffisait de dire un mot. Il n'avait même pas à le prononcer... On l'eût deviné. On l'eût cueilli sur ses lèvres closes. Il refoula le cri qui allait s'en échapper. Il se meurtrit, se déchira la poitrine. Cette fois encore, le chrétien vainquit l'homme. Mais quel combat !

— Les lettres que j'ai publiées, a continué l'Amie, donnent une idée imparfaite de ce martyre. Il en est une que je n'ai pas voulu joindre au recueil. Elle est d'une beauté déchirante. Elle est trop belle. J'ai craint, en l'imprimant, de soulever des tempêtes. Elle peint à nu l'âme du captif, son déchirement, sa plaie... Je voudrais vous la lire.. Et je n'ose... Elle est si sévère pour certains !... Elle flétrit et brûle comme un fer rouge...

L'Amie est allée quérir la précieuse relique. Elle la tourne, la retourne entre ses doigts. Elle hésite. Le père dominicain l'encourage du regard. Enfin elle se décide ; elle déploie les feuillets. Ses yeux s'y posent à peine. Elle les a dévorés si souvent, qu'elle en possède le contenu. Elle ne lit pas la lettre, elle la récite ; et, si l'on peut dire, elle la pense. Et, peu à peu, sa voix lente et claire s'attendrit ; elle s'imprègne de la douleur du P. Didon ; elle la reflète. Leurs âmes, à cette minute, se rejoignent et se fondent.

— Ces lignes portent la date du 18 janvier 1881. Il était très malheureux. Sa mère malade le mandait près d'elle. On refusait de le laisser partir. Or, par une poignante coïncidence, c'est à l'heure même où elle mourait, loin de son fils, qu'il m'écrivait cette lettre. Peut-être y a-t-il une corrélation entre l'amertume qui en déborde et le pressentiment de la catastrophe qui lui sera annoncée le lendemain. Ecoutez… J'omets les premières lignes, qui sont toutes personnelles.

Corbara, 18 janvier 1881.

… Ma conduite, *humainement parlant*, est de la folie. Me soumettre… et pourquoi ? Et à qui ? — A votre supérieur ? — Il se trompe. — En êtes-vous bien sûr ? — Qu'on me juge !… Pourquoi suis-je traité de cette façon inique ? Où sont mes fautes ? Qui a rendu témoignage contre moi ? — Mais vous compromettez l'Ordre. — Alors, je me retire.

Voilà ce que l'homme eût fait en moi ; et quand j'ai écrit à cette malheureuse personne qui a commis le crime de jeter en pâture, au public, mes paroles, quand je lui ai écrit :

Je comprime tous mes sentiments humains, il n'y avait

pas à se scandaliser comme l'ont fait ces êtres sans entrailles et sans sincérité qui ne savent pas que — dans tout chrétien, comme dans tout moine, il y a un homme — un homme, vous entendez, c'est-à-dire un être personnel, un être indompté, un être à représailles. Cet homme existe en moi. Sous mes surfaces douces et apaisées, sous ma foi de chrétien, il y a des tempêtes, des révoltes, des impatiences, des fureurs.

J'ai comprimé tout cela pour l'amour du Christ. Sans lui, j'aurais dit à mon général quatre mots terribles et je serais parti. Je ne souffre ni l'injustice, ni l'oppression. Un homme qui les endure est faible, il est lâche. Si je n'étais qu'un homme, je me mépriserais moi-même pour n'avoir pas revendiqué mes droits ou flétri l'injustice qui me les ravissait.

Oui, je comprime tous mes sentiments humains et — s'il faut vous dire plus — je les comprime jour par jour, sans trêve. Ma lutte est incessante : je n'ai pas plus de repos, après neuf mois d'ensevelissement, qu'au premier jour. Je vis dans le Christ, mais je sens bien que l'homme vit toujours, qu'il est comprimé, qu'il n'est pas mort. Et il ne mourra pas. Il ne doit pas mourir. La grâce de Dieu me suffit. Je ne demande point la cessation de la lutte; je demande la force du Christ pour la porter avec joie. Je ne laisse point voir ces effroyables tempêtes, à personne... J'ai des joies de l'Esprit qui me gardent la sérénité de l'âme; je laisse aller aux autres ce rayonnement doux et je garde le secret de mon calvaire. Et, encore une fois, vous oseriez supposer que moi – homme — je serais soumis? Non, non, je ne le suis que pour être fidèle au Dieu que je sers et à qui j'ai tout donné.

Cette nuit, je rêvais. Cela m'arrive rarement et puis, le plus souvent, mes rêves sont sans intérêt.

J'aperçus deux hommes : l'un plus faible, l'autre robustement taillé et membré. Ils avaient l'air d'hommes du peuple; le plus fort prit le plus faible qui se laissa saisir; il le suspendit — l'autre ne disait rien — il le tortura — il ne disait rien — il le pinça, il le tordit d'un bras féroce — la victime ne bougeait pas plus que si elle eût été cadavre, et elle vivait. — L'autre s'acharnait. Il était tout en sueur, les gouttes tombaient de son front, enfin son bras se lassa et je le vis se retirer, posant la main sur ses yeux, comme n'en pouvant plus. — La victime avait fatigué le bourreau. Je me réveillai.

J'avais l'âme accablée et je me palpai, en me disant : comme je souffre !

C'est moi la victime, entendez-vous. Dieu seul sait ce que j'endure entre ces quatre murailles blanches, aux pieds de ce Christ à qui j'ai donné ma vie, en proie à tous les drames intimes que l'homme connaît quand on lui demande de tout sacrifier. Je souffre dans tout ce que j'ai de plus noble : dans mes idées, dans mon apostolat, dans ma justice, dans mon caractère, dans ma dignité, dans ma légitime indépendance, dans mon sacerdoce, dans ma foi, dans mon patriotisme, dans mon avenir, dans mes disciples, dans tout...

Mais le Christ me soutient, et je puis ajouter qu'au milieu de ces agonies, je bois à longs traits les joies de l'Esprit. L'Homme est torturé, mais le Christ tressaille en moi. Qu'il soit béni ! Aimez-le, puisqu'il me soutient.

Cette lettre sera bien sombre; mais, que dis-je? n'aura-t-elle pas le rayon de soleil qui m'éclaire et me ravit dans ma prison et dans ma tombe close?

Un rayon de soleil divin, ça apaise tout, ça transforme tout. Tenez, en voilà un qui frappe le haut des rochers, à l'horizon, au bord de la mer; c'est ravissant. Oh! la lumière ! comme j'en ai le culte et comme je voudrais la donner à tous ces pauvres assis dans les ténèbres, loin de Dieu!

La lecture est terminée. Et l'Amie parle encore. Et il semble qu'elle continue de nous lire d'autres lettres, également douloureuses et meurtries. Elle nous conte l'odyssée du père Didon apprenant la mort de sa mère, quittant sans permission Corbara, sautant dans une barque de pêcheur, assailli par le gros temps, abordant après deux naufrages sur les côtes de France, courant à son village natal, et n'y trouvant qu'une tombe fraîche, sur laquelle il s'écroule, fou de regret et de désespoir. Pourtant il regagna sa cellule. Et, comme toujours, il inclina son front sur la pierre de la règle monastique.

L'Amie s'est arrêtée. Elle reprend, après un long silence :

— J'ai eu tort de vous lire cette lettre. J'eusse mieux fait de la détruire !

Mais le dominicain la rassure ; il dissipe ses scrupules :

— Non, mademoiselle, vous ne trahissez pas le P. Didon, vous le glorifiez. Son âme est de celles qui peuvent et doivent se montrer sans vêtement. Elles nous donnent l'exemple.

Le dominicain ajouta, comme s'il pensait tout haut, comme s'il répondait à quelque réflexion venue du fond de lui-même :

— Notre Eglise est parfois bien dure, bien impitoyable pour ses fils !...

A son tour, il a parlé de Didon, évoqué sa mémoire,

ses propos familiers. Il nous a cité les aveux qu'il avait reçus de lui. Quelques-uns sont précieux à retenir. Un jour, Didon lui disait :

— Voyez-vous, mon enfant, deux écueils menacent les prêtres. Entre trente et trente-cinq ans, c'est l'orgueil. Quand leur personnalité s'affirme, et se développe, s'ils ont du talent, une valeur propre, le goût de penser, ils sont enclins à l'indiscipline, ils se révoltent sous le joug pesant et cependant nécessaire de l'Église. Un peu plus tard, quand l'âge les a mûris, entre quarante et cinquante ans, ceux d'entre eux qui ont eu une jeunesse sans défaillance sont accessibles à l'Amour. Entendez-moi bien. Il ne s'agit pas de l'Amour charnel, mais d'un sentiment plus élevé et qui toutefois, par accident, peut y conduire. Il s'agit d'un mouvement, inné dans l'homme, et que j'appellerai l'instinct paternel, et qui le porte à détester la solitude, à rechercher l'affection des créatures et à semer autour de lui et à répandre la vie. C'est là le second péril que le prêtre et le moine sont exposés à subir. Pour l'éviter, ils doivent s'armer d'un triple airain. L'éternelle tentatrice, la femme, se présente devant eux avec ce qu'elle a de plus redoutable, non pas sa beauté, mais ses larmes. Elle cherche un soutien. Elle l'implore. Il est si doux de lui tendre la main ! On cède à ce plaisir, qui a l'apparence d'un devoir. Prenez garde. La porte est ouverte, vous ne pourrez plus la refermer. Et vous glissez sur la pente des molles délices. Ne succombez pas ! Ecartez la coupe de volupté ! N'en approchez pas vos lèvres ! Raidissez-vous !

Et voilà ce que l'expérience du P. Didon suggérait à son disciple. C'est qu'il avait passé par ces tumultes et qu'il avait successivement repoussé ces deux assauts !

Je regardais l'Amie, tandis que le père dominicain nous rapportait ces paroles. Et je crus voir ses paupières se mouiller.

Je pris respectueusement congé d'elle.

Hier, je me suis rendu au collège d'Arcueil, où l'on inaugurait la statue de Didon. Sa vivante image, taillée dans le marbre par le ciseau de Puech, se dressait au centre du jardin. C'est bien le moine ardent, prompt à l'action, le lutteur infatigable qu'a modelé le maître sculpteur ; c'est le moine guerrier, contemporain des croisades, et le moine pionnier, accessible aux idées nouvelles et qui va de l'avant, vers l'avenir. Cette robuste enveloppe cachait des trésors de sensibilité, que j'ignorais la veille encore, et qui maintenant m'étaient connus. Le héros m'apparaissait sous un angle différent. J'étais presque offensé de la banalité du décor qui l'entourait, de ces estrades à velours rouge, à crépines d'or, de ces orphéons jouant des marches vulgaires, et de l'appareil bruyant de cette fête. Je l'eusse voulue plus recueillie, plus intime.

Au moment où j'approchais de l'estrade, le P. Gaffre prononçait son panégyrique. Il louait le caractère du P. Didon, son courage ; et très hardi lui-même, et très chaleureux, il ne craignait pas d'aborder les questions essentielles où son illustre prédécesseur se complaisait et d'effleurer la brûlante politique. Le P. Gaffre est un magnifique prédicateur. Il a le geste, la voix, la période, le souffle. Pourtant, à la modestie un peu trop humble de son exorde, et à l'envolée lyrique de sa péroraison, je préférai les phrases où il analysait, avec tact et clairvoyance, l'intelligente bonté de Didon :

« Il aimait son siècle. Oui, malgré ses vices qu'il avait flétris, véhémentement, il l'aimait. Il se plaisait à voir dans les secousses qui font trembler le sol, non les coups de l'anarchie qui est la fin d'un monde trop vieux, mais les soubresauts du chaos qui est l'avènement d'un monde nouveau... Il aimait... Et on l'aimait... Au jour de ses funérailles, j'ai vu sangloter des hommes... Et j'ai compris comment avait su se faire aimer celui qui se faisait ainsi pleurer ».

A ce moment, je cherchai l'Amie...

Elle se tenait assise, parmi les auditeurs, dans la foule, sans que rien la désignât aux indifférents. Et il me sembla que ses yeux bleus, où se mirait l'azur du ciel, étaient pleins de fierté, de mélancolie et de tendresse. Et je sentis qu'elle était heureuse, — et que les romans inachevés sont les plus beaux romans de la vie !...

PÈLERINAGE AUTOUR DE RENAN

Je me trouvais chez le sculpteur Jean Boucher. Il achevait la maquette du monument d'Ernest Renan, qui orne maintenant la principale place de Tréguier, et y perpétue, non certes le souvenir que l'oubli ne peut atteindre, mais l'image du grand homme.

Le jeune artiste l'a représenté, assis sur un banc, un peu lourd et comme accablé par l'âge et la fatigue de vivre, tandis qu'à son côté jaillit de terre et s'élève la fière et chaste Pallas vêtue de draperies légères et casquée d'or. Cette noble figure symbolise, sans doute, l'art et la pensée de Renan. M. Boucher a voulu traduire aux yeux, par ce contraste, les deux aspects d'un génie qui fut tout à la fois profond et familier, et qui se délassait de son commerce avec les princes de l'esprit en se faisant accessible aux humbles et avide de leur plaire. C'est bien ainsi que nous l'avons connu et qu'il apparaît sur les nombreuses photographies qui ont été confiées au sculpteur et dont il s'est inspiré.

L'une d'elles le montre entouré de quelques-uns de ses disciples, Jean Psichari, son gendre, Quellien, Edmond Lepelletier, Léon Durocher, le fidèle historiographe du dîner celtique. Il repose mollement sur une chaise de paille, souriant et bonhomme ; il tient, d'un geste arrondi, au bout de son petit bras trop court, un chapeau haut de forme, comiquement solennel ; il a la tête penchée ; ses cheveux qui ondulent à la brise ont comme un air d'onction ecclésiastique ; ses joues pleines et rondes, ses yeux clos à demi, respirent la béatitude. Il rêve ; il est heureux ; il ressemblerait à quelque vieux curé de campagne, si le dessin de sa bouche, extraordinairement fin et délicat, marquait plus de naïveté et moins d'ironie.

Cette photographie est admirable. Je ne me lassais pas de la regarder. Notre ardent confrère, le zélé renaniste Armand Dayot, qui l'observait avec moi, me dit tout à coup :

— Vous rappelez-vous ces aimables petits banquets qui se tenaient le deuxième samedi de chaque mois à proximité de la gare Montparnasse et quelle joie enfantine Renan goûtait à les présider en mangeant des crêpes et en buvant du cidre de son pays ?

Si je m'en souviens! Je n'ai assisté qu'à un seul de ces repas, mais il a laissé dans ma mémoire une empreinte ineffaçable. C'était au mois de janvier et l'on avait décidé de tirer les rois. Le barde Quellien nous avait récité un certain poème qu'il eut la précaution de traduire en français pour ceux des convives qui n'entendaient point la langue celtique (et ils étaient apparemment en majorité). Le président écoutait avec attendrissement ces strophes plaintives:

> La cloche de Ker-Is sonne tous les sept ans ;
> Sur la grève on s'arrête à l'écouter longtemps...
> Ce même son voilé, tous les mois je l'entends.
>
> Le *corn bout* en Argoat sonnait la fin du jour,
> À votre voix, Renan, nous marquions le retour
> Des fêtes au pays ; Breiz vous tient en amour...

La blonde galette fut apportée. C'était l'instant des harangues. Renan parla, comme il savait parler, sans apprêt, avec une négligence où se dissimulait la malice. Il s'adressa à ses voisins et plus spécialement à François Coppée qui ne se passionnait alors que pour la beauté, l'art et les lettres. Léon Durocher sténographia cette allocution qui mérite d'être sauvée de l'oubli.

— Vous savez, contait Renan, combien j'ai horreur des discours. Et, cependant, je ne puis m'empêcher de songer aux rois mages... Oh! ces bons rois mages!... Oui, j'ai une dévotion particulière pour ces excellents rois mages. Dans ce temps-là — c'est le bon temps — les mages étaient rois, les rois étaient mages. Ils avaient des attributs différents : L'un portait l'encens, l'autre portait la myrrhe. Et le troisième — Coppée, soufflez-moi donc ! — Ah ! oui ! le troisième portait l'or. Ah ! dame ! c'étaient des rois bien chimériques. Et s'ils arrivaient à Paris et se présentaient au suffrage universel, — oh ! certainement, nous voterions pour eux, nous autres, n'est-ce pas, Quellien ? — Mais aussi, comme nous ferions un beau fiasco ! Oh ! un fiasco complet ! Ces pauvres rois mages, comme ils seraient battus ! Ils seraient victimes du suffrage universel. Évidemment, le suffrage universel est une belle chose. Mais je crois que les rois mages auraient mieux fait de se présenter en Bretagne. Là peut-être — car enfin c'étaient de vrais idéalistes — on leur eût fait fête. Je n'en doute pas. On les eût nommés à l'unanimité souverains de ce royaume, dont nous faisons tous partie, dont nous sommes les fidèles sujets, le royaume d'éternelles chimères. Aussi je veux porter un toast, avec cet excellent cidre, à la santé des rois mages, à la santé de Melchior, de Balthasar, de Gaspard.

Au moment où Renan leva son verre, nous criâmes tous :

— Quel est le roi ?

Renan découpa le gâteau qui était devant son assiette et reprit nonchalamment :

— Oui, quel est le roi ?... Ah ! il faut voir cela. Tiens ! est-ce que ce serait moi, par hasard ?... Oh !

mon Dieu !... Ah bien ! Je m'aperçois un peu tard qu'en buvant à la santé de Balthasar, j'ai bu à ma santé. Messieurs, je suis vraiment touché. Me voilà roi ! J'ai pour insigne la fève ! Quelle délicieuse royauté que celle de la fève ! C'est peut-être le hasard qui m'a favorisé. Mais je suis plus heureux que si j'avais été nommé par le suffrage universel. Buvons donc à la fève ! aux rois mages ! et à la forêt de Brocéliande !

Jamais je ne compris mieux que ce soir-là, la double origine de Renan et comment, par sa mère, il se rattachait à la Gascogne. Il demeurait Breton, malgré tout, c'est-à-dire enclin à la rêverie. Mais sa native mélancolie s'avivait d'une pointe de *galéjade*, et c'est ce qui communiquait à ses propos un accent si savoureux.

Bien souvent je m'entretins avec Quellien de ce repas mémorable. Le jeune barde aimait à narrer des histoires sur son maître ; je cueillis de sa bouche l'émouvant récit de la dernière promenade qu'ils firent ensemble. Renan qui sentait venir la mort avait voulu se retremper au sein de la Bretagne toujours chère à son cœur ; il était allé, comme de coutume, passer quelques semaines sous les ombrages du petit castel de Rosmapamon. Quellien courut l'y rejoindre. Renan ne marchait plus qu'avec effort. Pourtant il suivit, au bras de son disciple, le petit chemin boisé qui domine la rade de Perros, et d'où l'œil embrasse le magnifique panorama des baies et des promontoires qui se déroulent le long du rivage comme des ciselures autour d'une coupe

Arrivé au banc agreste, où il aimait à s'asseoir, Renan ne s'arrêta pas à contempler le sublime spectacle de l'Océan, il gardait le silence, la tête obstinément penchée vers la terre et comme attirée déjà par elle, les mains appuyées sur des débris de rocs tapissés de mousse. Le soleil descendait à l'horizon. Bientôt s'éveillèrent les brises du couchant et le premier frisson du soir passa sur la plage. Levant alors les yeux sur les vagues, Renan aperçut un navire qui voguait en haute mer : sa vaste prunelle presque éteinte s'éclaira soudain ; désignant du doigt le vaisseau qui montait au Nord il murmura :

— Si vous abordez au pays d'Irlande, dites à ceux qui resteront là-bas que vous m'avez vu échoué sur ce rivage et portez-leur mes adieux.

Un souffle descendit des collines avec l'écho d'un son lointain. Renan soupira de nouveau :

— On dirait la cloche de Saint-Yves-en-Louannec.

— C'est peut-être, répondit Quellien, le premier glas de la soirée avant l'Angelus.

Le vieux philosophe hocha la tête lentement, puis il se leva, il étendit une main avec des signes d'ami vers l'église cachée sur le coteau de Saint-Yves ; encore une fois, il embrassa du regard l'immense mer qui mène en Hibernie et rentra, dans une songerie douce, sous le paisible toit familial.

Et voilà comment le barde Quellien me parla de l'homme qu'il vénérait le plus au monde.

Tout en remuant dans mon esprit ces choses lointaines, je descendais l'avenue de l'Observatoire et les allées du Luxembourg que le soleil d'avril faisait riantes et vertes. Je résolus de pousser jusqu'au Collège de France. Je savais les liens qui unissaient Renan à cette antique maison qu'il dirigeait et où il voulut s'éteindre, et j'espérais y glaner des souvenirs. Je gravis l'escalier de gauche, ce tranquille escalier que traversait jadis le flot des reporters impatients d'interroger l'homme illustre et bienveillant. Ma bonne fortune me mit sur le passage de M. Abel Lefranc, le secrétaire du Collège, qui fut l'élève de Renan et travailla près de lui.

Je ne pouvais rencontrer un meilleur guide. A peine eut-il appris l'objet de ma visite, que cent anecdotes touchantes ou plaisantes coulaient de ses lèvres. Renan m'apparut dans le décor de ces murs studieux et un peu tristes, mais qu'il animait de sa rare bonhomie. Il s'y plaisait; il s'y épanouissait comme en un terrain propice; il adorait ce milieu où s'était conservée intacte à travers les siècles et malgré tant de bouleversements politiques et sociaux, la liberté de penser et d'écrire. Il remontait volontiers à l'aube de l'institution, aidé par M. Abel Lefranc dans ses recherches. Il vivait en sympathie avec François Ier et sa sœur, la charmante Marguerite de Navarre, à laquelle il méditait d'élever un monument ; son imagination érudite et forte le transportait au temps de la Renaissance, alors que Rabelais, Calvin, Ignace de Loyola apprenaient côte à côte le grec et le latin ; il prisait infiniment les vieux maîtres obscurs qui leur versaient le nectar des belles lettres ; il tâchait de les imiter et de perpétuer leur exemple en se montrant comme eux, assidu, ponctuel à remplir le devoir pédagogique, indulgent à la jeunesse, attentif à ne pas l'effaroucher par une morgue offensante.

— Je ne vous citerai que deux petits faits, me dit M. Lefranc, mais ils peignent au vif son caractère. Lorsque je vins le voir pour la première fois, j'étais un très mince personnage, commis aux Archives, totalement inconnu. Il m'écouta, me prodigua les conseils et voulut me reconduire jusqu'au seuil de son appartement. J'étais confus de cette extrême civilité, je me défendais contre elle, il me fallut la subir... Renan la témoignait à tous ses visiteurs quel que fût leur âge, leur importance ou leur condition. Il apportait dans l'enseignement les mêmes scrupules de courtoisie. Une fois nous nous étions rendus à son cours ; il s'y fit attendre ; il était de dix minutes en retard ; un travail administratif urgent l'avait retenu au delà de l'heure fixée ; et quoiqu'il n'y eût pas de sa faute, rien ne pourrait vous rendre l'embarras, le chagrin, le désespoir, avec lesquels il nous offrit ses excuses... Cela était un peu ridicule. Et cela néanmoins nous émut aux larmes.

Je crois vraiment que M. Lefranc est encore ému en me retraçant ces épisodes. Une tendresse mal éteinte mouille ses yeux, vibre dans sa voix. Heureux les disciples qui gardent le culte inaltéré de leurs maîtres ! Heureux les maîtres qui vivent dans le cœur de leurs disciples !

Il me restait pour achever mon pèlerinage, à me présenter chez le gendre et la propre fille de l'écrivain M. et Mme Psichari. Ils occupent, rue Chaptal, l'immeuble où les deux frères Ary et Henry Scheffer résidaient, aux environs de 1830 et où ils reçurent les premières assiduités de Renan. C'est un logis historique. Il se compose d'une cour, d'un jardin, de divers communs, d'une maison confortable. C'est plutôt une villa qu'un hôtel. Et de fait, à l'époque où elle fut construite, ce quartier de Paris était situé aux confins de la banlieue ; il donnait presque, comme Auteuil et Passy, l'illusion de la campagne. Le terrain y coûtait fort bon marché. Et nos peintres s'en payèrent une large tranche, — de quoi bâtir un village.

Dès que la grille est franchie, on se sent à des lieues du boulevard, dans quelque coin retiré de Versailles ou d'Orléans. Le lierre des murailles, les arbres du jardinet, le gloussement des poules qui picorent dans la basse cour, tout, jusqu'à la couleur jaunâtre, un peu fanée, des volets et des portes, jusqu'au perron à double rampe, sans style et de forme démodée, tout indique que nous sommes en province.

Cette impression est très lente à s'effacer. Le large atelier où l'on m'introduit, à gauche, ne renferme pas le bric-à-brac moyennâgeux et le fouillis rococo qui caractérise l'élégance des salons modernes. L'œil n'y rencontre d'abord que des livres et des souvenirs du philosophe, mais il aperçoit aussi d'affreux fauteuils Voltaire en reps et en velours et des tables d'acajou qui évoquent les plus mauvais jours du règne de Louis-Philippe. Ce sont de vieux amis. Ils ornaient, je suppose, le pauvre intérieur de la rue du Val-de-Grâce, où Ernest et Henriette coulaient des heures si laborieuses et si calmes ; d'autres reliques apparaissent un peu partout, sur les meubles, sur la corniche des bibliothèques, des plâtres, des terres cuites, des bronzes, des toiles, des pastels d'Ary Renan, des paysages bretons aux sombres verdures, aux ciels gris de fer, aux croix de granit, enfin des effigies du Renan patriarche de Bonnat, le Renan tumultueux mais étrangement vivant de Bernstram, et vingt eaux-fortes, gravures et photographies.

J'ai pris place auprès de la table ; je feuillette d'un doigt distrait des cartes postales figurant la maison de Tréguier, les quais de la ville « le jour de la pêche aux huîtres » et la boutique de Mme Bigotte, la boulangère. Ma pensée ne s'arrête pas à ces babioles ; elle voudrait aller plus haut et plus loin, achever de pénétrer la psychologie du grand homme. L'entreprise me sera aisée. Son âme hante ce toit ; ceux qui vont venir tout à l'heure — sa fille, et M. Psichari qui fut pour lui un fils — la possèdent et me la révéleront. Mais seront-ils sincères ? M'en montreront-ils sans feinte les nuances subtiles, les détours ? Répondront-ils avec franchise aux questions que j'ai le dessein de leur poser ?...

Un bruit de pas... Une clef qui tourne dans la serrure. Ce sont eux...

M. Jean Psichari est rond, cordial, aimable, expansif, doué d'un organe sonore et d'une physionomie qui invite tout de suite à l'intimité. C'est le plus hospitalier et le plus généreux des gendres. Mme Psichari, encore qu'un peu plus discrète, est la grâce même, et son sourire et son regard sont pleins de subtilité. Dès le premier mot, ils ont deviné dans quelles dispositions je les aborde. Ils me mettent à l'aise. Et nous voilà tous trois, devisant en amis de l'illustre Absent dont l'ombre flotte partout ici et nous imprègne.

Comment vous restituer cette causerie aux fuyants caprices, faite de traits épars, d'analyses minutieuses, d'indications fugitives et quelquefois de silences ? M. Psichari m'a conté par le menu et de façon merveilleuse le voyage qu'accomplit Renan en 1884, quand il revint dans cette bonne ville de Tréguier qu'il avait quittée depuis près de quarante ans. Il était étrangement troublé. Les indigènes l'étaient aussi. Quelques-uns d'entre eux assuraient que le diable allait arriver dans le pays. Et la vue d'un chat noir que M. Psichari avait eu l'imprudence d'amener corroborait cette étrange fable. Renan parut. Sa simplicité désarma la défiance. Il s'entretenait en patois avec des voisines qui l'avaient connu enfant et le trouvaient à peine changé. Il trouvait un secret ravissement à écouter leur innocent bavardage et à y répondre. Bientôt on l'entoura, on accourut en foule à Rosmapamon. On l'abordait sur les routes.

— Monsieur Renan, c'est votre mère qui m'a « nommé. »

Cela signifiait : c'est votre mère qui m'a servi de marraine. Renan n'avait plus que des cousins et des filleuls dans tout le pays. Il regardait avec attendrissement les jeunes paysannes dont les coiffes palpitaient comme des papillons aux blanches ailes, et ces tableaux lui suggéraient des idées charmantes. Il dit un jour :

— La raison m'apparaît sous la forme d'une petite fille sage de douze à quatorze ans qui me fait un signe discret.

Le contact des humbles d'esprit le délassait, le berçait, lui communiquait un repos salutaire. Il ne les méprisait point ; il ne croyait pas être pétri d'un limon supérieur et les traitait en égal avec une surprenante simplicité.

L'avouerai-je? Un doute m'effleure. Je me demande s'il n'entrait pas dans cette humilité de Renan une part d'affectation, ou de coquetterie, ou de modestie purement formelle et sacerdotale. Je me rappelle les confidences de M. Abel Lefranc, ce qu'il me rapportait de l'ineffable douceur du vieil homme. J'ai peur d'y découvrir quelque chose de voulu, d'artificiel, comme un système, une règle de conduite, une expression hypocrite et raffinée de l'orgueil qui n'ose s'étaler et se ment à soi-même. J'expose mon inquiétude à M. et Mme Psichari. Ils ne s'en irritent pas ; et de leurs paroles émane une telle chaleur de conviction, une telle certitude, que mon appréhension est vite apaisée. Oh ! quel adorable portrait ils m'ont esquissé du Renan intime, du Renan qui échappait aux yeux superficiels de la foule et ne se livrait point au vulgaire !

— Tenez, dit M. Psichari, lisez ce billet. Il est inédit et fait suite aux lettres de jeunesse déjà publiées. Renan l'avait envoyé à sa sœur, la seule personne avec laquelle il pût en ce moment s'épancher. C'était au moment le plus cruel de sa vie, au lendemain de la blessure, dont il continuait à saigner, alors que retiré dans le petit pensionnat de la rue des Deux-Églises, il préparait ses examens, collaborait avec Henriette au *Journal d'éducation* de Mlle Ulliac et travaillait à sa future libération.

Il est allé quérir le précieux papier et nous l'avons déchiffré de compagnie :

22 mars 1846.

Mlle Ulliac m'a procuré aussi la connaissance d'un

homme bien remarquable dans M. Emile Souvestre, dont le dernier ouvrage fait preuve d'une si grande force et originalité d'esprit. C'est une tête si morale et si poétique que je lui pardonne son peu de foi dans la science et par conséquent son peu d'enthousiasme pour elle. Il est, du reste, peu de commerces plus faciles et plus simples, et il y a comme un parfum de suavité répandu autour de cette aimable famille.

Singulière position que la mienne, chère amie, obligé de conquérir des connaissances et de devoir à mes propres efforts ce que tant d'autres ont reçu des circonstances. Mais cela m'est nécessaire, chère amie, beaucoup moins pour la protection que j'en puis attendre que pour les avantages intellectuels et moraux que j'en retire. Quand on est condamné à vivre dans une atmosphère pesante et lourde, la note de l'âme s'abaisserait si on n'allait la relever de temps en temps auprès de ceux qui la maintiennent haute et pure. Il y a tel cours auquel je n'assiste que pour le ton élevé où se tient le professeur. Je n'en sors jamais sans être plus fort, plus courageux, plus décidé au bon et au grand, plus ardent à la conquête de la vie et de l'avenir.

Ah! que je suis heureux alors. Je me figure professeur de littératures orientales à la Faculté des lettres, assis devant la table en hémicycle, et là, dissertant, critiquant, admirant. — Mon Dieu! qu'à cet âge on prend la vie à plein et avec naïveté, sans crainte, sans hésitation, sans retour! C'est qu'on n'a pas encore été répercuté par les obstacles. On marche devant soi en ligne droite, sans songer qu'on sera jamais arrêté. La vie est là devant vous qui excite l'appétit, comme la curée d'un oiseau de proie qu'on anime en la lui présentant et retirant. Il y a dans l'âme une sorte de creux famélique qui appelle l'aliment, et cela est noble et bon : c'est la spontanéité native qui se développe sans calcul.

Je conçois qu'ensuite, quand on a goûté de tout, on fasse le dégoûté, et qu'après avoir été obligé de tourner les obstacles, on ne puisse plus se figurer que la ligne droite est le plus court chemin d'un point à un autre. Aussi bien sont-ce mes rêves que je te débite là, bonne Henriette. Mais combien de grandes choses les rêves ont fait faire, sans parler des moments heureux qu'ils ont fait couler!

— Eh bien, reprit M. Psichari, discernez-vous, à travers ces lignes, la physionomie morale de Renan, sa timidité, sa sensibilité voilée?

Mme Psichari ajouta :

— Et sa pudeur...

Et M. Psichari de s'écrier avec feu :

— Oui, sa pudeur! Le mot est très juste. Mais que de distinctions il comporte!

C'est une sensation exquise que d'entendre deux êtres intelligents expliquer et raisonner leur admiration et de s'échauffer soi-même peu à peu au rayonnement de leur discours. Je suis conquis. J'aperçois Renan comme ils me le montrent, et sa pudeur m'apparaît charmante et candide. Pudeur de savant, de philosophe, d'artiste, pudeur de Breton, fils de la lande et demeuré, comme tous ceux de sa race, un peu sauvage, et rebelle aux confidences. Maintenant je saisis la signification de beaucoup de ses actes qui m'échappaient. C'est par pudeur, et non pas seulement par bonté, qu'il prêtait une oreille si complaisante à ses interlocuteurs et les traitait avec une politesse si ingénue. Il craignait de s'imposer, de gêner et qu'on lui reprochât de jouer un rôle et de viser à une royauté de l'esprit.

Mais dans sa pudeur entrait une part de fierté ombrageuse et jalousement cachée. Il eût souffert d'un refus ou d'une grossière condescendance, et pour prévenir cet accident il redoublait lui-même d'urbanité. Jamais il ne marquait de mauvaise humeur. Des importuns pouvaient l'interrompre à l'heure de son travail — et ils ne s'en privaient guère ! — aucun signe extérieur ne les venait avertir qu'ils étaient une cause de gêne ou d'ennui. Renan quittait sa plume ; la visite achevée, il la reprenait. Il n'avait pas cessé de sourire. M. Psichari m'a donné d'autres preuves bien significatives de cette étrange pudeur. Lorsque son beau-père se rendait en Bretagne, il voulait lui retenir une place dans le train. Renan s'y opposait de toutes ses forces.

— Cela vous est dû, disait Psichari.

— Mais non, rien ne m'est dû. Je suis très bien avec tout le monde.

Effectivement il se casait dans son coin ; puis il s'assoupissait et ne se réveillait qu'à destination, sans avoir changé d'attitude. Il était enchanté. Sa pudeur n'avait été blessée ni par un excès de faveur, ni par un manque d'égards. C'étaient là les deux périls qu'il redoutait le plus au monde.

La connaissance que j'ai acquise de la pudeur de Renan m'a servi à élucider d'autres mystères.

Que n'a-t-on pas dit de sa fameuse ironie et de ce dilettantisme dont on se plaisait à croire que ses écrits et ses discours étaient imprégnés? Or qu'était-ce, je vous prie, que ce prétendu détachement, sinon l'embarras de laisser deviner ses vrais sentiments, la terreur de poser au directeur de conscience et l'appréhension des responsabilités qu'impose ce rôle trop immodeste, enfin le penchant invincible qui lui montrait simultanément les divers aspects des choses et l'empêchait de choisir entre elles. Et sa prudence, sa pudeur, sa fatale pudeur, — son Egérie — lui murmurait à l'oreille :

— Ne te décide pas sur les apparences. Et suspends ton jugement !

Ce pendant que le gros public, mal renseigné, s'exclamait :

— Renan n'est qu'un fumiste!... Renan se moque de nous!...

Il était, à coup sûr, un robuste travailleur : tous les devoirs qu'il assumait, il s'en acquittait en conscience ; il les prenait au sérieux ; les sévères, les frivoles, les dîners en ville, et les séances de l'Académie. Il siégeait dans un tas de comités et d'assemblées ; parfois il y dormait, mais il ne négligeait jamais de s'y rendre. On le vit, huit mois durant, s'appliquer à corriger pour la commission de l'histoire littéraire de la France un mémoire sur les « rabbins du quatorzième siècle » qui était bien le travail le plus ingrat qui se pût imaginer. Son cerveau ignorait la lassitude ; il était sans cesse en mouvement, qu'il s'attachât à créer de nouvelles œuvres, ou à polir des œuvres créées. Il n'est pas une feuille, parmi celles qui traînaient sur son bureau, où Renan n'ait déposé des embryons de pensées, des phrases, des mots, qu'il reprendra plus tard et dont il fera des livres.

M. Psichari les a précieusement conservées. Ce sont, pour la plupart, d'énormes enveloppes adressées par le conseil de la Légion d'honneur à Renan, grand dignitaire de l'ordre, et qui lui servaient de sous-mains. Il m'a produit quelques-uns de ces papiers, littéralement criblés d'hiéroglyphes. J'y ai noté rapidement, sous son œil inquisiteur, ces cinq ou six lignes :

A l'angle de droite :

Désolé si j'emportais dans l'autre monde l'idée que j'ai coûté trop cher à mon pays.

A l'angle opposé :

Morale sans le dogme... Nous conduirions en tout comme des catholiques, moins la foi.

Jean Psichari estime-t-il que ces pensées soient mauvaises, ou susceptibles d'une fausse interprétation ? Il a froncé le sourcil. Et les enveloppes se sont envolées.

Mes hôtes n'ont pas voulu me laisser partir sans me conduire dans la petite maison où Renan connut sa fiancée et goûta les plus pures ivresses de sa vie. Elle n'a point changé. Chaque objet y est demeuré en place, entretenu, conservé par des mains pieuses. Voici le salon qui reçut les premières visites du jeune savant, les tableaux devant lesquels il s'arrêtait longuement pour dissimuler sa gaucherie, le portrait de Mme Henry Scheffer, une tête au parfait ovale dans le goût de Deveria et de Tony Johannot, et le portrait de M. Scheffer, le père, un franc mauvais sujet, peintre lui-même de quelque habileté, mais d'humeur aventureuse, et qui justifiait l'exclamation d'Ary, dont l'honnête Renan fut si fort scandalisé :

— Quel polisson que mon père !

Plus tard, dans une autre pièce, j'ai retrouvé la stoïque image d'Henriette et des croquis à la plume d'Ary, singulièrement vivants et sincères. Et là encore, parmi ces chères images, notre conversation a repris son cours. Elle n'était pas épuisée. Elle ne le sera jamais. Il y a des matières que l'on peut agiter à l'infini sans les appauvrir.

Ainsi les hommes parlent-ils du ciel et de la terre, de l'amour et de la mort.

Ainsi peuvent-ils disserter sur l'âme de Renan, qui fut une des forces — et des grâces — de la nature.

FERDINAND FABRE

LES DESSOUS DE « L'ABBÉ TIGRANE »

Ferdinand Fabre a eu la rare fortune de rencontrer ici-bas une âme sœur de la sienne, la tendre compagne qui, après lui avoir donné le bonheur, veille avec un soin si minutieux et si touchant sur sa gloire.

Je suis allé lui rendre mes devoirs. Nous avons causé du monument où le sculpteur Marqueste a mis tant de charme et une si fine expression de son modèle. Mais, par une pente inévitable, notre entretien est remonté vers les jours d'autrefois, vers les années de succès et de jeunesse. Tout me parlait de ce temps heureux dans le salon de Mme Ferdinand Fabre : le portrait du romancier par son vieil ami Jean-Paul Laurens, la petite bibliothèque qui renferme ses volumes, reliés en maroquin vert et sans cesse feuilletés, enfin des dessins, des études représentant les sites les plus remarquables de son pays natal, de ces rudes Cévennes aux rocs brûlés, aux frais vallons, aux sources murmurantes et limpides. Les scènes familières du *Chevrier*, de *Monsieur Jean*, de *Julien Savignac* me remontaient à l'esprit. Au fond du tableau, j'apercevais les toits de Bédarieux, le village de Camplong, la cure, le jardinet et la soutane usée de ce bon abbé Fulcran.

J'écoutais avec infiniment de plaisir la veuve de l'écrivain évoquer ces souvenirs. Sa voix est douce et colorée d'un léger accent méridional qui chante à l'oreille et communique au récit une saveur de terroir, fort séduisante. A de certains moments, ses paupières rougissent et j'y vois comme une larme prête à jaillir. Il y a des cœurs qui souffriront toujours des séparations inévitables et ne seront jamais consolés...

Cependant, Mme Fabre a déposé devant elle, sur la table, une enveloppe bourrée de papiers jaunis. Ma curiosité de chroniqueur aux aguets ne s'y trompe point : c'est là, dans cet amas d'autographes, que je trouverai ce qu'il me faut, le grain d'inédit dont le lecteur est friand. J'avance respectueusement la main... Mme Fabre n'oppose pas de résistance à ce geste timide et résolu. Elle sourit.

— Ce sont des lettres, des manuscrits, des fragments qui se rapportent à l'*Abbé Tigrane*.

L'*Abbé Tigrane* est, sinon le meilleur, du moins le plus célèbre ouvrage de Ferdinand Fabre, celui qui le classa définitivement dans l'admiration des lettrés et qui rendit son nom populaire. Dès ses premiers débuts, il se sentait attiré par la peinture des mœurs ecclésiastiques qu'il possédait si intimement. Son passage au séminaire l'y avait initié. A deux reprises, il fut conquis par la foi, puis se libéra d'une vocation indécise et chancelante. Il a conté lui-même, avec beaucoup d'émotion, sa première crise. Sa seconde est moins connue. Il arrivait de Paris ; il y avait langui dans la solitude ; il n'entrevoyait que confusément les grandes œuvres où devait plus tard se concentrer son génie ; il était mécontent de lui et des autres, découragé, un peu las, en proie à une tristesse qui le rendait accessible à toutes les influences. Comme il passait à Montpellier, il eut l'occasion d'entendre un prédicateur renommé dans la région, le P. Combalot ; il en fut bouleversé ; une flamme qu'il croyait éteinte se ralluma au fond de son cœur ; il courut chercher un refuge à la Chartreuse de Mougères ; il y serait demeuré à jamais enseveli, s'il n'avait eu affaire à un honnête homme de prieur, qui discerna le trouble du néophyte et n'y vit pas les signes certains de la grâce.

— Mon fils, lui dit-il, retournez dans le monde. Vous n'y avez pas sincèrement renoncé.

Ferdinand Fabre se conforma à ce prudent avis. Il reprit le chemin de la grand' ville ; il se remit au travail. Après dix ans d'attente il réussit à publier son roman, les *Courbezon*, qui lui valut la louange de Sainte-Beuve, puis le *Chevrier* qui n'obtint pas un moins favorable accueil. Il s'était marié selon son goût ; il avait un foyer riant. Sa maison retentissait de gais babils enfantins, de gazouillements d'oiseaux. L'avenir ne lui semblait plus mélancolique.

Lorsque venait l'été, il allait rejoindre une de ses tantes au château de Montgauch, dans l'Ariège. C'était une demeure quasi féodale, sauvage d'aspect, inaccessible. Elle avait été le théâtre de drames sanglants. Un de ses possesseurs s'y était pendu ; un autre y avait péri sous les coups d'assassins masqués. Plusieurs prêtres étaient mêlés à ces drames. Il y avait là de quoi hanter l'imagination d'un littérateur. Ferdinand Fabre se faisait narrer ces sombres histoires par sa bonne tante, et pour la récompenser de tant d'obligeance, il lui lisait les amours pastorales de *Daphnis et Chloé*. Le dimanche, on se rendait à la messe, dans une calèche traînée par des bœufs. La digne tante de Montgauch raffolait de son neveu et de sa nièce et les avait couchés sur son testament. Elle était très dévote et goûtait l'onction répandue dans les *Courbezon* et le tableau qui y était tracé des vertus et des mérites de l'homme de Dieu. Tout allait donc le mieux du monde... Un événement, fécond en désastres, vint jeter le désordre dans ce tranquille séjour.

A cet endroit, Mme Ferdinand Fabre s'interrompit.

— C'est lui, c'est mon cher mari qui va vous dire

ce qu'il advint. J'ai retrouvé ce récit tracé de sa propre main. Je ne l'ai encore communiqué à personne. Vous en avez la primeur.

Elle tira de la grande enveloppe plusieurs feuillets nettement recopiés. Nous les lûmes ensemble. Les voici.

En 1871, après la guerre, après la Commune, quand le pays, las, appauvri, mutilé, tentait ces efforts héroïques de relèvement qui lui valurent le respect sinon l'admiration de son implacable ennemie, il y eut comme un immense déversement de Paris sur la province. Chacun, reprenait le chemin de son endroit, impatient de revoir les siens, peut-être morts dans la catastrophe où avait manqué périr la patrie. Je fis comme tout le monde. Quel sublime soleil sur nos montagnes ! O nature, odieuse nature, qui ne veut pas être malheureuse avec nous !

L'Espinouse, noire, hérissée, rébarbative, est un coin privilégié de notre chaîne. Là, dans les bois profonds de châtaigniers, dans l'ombre épaisse projetée par de hautes roches granitiques, les chaleurs, intolérables en d'autres parties des Cévennes, ne sont jamais excessives. J'étais en villégiature chez un ancien condisciple du grand séminaire, humble desservant d'un hameau de trois cents feux. Quelles interminables causeries sous les figuiers du jardin, tout le long du jour ! Les douces confidences, le soir, quand le village était endormi autour de nous.

Mon ami avait connu les ennuis, les entraves, les découragements dont la carrière ecclésiastique est semée plus que toute autre carrière, et moi je l'interrogeais, je l'interrogeais sans relâche, sans pitié. En proie à mon idée fixe d'étudier le prêtre, de l'étudier à fond pour essayer de le traduire sous ses multiples aspects, je devenais curieux, indiscret; et, lui, naïf, sans méfiance, épanchait son âme, l'épanchait encore, l'épanchait toujours.

Une nuit — nous nous étions attardés plus longtemps dans le jardinet curial, car je devais partir le lendemain — une nuit, succombant au désespoir de son cœur, saturé d'amertume comme l'éponge du calvaire, mon hôte me nomma ses ennemis. Je les connaissais tous.

— Et de quoi t'en veut-on?

— J'ai publié, en 1855, une brochure intitulée : *Simples réflexions sur l'Assemblée du clergé de 1682*, où j'affirmais des opinions qui ont déplu...

— Tu es gallican?

— Je le suis.

— Et ton évêque t'a envoyé dans ce trou de l'Espinouse?...

— Monseigneur fut circonvenu, trompé, et il m'envoya dans ce trou, il y a quinze ans. Du reste ses grands vicaires et son chapitre, qui ne l'aimaient pas, pour avoir amené les Lazaristes dans le diocèse, ne lui ont tenu compte ni de cette faiblesse, ni de mille autres, et on l'a joliment bien traité après sa mort...

— Après sa mort?

— Allons nous coucher... Du reste, ceux qui m'ont rapporté cela, n'étaient-ils peut-être pas sûrs de leur fait?

— Je t'en supplie.

Il regarda la petite lune mince qui découpait à nos pieds, comme à l'emporte-pièce, les feuilles charnues des figuiers.

— Il est plus de deux heures, dit-il, et il faut que tu sois debout à cinq. Allons nous coucher.

— Mon cher ami, de grâce...

— Non... je crains bien d'avoir eu la langue trop longue... Nos misères ecclésiastiques ne regardent que nous.

— Peut-être, si vous les divulguiez un peu plus, en souffririez-vous un peu moins.

Il s'était levé, avait traversé l'allée du jardin et entr'ouvert la porte du presbytère. Il me cria tout à coup.

— Viens-tu, voyons ; ou te plaît-il de dormir à la belle étoile ?

Je courus à lui, et m'emparant de ses mains, les retenant despotiquement dans les miennes :

— Alors on s'est vengé sur Monseigneur après sa mort ?

— Oui, murmura-t-il, sans force pour résister.

— Comment ?

Il ne répondit pas.

— Je ne te demande que quatre mots.

— Monseigneur n'était pas mort dans son diocèse... Quand une voiture de pompes funèbres porta le cercueil au palais de l'évêché, il faisait presque nuit... Les grands vicaires, le chapitre, quelques curés de la ville étaient là...

Il s'interrompit : le souffle lui manquait.

— Eh bien ! insistai-je insatiable.

— Eh bien ! le corps de l'évêque, déposé dans la cour du palais et les hommes des pompes funèbres partis, on poussa le cercueil jusque dans l'écurie et... Monseigneur passa la nuit aux pieds de ses chevaux..

— Oh !

Mon ami dont j'avais laissé aller les mains à mon insu, entra dans sa chambre précipitamment.

— Eh bien, qu'en dites-vous, me demanda Mme Ferdinand Fabre ?

— Cet épisode contient en germe, si je ne m'abuse, tout l'*Abbé Tigrane*.

— Vous ne vous abusez point. Ferdinand Fabre s'est contenté d'arranger ce que la réalité lui apportait. Il l'a seulement atténuée. Rappelez-vous que, dans le roman, le corps de l'évêque passe la nuit sur le pavé de la cour. Mon mari n'a point osé l'envoyer à l'écurie. Il craignait qu'on ne l'accusât d'invraisemblance.

Ceci prouve que les plus audacieuses inventions des artistes n'atteignent pas aux brutalités, aux violences, aux cruautés de la vie. Pourtant un point demeurait obscur dans ce récit. Je ne saisissais pas quels liens le pouvaient rattacher au château de Montgauch et en quoi il avait pu détruire la patriarcale harmonie qui y régnait. Mon obligeante interlocutrice voulut bien élucider ce mystère.

Lorsque le jeune écrivain retourna dans l'Ariège, les confidences de son ami le séminariste lui trottaient par la cervelle. Il résolut d'en tirer la matière d'une nouvelle ou d'un conte. L'endroit même où il se trouvait, la sauvagerie du site, les légendes atroces du château seigneurial, tout le prédisposait à ce dessein. Il composa une sorte d'étude sur les mœurs ecclésiastiques, intitulée *Monseigneur Formose*, et la remit à sa femme qu'un devoir de famille appelait pour quelques jours à Paris.

— Depuis longtemps, lui dit-il, Francisque Sarcey me pousse à lui envoyer de la copie pour la *Vie Parisienne*. Soumets-lui ce manuscrit.

Mme Ferdinand Fabre se chargea d'autant plus

volontiers de l'ambassade, que Sarcey était leur ami
et leur témoignait, et leur inspirait à tous deux beaucoup d'affection. Il la reçut très cordialement, dans
l'appartement qu'il occupait alors avec sa mère rue
de la Tour-d'Auvergne, et lui annonça une prompte
réponse. Effectivement, elle ne se fit pas attendre. A
peine Mme Fabre avait-elle regagné ses montagnes
qu'une lettre y arrivait avec elle.

Mon cher confrère,

Je viens d'envoyer votre manuscrit à Marcelin — sans
grand espoir. — Votre article qui est fort bon en soi n'est
pas trop approprié au goût du journal. C'est un roman
dont certaines parties ont été compressées, étriquées; mais
c'est un roman. Le récit en a la forme et les allures.

Si vous lisez la *Vie Parisienne*, vous verrez que ce n'est
pas là ce qu'elle demande.

Un portrait, soit, avec quelques anecdotes à l'appui.
Une scène, encore. Par exemple, celle où votre abbé
reçoit la dépêche qui lui annonce la mort de Monseigneur.
L'attitude résignée ou désolée des uns, la joie des autres,
les espérances et les craintes, tout cela dit sur un ton de
supériorité sceptique qui est celui du journal.

Un mot seul vous montrera combien vous êtes loin de
ce genre, qui n'est pas le meilleur du monde mais enfin
qui est le cachet de Marcelin, vous vous servez de *honteuses*
pour qualifier certaines démarches des abbés du séminaire.

Rien n'est plus honteux pour les lecteurs de la *Vie Parisienne*. Ils sont toujours au-dessus de cela. Ils veulent
qu'on peigne pour peindre, par goût de moraliste légèrement blagueur. Vous feriez dans ce journal l'effet d'un

homme sérieux et parlant sérieusement dans un club d'élégants viveurs.

Ce n'est pas qu'on ne dise aussi des choses au fond très sérieuses dans la *Vie Parisienne*, mais on les dit autrement. Je sais très bien cela et ne puis l'expliquer. Mais lisez au hasard dix numéros ; vous devinerez les objections que va me faire Marcelin.

Tenez, vous m'auriez fait un petit croquis de séminaristes jouant à la balle, de l'abbé ennuyé de marquer les points et de l'évêque entrant — pas davantage — mais avec les détails caractéristiques; un trait piquant, par ci, par là, un air détaché, un ton de persiflage béat, un je ne sais quoi de convaincu et de raillerie tout ensemble, comme ont les pince-sans-rire, j'aurais été sûr du succès. Cela vous eût donné bien moins de peine, car il n'y aurait pas eu d'événements à arranger, de caractère à tracer, *d'œuvre à faire*. Mais vous auriez été dans le goût du lieu.

Je vous écris, au hasard, toutes ces réflexions. Vous pensez bien que je ne les ai pas faites à Marcelin. Je ne suis que trop sûr, hélas! qu'il les trouvera de lui-même.

Je crains bien de vous avoir induit en travail inutile. Ce qui me console, c'est que vous sentirez vous-même qu'il y a dans ce travail l'ébauche d'un roman, et que nous reverrons sans doute dans un cadre plus vaste le terrible abbé Capdepont.

Je vous prie de présenter mes plus respectueuses et mes plus tendres amitiés à Mme Fabre.

Tout à vous cordialement

FRANCISQUE SARCEY.

Le romancier fut médiocrement satisfait de cette épître ; il en espérait une moins réfrigérante. Et sans doute exprima-t-il en termes assez vifs au critique son désappointement, car une deuxième lettre lui parvint.

Mon cher confrère,

Je suis bien en retard avec vous. Pardonnez-moi. J'ai fait une petite absence, et c'est ce qui m'a empêché de vous répondre plus tôt.

Je vois avec déplaisir que vous vous abandonnez à des idées noires. La modestie est une bonne chose en soi, mais il ne faut pas la pousser trop loin. Je la crois surtout mauvaise, quand elle énerve le sentiment que l'on doit avoir de sa force et sans lequel on ne fait rien.

Il n'y a rien, au fond, de si facile à faire que ces articles légers de la *Vie Parisienne*. Ce qui vous gêne, c'est que vous n'en avez pas l'habitude. Elle est aisée à prendre.

Vous n'avez pas grande estime pour ce genre, ni moi non plus. C'est bien peu de chose qu'un article courant de journal. Mais on gagne sa vie à ce métier. Et les grandes œuvres, vous en savez quelque chose, ne nourrissent pas leur homme. Il faut écrire des livres pour soi et des articles pour son boulanger.

Pour Dieu, ne vous découragez pas. Ne vous dites pas : à quoi bon ?

A quoi bon ? Mais à faire une belle chose. Cela n'est pas déjà si commun... J'aimerais mieux avoir écrit trente ou quarante pages de votre *Chevrier*, qui n'a été lu que des délicats, que ces milliers d'articles qui m'échappent de la plume comme l'eau claire d'un robinet.

Ne vous tourmentez donc pas. Revenez-nous à Paris, respirez cet air tout chargé d'idées et croyez-moi votre tout dévoué

FRANCISQUE SARCEY.

Cette fois, Ferdinand Fabre comprit la leçon — ou le conseil. Il reprit sa nouvelle, la remania, la transforma, l'élargit, il développa les caractères, amplifia le milieu, marqua de traits plus profonds les personnages. *Monseigneur Formose*, devenu l'*Abbé Tigrane*, commença de paraître en feuilleton dans le *Temps*.

Et c'est alors qu'un effroyable orage éclata sous les voûtes et à l'ombre du donjon de Montgauch.

Mme Ferdinand Fabre eut une minute d'hésitation.

— En vérité, je ne sais si j'ai le droit de vous exposer ces choses. Elles ne concernent pas le public.

Je l'assurai que rien de ce qui touche à l'histoire d'un chef-d'œuvre n'est indifférent, et elle consentit à poursuivre.

Tandis que les péripéties de l'*Abbé Tigrane* continuaient de se dérouler dans les colonnes de ce journal, M. et Mme Ferdinand Fabre allèrent rendre visite à la vieille tante. Elle les accueillit, contre sa coutume, avec une froideur glaciale. Plus de baisers, plus de lectures de *Daphnis et Chloé*, plus de gâteries, mais une politesse cérémonieuse et presque offensante. Ils s'enquirent des raisons de ce changement qui leur était très cruel. Ils se heurtèrent à un mutisme dédaigneux. A la fin, toutefois, l'excellente dame, poussée à bout, dit à sa nièce :

— Il paraît que ton mari publie en ce moment un ouvrage abominable contre la religion.

— L'as-tu lu ?

— Non, certes !...

— Alors, comment peux-tu l'apprécier ?

— Je suis renseignée.

— Je te supplie de le lire.

— Jamais !...

Ils quittèrent le château. Et bientôt ils apprirent qu'ils étaient déshérités. Un peu plus tard, l'oncle Fulcran, — le digne abbé Fulcran, — dont la figure est modelée avec tant de délicatesse et d'amour dans *Julien Savignac*, et qui avait mille raisons de chérir ce neveu si spirituel et si tendre, le rayait de son testament « pour le punir (disait-il expressément) d'avoir déserté la bonne voie ». Ferdinand Fabre éprouvait bien, en compensation de ces blessures, quelques satisfactions d'amour-propre. Les encouragements lui arrivaient de toutes parts.

« Votre livre m'a charmé, lui écrivait Émile Augier; vos récits ont une intensité de vie extraordinaire, ce qui constitue la qualité maîtresse de l'art. Tout cela est vécu, comme on dit aujourd'hui. Vous avez, en outre, le très rare mérite de ne pas charger vos figures et de dédaigner les caricatures faciles. Jamais on n'a peint les ecclésiastiques avec une telle impartialité. Vous ne les faites ni paillards, ni gourmands. Votre critique va plus haut... Il y a dans votre talent quelque chose de bien particulier. Vous tracez des tableaux souvent pénibles, et on ne peut pas s'en détacher. C'est sans doute la force de la vérité. Voilà le vrai *naturalisme*. »

D'illustres membres du clergé corroboraient cet éloge, rendaient justice à son œuvre et la proclamaient véridique. Ils étaient en petit nombre. La plupart refusaient de désarmer. L'écrivain s'en aperçut, quand il brigua la succession d'Octave Feuillet à l'Académie française...

Plusieurs immortels lui avaient promis leur suffrage ; entre autres Pasteur et le célèbre avocat M⁰ R..., qui s'étaient liés par des engagements très étroits. La veille du scrutin, il vit venir un homme charmant, M. Vallery Radot, gendre de Pasteur, qui, non sans embarras, exposa la mission dont le savant l'avait chargé.

— M. Pasteur n'a pas osé venir en personne. Il se trouve extrêmement gêné. Il vient de relire l'*Abbé Tigrane* et ne peut, à son ardent regret, voter pour vous. Il obéit à un devoir de conscience ; mais il m'a bien recommandé de vous dire qu'il conserve pour votre caractère et votre talent la plus haute estime.

Un quart d'heure plus tard, nouveau coup de sonnette, nouvel émissaire.

— M⁰ R... a relu l'*Abbé Tigrane*... Vous savez l'intransigeance de ses sentiments chrétiens... Il a des scrupules... Excusez-le !... Il en est bien malheureux.

D'autres académiciens se dérobèrent. Mgr P..., à qui Ferdinand Fabre, comptant sur une sympathie maintes fois exprimée, avait eu l'imprudence d'envoyer ses œuvres complètes, lui dépêcha un sermon plein d'éloquence, de pitié et de tristesse. L'infortuné candidat eut contre lui les catholiques qui le jugeaient trop libre penseur et quelques libres penseurs qui déclaraient que sa prose fleurait le catholicisme. Finalement, on lui préféra Pierre Loti.

Et voilà comment le romancier connut en même temps l'enivrement de la gloire et ses amertumes. Des roses le couronnaient ; il saignait sous leurs épines.

M'ayant exposé cette aventure, Mme Ferdinand Fabre ajouta:

— J'aime mieux qu'il n'ait pas revêtu l'habit vert et qu'il ait écrit l'*Abbé Tigrane !*

Je lui ai encore demandé :

— Quelles étaient ses idées en matière religieuse? Quelle empreinte avait-il gardée de sa première culture? Était-ce un révolté? Était-ce un sceptique? Haïssait-il l'autel qu'il avait fui, ou bien le redoutait-il ? Il arrive que la violence cache des feux mal éteints. Avait-il des remords, des inquiétudes? Était-il parvenu à cet état de sérénité, où la raison s'épanouit, apaisée et maîtresse d'elle-même? Était-ce enfin un vrai philosophe? N'était-ce qu'un poète, incrédule mais sensible, ne croyant plus au dogme, mais secrètement ému par les légendes d'or, les images qui avaient bercé son enfance, et s'attardant aux délices de ce qu'on a appelé la « piété sans foi ? »

Mme Ferdinand Fabre n'a pas répondu, n'osant point, je suppose, substituer sa voix à la voix muette de son époux. Ce silence m'a paru très honorable.

Et je n'ai pas insisté...

RACHEL

Mumpf, juin.

L'AUBERGE NATALE DE RACHEL

I

Quand je sus que les détours d'un petit voyage circulaire que j'allais entreprendre en Suisse m'amèneraient près de Mumpf, sur les bords du Rhin, je résolus de rechercher si j'y trouverais quelques traces des origines de Rachel.

Les biographes de l'illustre tragédienne s'accordent à la faire naître en ce village au début de l'année 1821. C'est d'ailleurs tout à fait par hasard, qu'elle y serait venue au monde, son père et sa mère exerçant le métier nomade de colporteurs et courant avec une légère pacotille les foires et les marchés. Avant mon départ je sollicitai une entrevue de Mme Dinah Félix, une des deux sœurs survivantes de Rachel. Un double sentiment de curiosité et de sympathie me poussait à cette démarche. Je comptais bien tirer de Mme Dinah Félix une indication utile, et puis j'étais ravi de l'approcher, car son nom se liait à mes plus chers souvenirs d'enfance.

J'avais douze ans, lorsque j'allai pour la première fois à la Comédie-Française ; et jamais je n'oublierai les détails de cette représentation : ils sont immortellement gravés dans ma mémoire. J'entends la voix des acteurs. Leurs jeux de scène, leur physionomie, leurs gestes me sont demeurés présents. On donnait ce jour-là les *Femmes savantes* et le proverbe d'Alfred de Musset *Il ne faut jurer de rien*. Cette dernière pièce, interprétée par Delaunay, Got, Mmes Nathalie et Reichenberg, m'apparut comme un divin chef-d'œuvre, et les *Femmes savantes* ne me causèrent pas moins de plaisir. Aucune impression n'égale en profondeur celle que reçoit l'écolier dont l'esprit s'éveille à l'art et à la littérature. Il entre dans un monde inconnu, où tout lui est sujet d'étonnement et de joie. Dès le lendemain de cette heureuse soirée, j'achetais le théâtre de Molière et j'apprenais par cœur les *Femmes savantes*, m'évertuant à reproduire les intonations de Delaunay-Clitandre, de Got-Trissotin, de Coquelin-Vadius et de l'extraordinaire Mme Jouassain, qui jouait Bélise, et de l'exquise Gabrielle Tholer, qui faisait Henriette.

(Mon Dieu, qu'elle me sembla jolie ! J'en devins éperdument amoureux !) Enfin j'essayais d'imiter le délicieux accent campagnard dont Dinah Félix imprégnait le rôle de Martine. Elle avait une façon de rabrouer Philaminte qui mettait la salle en joie :

... Et mon congé cent fois me fût-il hoc,
La poule ne doit point chanter devant le coq.

Mme Dinah Félix fut une des meilleures Martines que la comédie ait possédées et peut-être la meilleure des Cléanthis. Nulle n'a lancé comme elle la fameuse réplique à Sosie...

— Quoi ! je ne couchai point ?
— Non ! lâche ! !

J'ai dans l'oreille l'accent tout ensemble désolé, haineux et comique que Dinah Félix communiquait à ce mot. C'était un cri de rage et un soupir de regret, la jalousie conjugale unie aux aigreurs du célibat. Joignez que Dinah était douée d'un organe violent, agressif et un tantinet acidulé, qui ajoutait encore à l'énergie de ses sentiments. Il perçait comme une vrille le tympan des auditeurs. Oui, ce fut une Cléanthis surprenante. Et quand je reçus d'elle un billet charmant, m'assignant rendez-vous dans son appartement de la rue Tronchet, j'en éprouvai une vive satisfaction...

Le temps s'est appesanti sur le front de Martine. Il

a blanchi ses cheveux, mais non pas altéré les grâces et les vivacités de son humeur.

— Eh quoi! me dit-elle en souriant, que voulez-vous? Je suis une recluse. Je n'appartiens plus au monde. Voilà vingt ans que je m'en suis retirée.

— Ce n'est pas des choses présentes, madame, que je viens vous entretenir, c'est du passé !

Je l'instruisis de mon dessein et de l'espoir que j'avais, en me rendant à Mumpf, d'y découvrir un document quelconque, touchant la naissance de Rachel.

— Ne vous a-t-elle pas fait, à ce propos, des confidences? Vos parents ne vous ont-ils jamais parlé de l'endroit où leur célèbre fille vit le jour ? Ce que vous pourrez m'apprendre me servira de fil conducteur.

Mme Dinah Félix s'en va quérir une aquarelle posée sur un guéridon. Elle est finement encadrée d'or et surmontée d'un écusson portant en relief l'N majuscule, l'initiale des Napoléon.

— Voici tout ce que j'ai à vous offrir. C'est la vue de l'auberge du soleil (*Gasthaus zur sonne*) à Mumpf, où notre mère accoucha de Rachel. Elle fut exécutée par un peintre allemand qui l'envoya à ma sœur. Rachel en fit don au prince Jérôme, son ami. Et c'est de celui-ci qu'elle m'est revenue.

L'aquarelle, lavée dans les tons fins et délicats, représente une bâtisse carrée, très simple, surmontée d'un vaste chapeau de tuiles. Au-dessus du seuil, une enseigne se balance. Dans le lointain, des arbres, un ciel nuageux, le fleuve ondoyant à travers la plaine. Cela vous donne bien l'impression d'un de ces cabarets où s'arrêtaient jadis les rouliers, les paysans et où les voyageurs de marque ne descendaient que si quelque accident imprévu les empêchait de gagner la ville prochaine.

— Je n'ai point à en rougir, poursuit Mme Dinah Félix. Mon père menait une vie laborieuse et misérable. Malgré sa remarquable intelligence, il n'était point arrivé à la fortune; ma mère le secondait. Elle était active et vaillante, s'occupant à la fois du ménage et du commerce. On poussait la voiture le long des routes; on s'arrêtait à la nuit close pour cuire et manger la soupe; et, le plus souvent, on dormait à la belle étoile.

Durant une de ces étapes, un paquet tomba de la carriole. Et ce paquet c'était Rachel enveloppée de ses langes. Par bonheur l'accident n'eut pas de suites funestes. Et la future Hermione fut ramassée, saine et sauve, et réintégrée dans la méchante caisse qui lui tenait lieu de berceau. Comment elle grandit, contribua aux ressources de la famille, en chantant à Lyon et à Paris autour des tables de café et en y promenant son tambour de basque; comment elle fut recueillie par Choron, Saint-Aulaire et Samson qui cultivèrent ses dons naturels et l'amenèrent à se produire en public. Ces histoires n'ont pas besoin d'être contées à nouveau, non plus que la manière foudroyante dont éclata et s'affirma la réputation de l'actrice. Mme Dinah Félix, qui est de quinze ans sa cadette, fut élevée dans le rayonnement de cette jeune gloire. Elle y fut même associée. Rachel l'avait fait entrer à la Comédie-Française et elle y jouait les enfants du répertoire, Louison du *Malade imaginaire* et Joas d'*Athalie*. Un jour qu'elle interprétait ce dernier rôle, au dernier acte de la pièce, le trône où elle était assise s'effondra. Et elle se rappelle l'émoi de Rachel qui craignait que sa petite Dinah ne se fût blessée en roulant à terre.

— Ce fut un étrange spectacle. On vit la cruelle Athalie courir à Joas, le relever, le presser sur son sein, le couvrir de baisers passionnés. La vraisemblance du drame en était légèrement altérée. Mais le public n'en garda pas rancune à Rachel. Il nous applaudit l'une et l'autre furieusement.

Mme Dinah Félix narre avec beaucoup de sel ses anecdotes. Et je l'écouterais, sans me lasser, pendant des semaines. Elle me montre aussi les images qu'elle a de sa sœur; deux portraits de Giraud et d'Amaury Duval, et la statuette de Barre, en ivoire, la plus exacte, assure-t elle, de ses effigies. Et tandis que j'en admire le fin modelé, je me prends à réfléchir à la singulière destinée de cette tribu des Félix, dont tous les membres, sans exception, furent doués d'aptitudes pour la scène. Le père Félix avait l'instinct des planches; il fut, autant que Samson, le professeur de sa fille; Rébecca, fauchée dans sa fleur et déjà sociétaire de la Comédie-Française, donnait les plus riches espérances;

Raphaël se distingua dans l'emploi des amoureux ; Sarah aurait eu du talent, si elle n'avait aiguillé de bonne heure vers la parfumerie ; Lia et Dinah ont brillé au premier rang. N'y a-t-il pas, dans cette communauté d'aptitude, un obscur phénomène d'hérédité ? N'est-ce point là un mystère ? J'ai prié Mme Dinah Félix d'en éclaircir les ténèbres.

— Mais non, m'a-t-elle répondu, je vous assure que nous n'avons pas de gens de théâtre parmi nos ascendants... A moins que mon père ne soit, sans le savoir, le fils d'un grand comédien... Il prétendait descendre par son aïeul d'un prince auguste, étroitement allié à la famille régnante d'Allemagne. Je vous donne cette légende pour ce qu'elle vaut ! Ça me flatterait d'être de souche royale ! Malheureusement, c'est difficile à prouver.

Elle rit... la voix de Cléanthis, de Martine et de Toinette emplit le salon... Elle me crie, un peu railleuse :

— Je vous souhaite bonne chance !

Et elle ajoute :

— Vous me direz si mon aquarelle ressemble à la véritable auberge du Soleil...

Vous pensez bien qu'en débarquant à Mumpf je n'eus rien de plus pressé que de m'informer de la *Gasthaus zur Sonne*. Le chef de gare me renseigna aussitôt :

— L'Hôtel der Sonne ?... Chez M. Waldmeyer, dans la grand'rue...

Au ton dont il prononce le nom de M. Waldmeyer, je comprends que M. Waldmeyer jouit de quelque considération dans le pays, et que la *Gasthaus der Sonne* n'a pas dégénéré — au contraire...

Elle se dresse bientôt devant moi... Je ne l'aurais pas reconnue, si le mot *Sonne* n'eût été inscrit, en lettres de deux pieds de haut, sur la façade. La vieille masure de 1821 s'est élargie, arrondie, accrue de deux ailes. Un joli jardin, en terrasse, planté d'ormes séculaires, la sépare du Rhin. L'endroit est frais, tranquille, mélancolique, agréablement provincial. J'avise sur le seuil de la maison une sorte de géant blond, rose et barbu.

— Monsieur Waldmeyer, s'il vous plaît ?

— C'est moi-même.

— Cet hôtel est bien l'hôtel du Soleil ?... Avez-vous entendu dire qu'une célèbre actrice française, Mlle Rachel, y soit née ?...

M. Waldmeyer s'incline, comme si je lui eusse décerné un compliment.

— Mon grand-père tenait l'hôtel lorsque Mlle Rachel y est née, au mois de février 1821. Et nous avons conservé la chambre où eut lieu l'accouchement. Si vous désirez la visiter ?...

Je me précipite sur les pas de M. Waldmeyer qui m'introduit, au premier étage, au n° 13 (soyons précis) dans un cabinet de quatre mètres de long sur deux de large, banalement meublé d'un lit d'acajou, d'une commode-toilette, d'un fauteuil Voltaire et d'une chaise cannée.

— C'est cela la chambre de Rachel?

— Oui, c'est cela...

Et mon hôte m'explique que cette partie de l'immeuble n'a pas été changée et que, si la chambre n'est plus garnie des objets qu'elle contenait, quand la mère de Rachel y fut prise des douleurs de l'enfantement, ses murs n'ont pas été touchés. Sans doute, il est intéressant de contempler des murs, entre lesquels un événement mémorable s'est accompli. Mais j'ai soif de révélations plus piquantes. Et j'accable M. Waldmeyer d'interrogations. Je lui enjoins de me répéter ce qu'il a recueilli de la bouche de son père et de son grand-père. Il s'exécute avec le plus louable empressement.

— A cette époque, m'expose-t-il, Mumpf était un hameau boueux et qui n'avait d'importance que parce qu'il était placé sur la route directe de Bâle à Zurich. Sa malpropreté était proverbiale, à tel point que lorsqu'un carrossier vendait une voiture à l'un de ses clients, celui-ci lui imposait comme épreuve de traverser Mumpf. Si le véhicule résistait aux cahots et aux fondrières, il était déclaré bon et payé rubis sur l'ongle. Cependant il fallait passer à Mumpf pour remonter le Rhin par la voie la plus courte. Il y venait un grand nombre de juifs que les nécessités de leur commerce attiraient à Zurich. Toutefois, des lois très sévères réglementaient leurs déplacements. Ils n'avaient le droit de s'arrêter et de séjourner qu'à Endingen. Et défense était faite aux hôteliers des autres localités de les accueillir et de les loger sous le même toit que les chrétiens. Or, dans la nuit du...

Le digne M. Waldmeyer s'arrêta, cherchant une date au fond de sa mémoire. Et moi, je buvais ses paroles, attentif comme à la lecture d'un roman-feuilleton.

— Dans la nuit du 4 au 5 février 1821, une femme assez jeune, maigre, brune et qui paraissait exténuée de fatigue, frappa à la porte de l'auberge. Elle déclara à mon père qu'elle était enceinte, à la veille d'accoucher, et incapable de marcher jusqu'à Endingen. Une femme plus âgée l'accompagnait, et joignit ses supplications aux siennes. Mon grand-père, ému de pitié, consentit à les recevoir et les logea dans la chambre que vous avez vue. Il prévint l'autorité, afin de dégager sa responsabilité personnelle, manda une sage-femme, nommée Thérésia Güntert. La semaine d'après, la jeune juive mettait au monde une petite fille qui devait devenir Mlle Rachel... Et huit jours plus tard, elle reprenait son chemin, s'excusant, par suite du dénûment extrême où elle était, de ne pouvoir payer sa dépense, et accablant mon aïeul de protestations de gratitude.

L'hôtelier s'est tu. Et quoique son récit soit fort attachant, je voudrais qu'il l'appuyât de quelques preuves. La naissance d'un enfant est déclarée, inscrite sur des registres. Il en subsiste des traces officielles. Les livres de l'état civil de Mumpf ont-ils été détruits? Ne puis-je les feuilleter?

— Ma foi, s'écrie M. Waldmeyer, je vous ai dit ce que je savais. Pour le reste, adressez-vous à Herr Pfarrer.
— Herr Pfarrer?
— Oui, M. le curé...
— Et où reste-t-il votre curé?
— Au bout du village...

Herr Pfarrer est absent. Sa servante, qui a dépassé de beaucoup l'âge canonique et qui me regarde avec un ahurissement mêlé d'effroi, m'explique, dans un jargon mi-suisse, mi-allemand, qu'elle souligne de gestes expressifs, qu'il s'est attardé en face, chez l'épicier. J'y vole et j'ai chance de l'accrocher par sa soutane, juste au moment où il sort de la boutique. Je lui fais part, en hâte, de mon désir. Herr Pfarrer me salue béatement et s'abîme en une méditation infinie. J'entends très mal la langue teutonne ; il ne saisit guère mieux le français. Le nom de Rachel, que je répète, évoque chez lui des idées confuses. Je présume qu'il ne s'est jamais occupé de théâtre, et que cette matière lui inspire une grande indifférence.

— Rachel... Rachel... murmure-t-il.
— Avez-vous des pièces, des actes, concernant sa naissance?

Il me dit qu'il réside à Mumpf depuis trente années et que son prédécesseur a réuni, dans des temps anciens, et serré certains papiers concernant cette personne...

— Et ces papiers, les possédez-vous?

— Ils sont là-haut... je crois.

Mon cœur frémit d'impatience. Je n'ai pas abandonné la soutane du vénérable ecclésiastique. Je l'entraîne vers le presbytère. Nous y pénétrons, bousculant la servante effarée et qui cherche vainement à deviner ce qui arrive à son maître. Nous voici dans la chambre du curé, une cellule de moine, blanchie à la chaux et dont la nudité n'est parée que d'un crucifix de bois noir. Il a chaussé ses besicles. Il ouvre le volet d'une armoire à linge d'où s'exhalent de bonnes et fraîches odeurs de lessive. Il en extrait lentement une large enveloppe grise et la dépose sur la table. Je n'ose m'en emparer et j'en grille d'envie. Soudain les souvenirs de Herr Pfarrer semblent se ranimer au contact des documents.

— Vers 1840, m'explique-t-il, une enquête fut ordonnée pour établir l'identité de la femme juive qui accoucha en 1821, à l'auberge *zur Sonne*. Vous en trouverez ici le résultat. Vous y trouverez aussi de vieux journaux; et des notes manuscrites, des lettres... Je ne sais trop ce que c'est... L'excellent prêtre à qui j'ai succédé vous eût conté tout cela. Lorsque Rachel mourut, plusieurs de ses admirateurs vinrent lui rendre visite...

M. le curé m'a confié le paquet.

— Vous déjeunez, je suppose, chez M. Waldmeyer. Lisez ces paperasses, à votre aise. Et recommandez-lui de les mettre de côté.

Je me sauvai, avec mon butin.

II

Je mentirais, si je vous disais qu'en revenant à la *Gasthaus zur Sonne*, j'étais pressé de me mettre à table. J'aurais voulu d'abord dépouiller les documents que j'avais entre les mains. Mais mon hôte, M. Valdmeyer, en décida autrement. C'était l'heure du repas. Il me poussa dans la salle à manger et me força de rejoindre ses pensionnaires. Je m'assis à côté d'eux, sans me séparer, bien entendu, de ma précieuse enveloppe et je dévorai fébrilement l'assiettée de soupe aux herbes qui me fut servie.

Oh! ce déjeuner!... Ce dîner plutôt, car dans la Suisse du Nord, comme en Allemagne, on dîne à midi. J'ai cru qu'il ne finirait jamais. Le service était d'une désespérante lenteur. M. Waldmeyer ne cherchait pas à le rendre plus rapide, au contraire. Il faisait des grâces, devisait avec les convives sur un ton de badinage, voisin de la familiarité. Et comme le bourreau m'avait placé entre deux dames, je n'osais, par fausse honte, m'enfoncer dans ma lecture.

Si encore ces dames eussent été jolies. Hélas! celle de gauche était affectée de strabisme et douée par ailleurs d'une humeur obligeante qui l'inclinait à la causerie. Celle de droite me parut plus agréable. Mais au premier mot que je lui dis (et pourtant que cette parole était innocente!) elle rougit et s'enferma dans un silence obstiné, m'indiquant ainsi qu'un gentleman ne doit point s'adresser aux jeunes filles qu'il ne connaît pas et se départir de la réserve que les convenances lui imposent. Je compris la leçon et m'abandonnai à mes songeries. Tour à tour le bouilli aux confitures, le macaroni, le porc rôti, les pois verts en ragoût, la salade défilèrent. Autour de moi, l'animation croissait. M. Waldmeyer venait d'apporter des photographies et l'on se les passait de l'un à l'autre, avec des exclamations admiratives. A Mumpf, les distractions ne sont pas très abondantes et le plus mince événement prend une importance considérable. Enfin nous expédiâmes le dessert — des myrtilles au sucre très savoureuses — et je me sauvai dans le jardin. Je touchais le but.

J'allais savoir l'importance du trésor que détenait « Herr Pfarrer ».

Je vidai l'enveloppe sur un guéridon. Les feuilles qui s'en échappèrent étaient couvertes d'une écriture allemande très menue. Et je vis que, réduit à mes seules lumières, je n'arriverais point à déchiffrer ce grimoire. Il me fallait un traducteur. Justement, le digne M. Waldmeyer, sa serviette sous le bras, bayait aux corneilles devant la porte.

— Monsieur Waldmeyer, venez à mon secours !...

— Qu'y a-t-il donc ?

— Voilà des autographes que M. le curé m'a communiqués concernant Rachel. Je n'y comprends rien. Vous allez me les mettre en bon français.

— En bon français... Je ne m'y engage pas... Je ferai de mon mieux.

— Ce sera très bien, monsieur Waldmeyer... Commandez qu'on nous envoie ici du café, une fiole de kirsch. Et à l'ouvrage !

Deux minutes plus tard, le moka (c'est une façon de parler !) fumait dans nos verres.

— Vous permettez que j'allume ma pipe? demanda l'hôtelier.

— Je vous en prie, monsieur Waldmeyer.

Je saisis mon crayon et mon calepin et m'apprêtai à écrire sous sa dictée.

— Voici, me dit-il, les résultats de l'enquête qui fut prescrite en 1840 au sujet de la naissance de Rachel. C'est le curé d'alors, le prédécesseur de notre « Pfarrer » actuel, qui en fut chargé. Voulez-vous que je vous lise sa lettre au tribunal d'Argovie?

— Voyons cette lettre.

Mumpf, 6 mars 1840.

Le curé de Mumpf, au tribunal du canton d'Argovie.

Très honorés messieurs,

Par hasard, j'ai entendu dire par un citoyen d'ici, que dans l'année 1821, une juive de passage a accouché d'une enfant. Je m'imagine que cette enfant est probablement cette Elise ou Rachel Félix, pour laquelle le consul de la Confédération à Paris a demandé un certificat de naissance. C'est pourquoi j'ai recherché sur nos registres afin d'y trouver une trace de cette famille. Mais comme elle est juive elle n'a pas été enregistrée. Je ne puis vous donner d'autres renseignements que ceux inclus dans les certificats ci-joints.

VOGELIN,
curé.

Suivent les trois pièces énoncées et que je crois devoir reproduire intégralement.

I

Devant nous se présente la femme d'un Joseph Geng, au service de J. Waldmeyer, dans son temps aubergiste à l'hôtel *zur Sonne* à Mumpf, qui donne réponse aux questions suivantes :

1° Est-ce que, dans l'année 1821, une femme étrangère est accouchée dans votre hôtel ?

R. Je me rappelle très bien que dans le mois de février 1821, une juive étrangère est venue ici, accompagnée par un juif, acceptée par nous, et qu'elle a accouché au bout de quatre jours d'une fille. Mais je ne me rappelle plus le nom de l'enfant, ni de la mère.

2° La naissance était-elle juste au mois de février ?

R. Autant qu'il me souvient, c'était en février, entre le 4 et le 8, dans une chambre après le petit salon, avec l'assistance d'une sage-femme de Mumpf. Une personne étrangère, qui me sembla une juive, assistait à l'accouchement. Mais j'ignore son nom.

3° Cette dame était-elle accompagnée de son mari ou d'une autre personne ?

R. Un homme était là, mais n'assistait pas à l'accouchement. Il n'y avait qu'une autre femme.

4° Est-ce que cette personne était pauvre ?

R. Elle était pauvre, mais elle pouvait tout de même payer un peu.

5° Combien de temps est-elle restée chez vous?

R. Environ quinze jours. Après, elle est partie, mais je ne sais pas où. Je n'ai jamais su la direction de leur voyage, ni entendu prononcer leur nom.

II

Nous, soussignés, maire et juge de paix de Mumpf, arrondissement de Rheinfelden, déclarons nous souvenir sûrement que dans l'année 1821, une personne enceinte, grande, maigre et encore jeune, juive, avec une femme est arrivée dans l'auberge *zur Sonne*, déclarant qu'elle ne pouvait aller jusqu'à Endingen, à cause de sa situation.

L'aubergiste Joseph Geng (au service de J. Waldmeyer), m'a fait connaître cette nouvelle. Pour soigner et assister cette juive, je suis allé chercher la sage-femme Theresia Guntert. Dans l'auberge, dans la chambre (*Tagzimmer*), une enfant du sexe féminin était mise au monde. J'ai recommandé à la sage-femme de bien soigner cette enfant, selon les devoirs de l'humanité. Et moi, comme maire, j'ai visité plusieurs fois la femme et l'enfant pendant leur séjour.

Lorsqu'elle est partie dans la direction de Zurich, elle nous a fait des remerciements sincères, pour les services qu'on lui avait rendus.

De quoi je rends témoignage.

ANT. RAU,
en ce temps maire et juge de paix.

P. S. — Acte de cette naissance a été notifié au chef d'arrondissement de Rheinfelden qui a délivré à la mère un certificat pour la continuation de son voyage.

III

Les soussignés, maire et habitants de Mumpf, ont souvenance que dans l'année 1821, à la fin de février, une personne assez jeune, israélite, est arrivée à l'auberge Au Soleil, et y a logé environ vingt-cinq jours. Elle occupait la chambre n° 13, à côté de la salle du premier étage, et était servie par une femme juive qu'elle avait amenée avec elle.

Quelques jours après son arrivée, elle accoucha avec l'assistance de la sage-femme Theresia Boni Guntert, dudit village, d'un enfant du sexe féminin.

Plusieurs juifs en voyage, entre autres Isaac et Israël Woog, lui rendirent visite et furent d'accord avec elle pour se louer des bons soins et de la bonne table de l'hôtelier. La femme déclara pouvoir payer une partie de la dépense.

Quant à savoir si cette femme s'appelait Thérèse, et son mari, absent, Jacob Félix, c'est ce qui ne peut être indiqué d'une façon certaine, les gens de l'hôtel en ayant perdu le souvenir. On ne pourrait pas dire non plus si l'enfant venue au monde a reçu le nom d'Elisa et de Rachel.

J'ai achevé de transcrire ces procès-verbaux et je me sens un peu désappointé. Ils sont loin d'être concluants. Ils n'affirment rien, ils hésitent, ils tâtonnent. Cette juive qui descendit au *Gasthaus zur Sonne* était-elle l'épouse du colporteur Félix ? Son nom n'est même pas prononcé...

Mon hôte, qui remarque ma mine déçue, intervient. Il lui répugne de penser que l'on n'accorde pas une foi entière aux souvenirs de son aïeul. Et puis *il faut* que Rachel soit née à l'auberge *Au Soleil*. C'est l'honneur de sa maison. Entre deux bouffées de tabac, il laisse tomber ces mots :

« L'enquête fut ordonnée sur les indications de la mère de Rachel. C'est donc qu'elle se rappelait le nom du village où elle avait accouché... »

Au fait, il a raison, M. Waldmeyer. Cet homme est plein de sens.

Nous continuons le dépouillement du dossier. Il contient des journaux ou des fragments de journaux sans grand intérêt ; un numéro du *Schweizer-Handels Courrier* de Biel, daté du *Dienstag 19 januar 1858*; un numéro *Der Bund* de Berne du 14 *januar* de la même année et donnant le récit succinct, d'après les gazettes parisiennes, des obsèques de Rachel... Attendez... Voilà qui me paraît moins banal. Ce sont des feuillets liés ensemble et couverts de pattes de mouches. Sur le premier, en grosses lettres moulées, ce titre :

NOTES ET SOUVENIRS

se rapportant à l'illustre tragédienne Rachel

Pas de signature... L'opuscule, si c'en est un, est incomplet. Et de qui émane-t-il ? De l'ancien « Pfarrer » de Mumpf, ou d'un de ces dévots de l'artiste qui venaient, en pèlerinage, le visiter ? Il est divisé en plusieurs petits chapitres ou paragraphes, portant, chacun un en-tête. M. Waldmeyer a eu beaucoup de peine à s'orienter dans ce gribouillage, que l'encre, jaunie par le temps, faisait encore plus illisible. Peu à peu, ses yeux s'y sont accoutumés. Il a rebourré sa pipe pour se donner du courage. Et nous avons lu ceci :

« RACHEL et REBECCA. — Rachel aimait passionnément sa sœur Rebecca qu'elle avait introduite à la Comédie-Française et qui, après avoir joué avec succès le rôle de Catarina Brogadini dans l'*Angelo* de M. Victor Hugo, avait été nommée sociétaire. Un soir que les deux sœurs venaient d'interpréter cet ouvrage, Rachel dit à Rebecca :

» — Tu as joué divinement aujourd'hui... Je veux t'en récompenser... Nous allons souper chez toi.

» — Chez moi? s'écria la jeune artiste. Tu veux dire chez nos parents?

» Rebecca vivait encore en famille sous la tutelle du père Félix.

» — Non, reprit Rachel, c'est bien chez toi que nous souperons.

» Et elle lui glissa une clef entre les doigts.

» La voiture de Rachel stationnait à la porte. Elles y montèrent. La voiture les déposa rue Mogador, devant une maison inconnue. Rebecca croyait rêver. Elles montèrent au second étage.

» — Ouvre, dit Rachel.

» Rebecca mit la clef dans la serrure et poussa un

cri d'étonnement. Elle se trouvait dans un appartement illuminé et meublé avec richesse. La chambre à coucher était une merveille de confortable, le lit tout préparé, une veilleuse brûlant sur la cheminée. Rebecca regarde dans l'armoire à glace; elle y trouve une garde-robe, du linge fin, des dentelles. Elle court au salon et s'assied sur les fauteuils en soie rouge, en riant comme une folle. Dans la salle à manger deux couverts sont dressés. La table scintille d'argenterie et de cristaux. Des parfums délicieux arrivent de la cuisine. Rachel frappe sur un timbre. Une servante apparaît portant avec précaution un perdreau truffé !

» — Marguerite ? dit Rebecca au comble de la surprise.

» Marguerite était une vieille bonne qui l'avait élevée et qu'elle aimait tendrement.

» Les deux sœurs s'assirent en face l'une de l'autre, et Rachel, tout en dépeçant le perdreau, dit à Rebecca :

» — Tu es ici chez toi. Cet appartement est payé d'avance pour une année. Les objets qui le garnissent t'appartiennent. C'est le cadeau de ta grande sœur. Tu es une artiste; tu as besoin, pour travailler, de tranquillité, d'indépendance. Tu ne retourneras plus chez nos parents que quand tu le voudras. Et moi-même je ne viendrai dîner avec toi que quand tu m'inviteras. Mais j'espère que tu m'inviteras... souvent.

» Rebecca tomba dans les bras de Rachel et pleura... Rachel avait dépensé près de vingt mille francs pour

loger et meubler sa sœur. Ce qui n'empêchait pas ses
ennemis de l'accuser d'avarice ».

Cette anecdote est-elle authentique, ou apocryphe,
ou inédite, ou connue ? Je l'ignore... En tout cas, elle est
charmante. M. Waldmeyer en est attendri. Et c'est avec
une nouvelle ardeur qu'il poursuit son déchiffrage.

« L'Ananas. — Rachel était un curieux composé de
sentiments contraires. Elle passait d'un sentiment à
l'autre. Et c'est ainsi qu'on pouvait la traiter d'avare,
quoiqu'elle fût généreuse. Un jour, elle avait convié
chez elle des hommes de lettres et des critiques. Elle
entra chez Chevet, au Palais-Royal, pour acheter le
dessert de son dîner. Elle marchanda un magnifique
ananas que Chevet lui fit 70 francs, et comme ce prix
lui semblait trop élevé, elle demanda à le prendre en
location jusqu'au lendemain matin, ce que le marchand
accepta. Elle plaça l'ananas dans une corbeille de
fruits au centre de la table et le dîner commença. Il
fut très gai, comme de coutume. Les vins étaient fins,
la cuisine délicate. Rachel éblouit les convives par son
esprit. Mais brusquement on la vit pâlir. Ponsard
avait étendu la main vers le superbe ananas, s'en était
emparé et le tendait à son voisin, le duc de San
Teodoro. Ce dernier prit son couteau et l'enfonça dans
le fruit. Alors on entendit un cri tragique, le cri d'Hermione ou de Camille que poussait la grande artiste.
Le duc de San Teodoro s'arrêta, ému. Et Ponsard lui
dit tout bas :

» — Mlle Rachel aurait-elle un ananas à la place du cœur ?

» Ce sont les enfantillages du génie.

« Le bain de Rachel. — Elle avait inventé une sorte de bain qu'elle appelait *bain de mariée.* C'était une eau de savon parfumée, que sa camériste battait comme une crème fouettée, jusqu'à ce que la baignoire fût toute remplie de moussé et l'eau restante écoulée. Elle se plongeait avec délices dans ces bulles irisées et faisait de ces bains vaporeux et légers une de ses coquetteries. »

« Rachel et la « Marseillaise ». — On ne sait pas dans quelles circonstances Rachel fut amenée à chanter la *Marseillaise* qui lui valut un si prodigieux succès. C'était au début de 1848. Elle était au plus mal avec l'administrateur général du théâtre, commissaire royal, M. Buloz. Celui-ci, voulant réduire Rachel à l'obéissance, porta plainte au Conseil d'Etat, par l'intermédiaire de M. Duchatel, ministre de l'Intérieur, sollicitant un règlement de compte et un ordre du ministre qui astreignît la tragédienne à un service plus assidu. Il obtint satisfaction. Il réunit son comité pour lui lire l'instruction du ministre, avant de la notifier à Rachel. Tout à coup on entend des coups de fusil dans la rue. C'est la révolution qui éclate. On casse la devanture de l'armurier Lepage. On pille son magasin.

» L'arrêt de M. Duchatel ne fut pas notifié à Rachel.

Et ce fut elle qui brisa M. Buloz et qui obtint de Ledru-Rollin qu'on le remplaçât par M. Lockroy. En reconnaissance de cet acte de gracieuseté, elle se déclara prête à jouer tous les soirs, aussi souvent qu'on voudrait. Et afin de mieux témoigner sa gratitude à Ledru-Rollin, elle s'imagina de déclamer en public la *Marseillaise*. On sait ce qu'elle en fit. Ce n'était pas, à proprement parler, un chant, mais une sorte de mélopée lyrique, où la force de l'accent et la puissance de l'expression suppléaient à la mélodie sommairement indiquée.

» L'effet en était prodigieux, surtout les jours de spectacles gratuits. Les gens du peuple qui emplissaient la salle du théâtre manifestaient bruyamment leur enthousiasme. Au cours d'une de ces représentations, on vit un ouvrier se lever et monter sur son fauteuil.

» — Eh ! les frères, Rachel est une grande citoyenne, n'est-ce pas ?

» — Oui ! oui !

» — Elle vous a remué, comme moi, jusque dans les boyaux ?

» — Oui ! oui !

» — Eh bien, il faut faire comme les *aristos*, et lui offrir un bouquet... Que chacun mette la main à la poche.

» Les pièces de monnaie tombèrent dans la casquette de l'ouvrier, qui s'en alla, pendant l'entr'acte, vider la boutique de Mme Prévost, dans la galerie

Montausier, et joncha de roses la scène du théâtre, aux acclamations des spectateurs.

» Le succès de la *Marseillaise* fut si grand que le ministre eut l'idée d'envoyer Rachel chanter en province l'hymne de Rouget de Lisle. Il expédia aux principaux directeurs de théâtre de France une circulaire en date du 23 avril 1848, ainsi conçue : « *Le dévouement que la citoyenne Rachel a montré pour la République, à Paris, elle veut l'étendre aux départements. L'électricité qu'elle a répandue ici en exécutant la* Marseillaise *y sera d'un merveilleux et salutaire effet. C'est au nom de l'art, sur lequel la République veut étendre sa féconde protection, que je vous demande de prêter à la citoyenne Rachel votre concours.* »

Là s'arrêtent les notes et souvenirs sur Rachel. Celui qui les rédigea était-il un ami personnel de la tragédienne ? Tenait-il de sa bouche ces détails, ou bien les a-t-il puisés dans un recueil d'anas, dans un livre oublié ? Je ne puis ici consulter aucun ouvrage, ni ceux de Janin, ni ceux de Samson, ni ceux de Legouvé et de Georges d'Heilly. Et j'en suis réduit aux conjectures.

— Nous oublions quelque chose ! s'écrie M. Waldmeyer.

Il brandit une feuille petit in-quarto, comme les autres, manuscrite et vraisemblablement de la même main que les « souvenirs ». Dans l'angle de la première page, cette suscription :

SÉJOUR A LA COUR DE BERLIN
(Copie d'une lettre de Rachel à Alexandre Dumas.)

Et mon hôte ayant, pour la troisième fois, rallumé sa pipe, nous attachons toute notre attention sur le texte de Rachel. Sort bizarre que celui de cette lettre qui, après avoir été traduite du français en allemand, se trouvera retraduite de l'allemand en français !

« Berlin, 20 juin 1852.

» La sixième représentation que je devais donner devant le public à Berlin n'eut pas lieu. Car, ce même jour, par ordre, je dus me rendre à la flatteuse invitation que je reçus de Sa Majesté de venir jouer à Potsdam. Le 9 juin 1852, je donnai ma première représentation dans le Palais Neuf. Je jouai *Horace*.

» A mon arrivée, on avait organisé un riche dîner pour ma souveraine personne et les parents qui m'accompagnaient. Le reste de la troupe, confidents, héros et traîtres, étaient servis dans une autre salle. Je proclamai, avec une voix de commandement et une brillante éloquence, qu'un bon général, le jour de la grande bataille, devait manger au milieu de ses troupes. Après le dîner, votre petite Rachel prit place dans un bel équipage qui lui était destiné. Elle était traitée comme une invitée royale. Le secrétaire du roi, M. Louis Schneider, me conduisit, par un chemin ravissant, vers le magnifique château de Sans-Souci. Comme nous en approchons, j'aperçois Leurs Majestés et les princes héritiers, Frédéric de Niederlande et le duc de Mecklembourg. Ils m'accablèrent de politesses et préludèrent par des louanges aux applaudissements que leur courtoisie me réservait. Mais il est temps que je vous parle de la soirée.

Je faisais Camille. Je me sentais très à l'aise. Et tout marcha très bien. Après la pièce l'impératrice de Russie chargea le comte de Redern de m'amener devant elle. Je m'approchai. Et l'impératrice me dit, du ton le plus aimable :

« J'ai souvent regretté les rigueurs de l'étiquette qui impose silence aux spectateurs. Mais aujourd'hui, mademoiselle, leur eût-on donné la permission de battre des mains qu'ils n'eussent pu le faire tant ils étaient vivement impressionnés. » Là-dessus, Frédéric-Guillaume IV s'approcha et dit : « Vous m'avez profondément ému, mademoiselle. » Je répondis par plusieurs petites phrases qui me vinrent aux lèvres à ce moment.

Le lendemain soir, vint l'empereur de Russie Nicolas. Il ne voulut rester que deux jours. Le 13 juin était le jour anniversaire de l'impératrice. Et comme elle était faible et souffrante, il fut décidé que cette fête serait célébrée en famille.

Le roi me prie de me rendre à l'île des Paons, distante d'une lieue de Potsdam, afin de distraire par mon art sa sœur l'impératrice. C'était une surprise. Je lus plusieurs scènes de *Virginie*, le deuxième acte entier de *Phèdre* et ce que je pus d'*Adrienne Lecouvreur*, et notamment la fable des Deux Pigeons. Il fallait faire dans tout cela des coupures. Pendant la séance, le tsar se leva et, avec une grande vivacité, s'écria : « Mademoiselle Rachel, vous êtes plus grande que votre réputation. » Après que tous les rois et tous les princes présents m'eurent parlé, le plus grand de tous me dit qu'il espérait bien me voir l'année prochaine dans ses Etats.

Ah ! je vous assure qu'on a besoin d'une forte tête pour supporter toutes ces choses, compliments, bouquets, mots délicats, et ces rois, ces grands seigneurs, ces ducs, ces comtes me répétant à l'envi que j'étais la plus illustre artiste du monde. Ni Talma, ni Mars, mes glorieux devanciers, n'ont eu souvent des jouissances pareilles. En vérité, je me sens tout heureuse et toute fière.

Mais j'oublie le meilleur. A un certain moment, le tsar vint près de moi et me demanda si je n'étais pas fatiguée de ma lecture. Il me parlait debout et m'ordonna de demeurer assise. Par respect, je me levai. Il me saisit les deux mains et me força de reprendre ma place dans le fauteuil. Et il ajouta : « Restez, madame, je vous en prie, si vous ne voulez pas que je m'éloigne à l'instant. »

Le 14 juin, je jouai au théâtre de Potsdam *Phèdre* et mon petit moineau (le *Moineau de Lesbie*). Avant la représentation, le roi m'envoya par le comte de Redern la somme de trente mille francs et l'empereur de Russie me fit remettre par son chambellan, le comte Orloff, deux opales précieuses entourées de diamants qui formaient pour le moins un joyau de vingt mille francs.

Hier, enfin, un dîner me fut offert par les littérateurs de Berlin, Gubitz, Rellstab, Kletke, Titus, Ulrich, etc.

Portez-vous bien et soyez fier de recevoir cette lettre d'une tragédienne qui a frayé, pendant son voyage, avec tant de têtes couronnées.

RACHEL.

Maintenant, nous sommes bien au bout ; l'enveloppe est vide. Et la dernière pipe de l'hôtelier est finie. Je l'ai remercié de sa collaboration, je lui ai serré la main et j'ai regagné la gare.

Les chemins qui y conduisent sont délicieux, verdoyants, encaissés, bordés de cerisiers, où l'on peut cueillir, en passant, des grappes de fruits mûrs. Partout des eaux murmurantes, des haies vives, de grasses herbes, et, plus loin, dans les champs, des silhouettes de faneurs et de faneuses. L'odeur des foins, fraîchement coupés, grise et embaume. La nature est en fête. Le vieux clocher de Mumpf se chauffe au soleil. J'aperçois la soutane de Herr Pfarrer qui se dirige paisiblement, sans se hâter, vers l'église.

Et tout à coup j'avise, au détour de la route, une humble carriole que poussent devant eux un couple misérable et dépenaillé, l'homme au visage dur, la femme mince et maladive. J'ai jeté les yeux sur la méchante pacotille qu'ils trimballent à travers champs, comme autrefois le père Félix. J'y ai vu des cotonnades, des balais, des marmites de fer-blanc, des ustensiles de jardinage.

... Mais je n'y ai pas vu Rachel endormie...

CHARLES GARNIER

LES PETITS POÈMES DE CHARLES GARNIER

Comme je me trouvais, cet hiver, dans les environs de Bordighera, j'eus le désir de revoir la villa de Charles Garnier, à laquelle sont attachés pour moi de si doux et si lointains souvenirs.

L'illustre architecte y recevait ses amis ; et le plus aimé de tous, peut-être, Francisque Sarcey, allait y déjeuner chaque année. Que de gaieté, que de joie, quand la carriole qui l'amenait s'arrêtait devant la grille ! Toute la maisonnée était en l'air. Charles Garnier, bronzé, chevelu, surgissait, pareil à un cheikh arabe. La bonne et charmante Mme Garnier venait après lui ; puis leur fils Christian, jeune savant trop tôt ravi à la gloire, et qui luttait déjà contre le mal affreux qui le devait emporter. Mais on ne songeait point à ces sujets de douleur. On se mettait à table. On buvait le vin d'Asti. Et tandis que l'odorante liqueur moussait dans les verres, l'esprit pétillait sur les lèvres des convives. C'était un feu roulant. Garnier mêlait ensemble les théories, les calembours, la critique d'art la plus fine, les énigmes, les chansons, les fables-express, les apostrophes véhémentes et les charges de rapin. Après le café, il nous entraînait au jeu de crocket — sa passion — et s'il perdait, par hasard, il devenait furieux et injuriait le vainqueur, à la façon des héros d'Homère. Nous le quittions, éblouis, pleins d'admiration et de tendresse pour cet homme de génie doublé d'un très grand enfant...

Le temps a fait son œuvre. La mort a fauché ces deux fleurs, la fleur épanouie, la fleur naissante. Quand je me suis approché de la maison blanche, si fièrement campée sur son cap, une morne solitude l'enveloppait. J'ai poussé la porte, j'ai erré dans le jardin où croissent côte à côte les roses de France, les palmiers d'Afrique. Et voilà qu'au détour d'une allée, j'ai aperçu, soudain, une humble robe noire. C'était Mme Garnier, qui n'était pas seule, puisque ses chères ombres flottaient autour d'elle. Nous causâmes longuement, tristement, laissant le passé jaillir, à flots pressés, de nos cœurs. Elle me montra la place du crocket abandonné, le banc où l'on s'asseyait jadis pour respirer la fraîcheur du soir, la treille que Charles Garnier avait bâtie de ses propres mains et qui lui rappelait celles de la campagne romaine. Ce jour-là le ciel était radieux, le soleil nous brûlait de ses rayons ; et cette sérénité, cette allégresse de la nature ajoutait à notre mélancolie. Nous en vînmes à parler du pieux monument que les collaborateurs et disciples de l'artiste, MM. Pascal et Thomas, s'occupaient alors d'achever.

— Au moment de l'inauguration, dit-elle, je vous remettrai les papiers de Charles. N'oubliez pas de me les demander.

Hier, je me suis souvenu de sa promesse.

La petite robe noire m'attendait dans l'appartement du boulevard Saint-Germain. C'est un très vieux logis qui, durant près d'un demi-siècle, abrita le ménage. Garnier ne fut jamais riche. Il dédaignait l'argent et ne retira de ses immenses travaux qu'une modeste aisance. D'abord les jeunes époux nichèrent au cinquième, puis ils descendirent au second, lorsque la fortune leur fut propice. Ils n'en bougèrent plus, y vivant étroitement unis, n'ouvrant leur foyer qu'à quelques intimes, qui s'y assemblaient une fois la semaine, heureux d'y recevoir la plus simple hospitalité. C'étaient les camarades d'enfance, les condisciples : Paul Baudry et son jeune frère, Carpeaux, Nuitter, Sarcey, Boulanger, Saintin, Lenepveu, et les cadets, les élèves : Larroumet, Clairin, Nénot, Charles Reynaud, Cassien-Bernard. Chacun d'eux, en quelque sorte, y a mis son empreinte. Aux murs sont accrochés les admirables portraits de Baudry ; le buste de Carpeaux se dresse devant la glace de la cheminée ; le pinceau de Lenepveu et de Boulanger a semé sur les panneaux, sur les boiseries, des silhouettes de nymphes et de bacchantes. Il n'est pas un meuble, en cette maison, pas un cadre, pas une aquarelle, pas un dessin, pas un volume qui ne soit, si l'on peut ainsi dire, une relique. Mme Garnier m'a permis de les regarder ; elle m'en a conté l'histoire, de sa voix douce, indifférente aux choses présentes et qui ne s'anime qu'à l'évocation des choses passées. J'ai senti que, pour elle, rien n'existait en dehors de cette chambre, de ce cabinet, de ce salon et que là, à ses yeux, finissait le monde.

J'éprouve, je vous assure, quelque embarras à la mettre en scène ; il me semble que j'offense sa pudeur. Elle est si peu faite pour le bruit ! Elle fuit avec tant de soin la curiosité banale ! Elle ne recherche que le silence. Mais, en parlant d'elle je parlerai de lui. Et ce sera mon excuse.

Nous nous approchons du bureau où des dossiers sont rangés dans un ordre méticuleux. Assis l'un près de l'autre, nous commençons à les feuilleter...

Cet album, proprement relié, contient la relation d'un voyage accompli en 1868 au delà des Pyrénées. Oh ! la plaisante odyssée ! Ils étaient quatre : Garnier, sa femme « Louisette », l'architecte Ambroise Baudry, le peintre Boulanger, familièrement surnommé Boulo, tous gentils compagnons, prompts à se divertir, prenant l'Espagne par le bon côté. Garnier, qui fut toujours taquiné par l'aiguillon poétique, traduit ses émotions en des vers, que je ne calomnierai point si je les qualifie de mirlitonesques. La plus aimable familiarité s'y allie à une imperturbable belle humeur. Le narrateur enregistre les plus légers incidents, le retard des trains, les persécutions des douaniers, le chaud, le froid, les courants d'air, le menu du déjeuner, du dîner, l'horreur de la cuisine ibérique ; il ajoute à ses strophes des croquis, où l'artiste se révèle, de surprenants paysages construits en trois coups de plume, et d'une précision, et d'une largeur, et d'une solidité remarquables ; la silhouette d'un chef de gare, saisie sur le vif, ou le profil d'un gendarme. On n'entrevoit du bonhomme que le bicorne, l'habit, le chapeau, avec une énorme paire de moustaches. Et cela suffit. On le connaît. On peut jurer qu'il est ressemblant.

Les villes se succèdent, selon l'itinéraire classique : Burgos, Valladolid, et Madrid qui déplairait fort à Garnier si l'on n'y rencontrait Velasquez. Mais Velasquez l'éblouit, l'étourdit, l'ahurit, le « rend tout bête ». Il recouvre son sang-froid, le lendemain, en présence de l'Escurial qu'il prise modérément :

> C'est vaste, je ne dis pas non,
> Et pour jouer à la balle,
> Ce vaisseau-là serait très bon ;
> Mais, bon Dieu, que c'est barbare !
>
> Quel ignoble entablement !
> Ce n'est même pas bizarre;

> C'est bête, tout simplement...
> Le grand escalier n'est pas mal,
> Mais il n'est guère original.

Garnier pense déjà, je présume, à l'escalier de son futur Opéra. Et cela le rend difficile. Tolède le satisfait davantage. A Cordoue, il s'assombrit. Séville lui agrée, mais à Cadix il redevient sombre. Cependant il ne s'en tient pas à un jugement superficiel et donne aux touristes, ses frères, qui seraient tentés d'être grincheux, d'excellents conseils.

> Si l'impression première
> Ne sait pas vous satisfaire,
> Il faut revoir à nouveau
> Jusqu'à c' que ça paraiss' beau.
> Mais lorsque votre visite
> Vous satisfait pleinement,
> Il faut partir au plus vite,
> Comm' ça, l'on reste content.

Entre deux visites aux cathédrales, on monte en voiture, à moins qu'on ne se repose à l'hôtel. Et lorsqu'on s'ennuie, on larde d'épigrammes l'inoffensif Boulanger. Le pauvre Boulo apparaît à chaque page, chansonné, caricaturé, travesti en gorille, affligé de fluxions monstrueuses qui accentuent sa disgrâce physique.

> Boulanger, six fois par jour,
> Change de toilette,

> Puis, il s' croit beau comm' le jour.
> Comme il fait sa tête !
> Mais c'n'est pas dans le vêt'ment
> Qu'il faudrait faire le chang'ment.
> C'est dans la binette
> O gué,
> C'est dans la binette !

En un mois on achève d'explorer la péninsule, Grenade, Malaga, Alicante, Valence, Alcala, Tarragone, Barcelone, où Garnier s'évertue à découvrir « l'Andalouse au teint bruni », d'Alfred de Musset, « pâle comme un beau soir d'automne » et qui lui apparaît, « dans le théâtre où l'on donne la musique de Rossini. » Conclusion (car il en faut une), l'Espagne est le type accompli de la laideur :

> Parfois nous rencontrons
> De beaux coins, de beaux fonds,
> Mais les trois quarts du ch'min
> Ressemblent à Pantin.

Lorsque Garnier regagna la France, il s'attacha à recopier proprement les notes qu'il avait prises ; il y consacra les soirées de tout un hiver. Étrange faiblesse d'un artiste de génie ! Je crois, Dieu me pardonne, qu'il tenait plus à ses vers d'opérette qu'à son Opéra. C'est l'éternelle histoire du violon d'Ingres. Mme Garnier a un sens littéraire trop aiguisé pour s'illusionner sur la valeur de ces productions. Elle les considère

MEDINA.

BOULANGER A GRENADE

dans le mirage des jours heureux, de la jeunesse étourdie et folle. Ces vers lui apparaissent, cabriolants, spirituels, comme il l'était lui-même, — ce charmeur...

Oui, ce fut son péché mignon. Il ne résistait pas à l'attrait de jeter sur le papier des lignes inégales et cocassement rimées. Et comme ce mal est contagieux, il gagnait peu à peu les habitants, les familiers du logis. Le délicat et studieux Christian — que son père et sa mère appelaient Nino — composait des vaudevilles, des revues de fin d'année abondantes en traits piquants et en pointes satiriques. Sarcey enfin, le calme et pacifique Sarcey, s'abandonnait quelquefois à ce délire. Il y eut un jour, entre l'architecte et le critique, certain tournoi auprès duquel ceux des chevaliers de la Table-Ronde n'étaient qu'un jeu. Garnier, en manière de défi, s'était amusé, négligemment, après boire, à improviser ce distique :

L'émir dit à Fathma : Lis-moi ce mirliton.
Non, fit Fathma — Pourquoi ? — Devant l'émir, lit-on ?

Sarcey ne bougea point ; pas un muscle de sa face ne tressaillit.

— Et mon poème du « bal masqué », reprit Garnier, ô Sarcey, le connais-tu ?

Sans attendre la réponse et de sa voix la plus suave, il modula :

Il faut donc de ces faits se rendre..........à l'évidence,
Meilhac est un pantin et comme...........Halévy danse,
En imitant le chant........ ......de son chardonneret.
Oui, j'en sais plus d'un, qui.......de son char donnerait
Le signal pour aller tous.............unis vers Cythère.
Mais bast! Eros n'est plus qu'un...........universitaire.

— Peuh! dit Sarcey, la belle affaire!... C'est une façon de bouts-rimés. Qui n'a fait des bouts-rimés dans sa vie? J'y excellais autrefois.

Garnier saisit une feuille blanche, y griffonna quelques mots, et les plaçant rageusement devant son hôte :

— Nous allons bien voir, s'écria-t-il... Travaille!!

Le plus paisiblement du monde, Sarcey laissa couler de sa plume le sonnet suivant :

Ainsi qu'un ragoût fin s'aiguise de   CIBOULE,
D'esprit et de gaieté s'accroît notre   VERTU.
En vain des Allemands contre nous le flot   ROULE,
Poussé par Mons Bismarck, l'homme au casque   POINTU ;
Le Français blague et rit. Dieu le fit dans ce   MOULE.
Il va chantant : « Dis-moi, mon vieux, t'en souviens-TU? »
Sur les débris fumants de son passé qui   CROULE,
Content comme un mari, comme un mari   BATTU.
Il meurt voluptueux, comme   SARDANAPALE,
Railleur, tel que Dumas nous a peint son   CHICOT,
Mais fier et de la main serrant son chasse-   POT.
Tel ici je te chante, humble et faible   CIGALE;
Dans ce livre qu'un jour tu mettras au   PANIER,
Triple brute! animal!! architecte!!!   GARNIER!!!!

L'air retentit de sourdes imprécations. Garnier exhalait sa rage. Et, voulant triompher en cette lutte épique, il darda sur l'innocent Sarcey un regard féroce et lui envoya à bout portant un projectile extrêmement meurtrier.

— Je vais te réciter, dit-il en ricanant, mon « calorifère » :

Il commença :

> Mon poêle ne me chauffe pas,
> Mon foyer ne me chauffe guère,
> Je suis dans un grand embarras
> Pour me chauffer : qu'alors y faire ?

— Grâce ! gémissait Sarcey.

> Aury, le maréchal-ferrant,
> S'établit (c'est ce qu'il préfère)
> Dans la cale d'un brick très grand
> Et, dans cette *cale, Aury ferre*.

Sarcey joignait les mains :
— Grâce ! Grâce !

> Dieu ! qu'en Afrique on voit de méchants carnassiers
> Qui, hurlant chaque nuit, empestent l'atmosphère,
> Et l'on peut affirmer qu'à l'abri des palmiers,
> De l'Atlas à Tanger, le chacal au Riff erre.

Il y avait, de la sorte, vingt-huit couplets. Au vingt-deuxième, Sarcey se leva. La rougeur de l'indignation et de la honte empourprait son visage. Il renonçait à la lutte ; il s'avouait vaincu ; il partit sans saluer l'indigne architecte. Et, le lendemain, il lui signifiait sur une feuille de papier timbré (c'était le seul papier qui convînt en la circonstance) les réflexions que lui suggéraient de si coupables débordements.

Copie de la requête déposée aujourd'hui 28 avril 1874, au parquet du procureur de la République.

Je, soussigné, l'Intimé, huissier, demeurant à Paris, à la requête du sieur Sarcey, homme de lettres, ou soi-disant tel,

prie M. le procureur de la République ;

Attendu que le sieur Garnier, architecte, a depuis longues années donné des signes non équivoques de démence, qui ont redoublé, en ces derniers temps, d'une façon inquiétante, ainsi qu'il résulte d'un grand nombre d'observations, dont le requérant se contente d'indiquer ici les principales, se réservant d'en ajouter une foule d'autres à l'audience :

Première observation : Il est avéré que le sieur Garnier est affligé d'un débit rapide et incohérent, qui, se joignant chez lui à une absence complète d'idées, est une des marques les plus caractéristiques de la démence ;

Seconde observation : Il est constant que ledit sieur Garnier, qui est chargé par l'État de grands travaux, perd son temps à de ridicules fadaises qui compromettent sa réputation ; il a donné, sur une de nos scènes les plus infimes, une espèce de turpitude rassise, qu'il a qualifiée lui-même de *folie*-vaudeville, et il a déclaré à plusieurs reprises qu'il en était plus fier que d'avoir bâti l'Opéra. Cette parole, qui serait le comble du bon sens, si elle exprimait l'opinion que tous les gens de goût se font de l'Opéra, n'est, dans la bouche dudit sieur Garnier, qu'un indice du déplorable trouble de son esprit ;

Troisième observation : Les amis dudit sieur Garnier reçoivent sans cesse, à propos de tout et à propos de rien, une foule de lettres biscornues qui témoignent, par la bizarrerie des pensées et des rimes, d'un profond dérangement de ses facultés mentales ;

Quatrième observation : Ledit sieur Garnier achète tous

les jours des bottes de journaux, risquant ainsi de ruiner sa famille par des dépenses injustifiables, et ce qui ajoute à l'extravagance de cet acte quotidien de folie, il ne cesse de déblatérer contre les journalistes tout en lisant leurs articles ; il demande qu'on supprime la presse qu'il prend à tâche de subventionner. Cet illogisme est un irrécusable signe de la démence, ou tout au moins de la monomanie ;

Cinquième observation : Ledit sieur Garnier fait encore profession, après quatorze ans de ménage, d'aimer sa femme ; il l'embrasse devant le monde et ne trouve rien d'étonnant à cette conduite excentrique ;

Sixième observation : Ledit sieur Garnier est notoirement maniaque ; il fait du feu en plein mois de juillet ; il ne peut rester en place. Etc., etc.

J'abrège la citation, ne voulant point accabler la mémoire d'un grand homme. Sarcey, après s'être soulagé, franchit de nouveau le seuil du boulevard Saint-Germain. Leur duel s'acheva, comme il était convenable, par un dîner. Après quoi on s'en alla écouter, bras dessus, bras dessous, le plus récent vaudeville de Cluny.

Ne pensez pas, je vous prie, que la muse de Charles Garnier fût incapable d'un effort plus sérieux. Quand il voulait composer de jolis vers, il y réussissait à merveille. Un de ses meilleurs morceaux fut *la Critique et le Tailleur*, malicieux apologue qu'il dédia aux gens méprisables qui se permettaient, sans aucune compétence particulière, de dauber sur l'Opéra. Il les remit à leur place, avec sa verte franchise. Il les comparait au bossu, au pied-bot, au manchot qui s'assemblent pour juger de la coupe d'un habit.

> Débitant quelques sornettes
> Ils regardent un moment
> Au travers de leurs lunettes
> La coupe du vêtement.
> Lors le bossu s'imagine
> De revêtir le gilet,
> Mais ça lui serre l'échine
> Et forme un gros bourrelet.
> C'est trop étroit par derrière,
> C'est trop large par devant :
> « Si c'est là votre manière,
> Je l'emploierai peu souvent ».

A son tour, le boiteux s'approche, enfile le pantalon et déclare gravement qu'une des deux jambes est trop courte. Le manchot s'empare d'une paire de ciseaux et retranche sans façon ce qui le gêne. Le tailleur, un moment désarçonné, se ressaisit bien vite et part d'un éclat de rire.

> La morale de l'histoire
> Est que nos juges quinteux
> Sont toujours, et c'est notoire,
> Bossus, manchots ou boiteux.
> Et qu'il faut, seule tactique,
> Quand on a fait un poupon,
> Se moquer de la critique
> Comme de Colin-Tampon.

Ainsi, Charles Garnier, grâce à la poésie, redevint

philosophe. Il l'était un peu moins qu'il ne voulait bien le dire.

Qu'ajouterai-je ?... Les pages succèdent aux pages. Toute une vie est enfermée dans ces feuillets, dans ces albums, dans ces bouts de lettres qu'une main hâtive et toujours un peu fiévreuse a couverts de pattes de mouche. Mme Garnier leur sourit, comme à d'anciens amis retrouvés, comme à l'image d'un bonheur évanoui. Mais voici qu'au milieu d'une liasse de journaux, je recueille quelques vers dont l'accent profond me touche. On sait combien les deux époux adoraient leur fils — ce cher Nino — qu'un mal cruel menaçait et qui devait, trop tôt hélas, succomber. Nino présent, la maison était joyeuse. Lorsque Nino la quittait pour quelque voyage, elle s'emplissait de deuil. Et c'est dans une de ces heures de découragement que le père affligé écrivit ce sonnet tout frémissant d'inquiétude et d'amour :

LE RETOUR

Quand le fils bien aimé, pour un lointain voyage
A quitté la maison, emportant avec lui
L'entrain que répandait son charmant babillage,
Tout semble solitaire et respire l'ennui.

Pourtant le calme vient; à nouveau le feuillage
Reverdit au printemps; on rit presque aujourd'hui..
Pour attendre le jour du cher rapatriage
Les deux bons vieux époux se prêtent leur appui.

Et la vie est plus douce, et l'heure va plus prompte ;

> La distance est plus proche et moins souvent se compte ;
> Enfin, c'est le retour... Dieu, soyez-en témoin !
>
> Tout est joie au logis ; mais chaque jour qui passe
> Semble éloigner l'enfant et reculer l'espace.
> C'est quand le ciel est pur qu'il paraît le plus loin !

Mme Garnier ne sourit plus ; elle s'efforce vainement de retenir ses larmes. Elle revit le drame où son suprême espoir a sombré : le père mort, le fils mourant, et envisageant avec une fermeté stoïque sa fin prochaine et inévitable ; les deux cercueils s'acheminant, à quelques jours d'intervalle, vers le cimetière. Puis le nid vide, la solitude, la détresse, le néant... Et, dès lors, une pensée unique l'a relevée, soutenue : le soin de leur gloire. De ses doigts tremblants et minutieux, elle tresse les couronnes qu'elle déposera sur leur tombe. Dans un opuscule réservé aux intimes de Charles Garnier, elle raconte son enfance de fils du peuple, sa laborieuse jeunesse, ses triomphes ; elle exalte ses vertus. Elle m'a donné ce petit livre, où il n'y a pas ombre de prétention littéraire, et qui n'est que le cri d'une âme en pleurs.

Je l'ai ouvert, et tout en descendant le boulevard Saint-Michel, au sein de la foule indifférente, j'ai lu ces lignes tragiques :

> Quand Charles eut expiré, le premier mouvement de son fils si aimant et si passionnément aimé fut de se jeter dans mes bras et de me dire, au milieu de ses larmes, en me désignant son père :
> « Au moins, lui, il ne m'aura pas vu mourir !... mais

toi, pauvre maman, tu vas être bientôt si seule ! c'est maintenant mon tour de mourir !... »

Et comme je m'écriais en sanglotant :

« Ne dis pas cela, mon enfant chéri !... comment pourrais-je vivre sans toi ni ton père ! »

Il ajouta gravement :

« Il faut se préparer !... »

Mon fils chéri eut le courage moral et trouva la force physique de recevoir les invités dans le triste appartement et d'aller au service à l'église. Après l'office, il rentra à la maison, épuisé par tant d'efforts sur lui-même, et c'est seule que je dus aller, entourée de nos amis, conduire au cimetière Montparnasse mon pauvre Charles, et entendre les beaux et touchants discours qui y furent prononcés.

Demain, elle en écoutera d'autres... Lorsque les voix éloquentes se seront tues, la Mère et l'Epouse, ayant achevé sa tache, ira s'ensevelir à jamais dans la retraite. Elle emportera, comme un bouquet d'adieu, les fleurs de cette journée d'apothéose.

Et ce sera sa dernière joie ..

HERVÉ ET OFFENBACH

LE BERCEAU DE L'OPÉRETTE

Il y a une providence pour les collectionneurs de manuscrits. Comme je furetais dans les cartons d'un vieux bouquiniste du boulevard Rochechouart, je mis la main sur une liasse de lettres signées d'artistes ou d'écrivains en réputation. La plupart étaient indifférentes et se rapportaient à des incidents d'ordre privé et sans valeur pour le public. Une seule me parut présenter quelque intérêt. Elle émanait d'un homme qui fut jadis très célèbre, et l'est encore, du fameux Hervé, l'auteur de l'*Œil crevé* et du *Petit Faust*. Je ne pus découvrir à qui cette missive s'adressait, car aucune inscription n'y était jointe. C'était, sous forme épistolaire, une sorte de mémoire, ou de confession, destinée je suppose, à un critique, ou à un chroniqueur en mal de copie. Hervé s'y raconte longuement. Et je n'eusse point tiré de l'ombre ce travail, si je n'y avais trouvé qu'une autobiographie. Mais il renferme autre chose ; il élucide un petit problème d'histoire littéraire, sur la solution duquel l'opinion est divisée.

Lorsque le théâtre des Variétés donna en 1903 le *Sire de Vergy,* le succès de cet aimable et léger ouvrage fut salué comme une renaissance de l'opérette. C'est là, sans doute, un genre bien français. Quand est-il né? Sous quelle influence? De quels éléments est-il constitué? Quel en fut le créateur véritable? Etait-ce, ainsi qu'on l'admet généralement, Offenbach? Sarcey avait entrepris naguère d'en retracer l'histoire. Et voilà que Hervé sort de la tombe pour nous donner son avis. Les lignes que j'ai sous les yeux méritent d'être citées. Une humeur fantaisiste et naturellement cocasse s'y joue. Je vais y faire de larges emprunts, me contentant de résumer çà et là, et de condenser le récit, dans les endroits où il est trop personnel ou trop copieux.

Au printemps de l'année 1842, un tout jeune homme se promenait aux environs de l'hospice de Bicêtre. Ses vêtements étaient plus que simples et ses souliers éculés, mais il avait les joues fraîches et le front ingénu ; un rêve palpitait en ses yeux bleus. Comme il passait devant la chapelle des fous, il saisit l'harmonie d'un cantique accompagné en sourdine par les sons de l'orgue. Il s'arrêta, ravi, attendit que la musique fût achevée et se glissa dans l'église. Elle était à peu près vide. L'enfant se précipita vers le sacristain.

— Oh! monsieur, lui dit-il, laissez-moi jouer un air!

Le sacristain regarda avec stupéfaction ce gringalet mal nippé et ne daigna pas lui répondre... Alors, celui-ci, lui barrant la route, s'écria avec une fureur excessivement comique :

— Je suis ici par la volonté du peuple ; je ne m'en irai que par la force des baïonnettes...

Puis, se radoucissant :

— Ecoutez! j'appartiens à la maîtrise de Saint-Roch. Vous voyez que nous sommes un peu confrères et que vous n'avez rien à craindre de moi. Je ne vous demande que cinq minutes.

— Après tout, dit l'honnête sacristain... puisque vous y tenez absolument...

Les cinq minutes durèrent une heure. Notre gamin égrena sur l'orgue d'éblouissantes improvisions, tant et si bien que l'aumônier, attiré par ce concert, sortit de la sacristie et s'approcha, courroucé. Il fut stupéfait en voyant le visage imberbe de l'exécutant :

— Comment te nommes-tu?
— Florimond Hervé-Rouger.
— Et d'où viens-tu?
— De Paris.
— A quoi t'occupes-tu pour gagner ta vie?
— Je chante à Saint-Roch et je joue de plusieurs instruments de musique.

Toutes ces réponses étaient faites d'une voix mélodieuse et sur un ton de modestie charmante. Tel Eliacin répondant aux interrogations d'Athalie! Le bon abbé semblait perplexe; un combat se livrait en son esprit pour et contre cet intrus qui se permettait d'entrer dans les chapelles et de s'y installer comme chez lui, sans y être convié. La sympathie l'emporta...

— Puisque la Providence vous a conduit jusqu'ici, mon enfant, vous n'aurez pas à le regretter. Notre organiste vient de mourir. Voulez-vous lui succéder?

... C'est ainsi que le compositeur Hervé, futur auteur de l'*Œil crevé* et de *Chilpéric*, entra pour la première fois à Bicêtre.

Il prit à cœur ses fonctions et s'efforça d'appliquer la musique au traitement de l'aliénation mentale. Il assemblait les malades, leur serinait des airs populaires; il réussit à former une manière d'orphéon, avec les pensionnaires de l'hospice. Vous figurez-vous ce spectacle, ces fous dirigés par Hervé, et hurlant en chœur des cantates dont ils ne comprenaient pas un traître mot? C'était déjà de l'opérette...

Souvent il causait avec ces étranges disciples. Une fois, il demanda à l'un d'eux :

— Comment vous appelez-vous, mon ami?

— Je m'appelle Fromage de Gruyère.

— Cela ne m'étonne pas, alors, que vous transpiriez par la chaleur terrible qu'il fait aujourd'hui.

— Je n'y avais pas songé. Merci de m'en prévenir.

Hervé n'avait qu'à transporter à la scène ce bout de

dialogue, et bien d'autres. Tout son répertoire, le second acte de l'*Œil crevé*, la bacchanale de *Chilpéric* donnent vraiment l'impression de la folie. Ce sont des réminiscences de Bicêtre.

Cependant le jeune musicien ne voulait pas mourir dans la peau d'un organiste. Il aimait la gloire, il ambitionnait toutes les gloires. Il rimait des poèmes, composait des symphonies et jouait, entre temps, la comédie au théâtre de Montmartre. Il se maria en 1844, à l'asile, avec la fille de la surveillante de la lingerie; fut nommé, en 1847, maître de chapelle à Saint-Eustache; fit représenter, en 1848, un vague opéra; interpréta les confidents de tragédie et devint chef d'orchestre au Palais-Royal. De telle sorte qu'il s'occupait à la fois d'exécuter les messes, d'amuser des fous, de faire répéter de jolies petites filles, de réciter des alexandrins et de soutenir avec ses flons-flons la prose des vaudevillistes.

Mais ici je lui laisse la parole :

En 1847, j'étais engagé comme acteur lyrique au théâtre de Montmartre, sous la direction Laudé. Je n'avais point d'appointements et j'étais chargé de me fournir mes costumes. Heureusement, je cumulais avec cette place celle d'organiste du grand orgue de Saint-Eustache, aux appointements de 800 fr. par an : comme cela ça pouvait marcher.

J'avais toujours en outre l'orgue de la chapelle de Bicêtre, où je me faisais quelquefois suppléer par ma femme à qui j'avais enseigné mon art. Et là, nous avions la nourriture, le logement, plus une somme de 12 fr. 50 par mois : une fortune enfin ! Je passe sous silence les leçons de piano à deux francs le cachet ; parfois moins, rarement plus. Je n'en avais pas moins de cœur au ventre. Que voulez-vous ? J'étais persuadé que je prendrais la suite des affaires de Mozart, Meyerbeer, Rossini et Auber.

J'avais de l'énergie à revendre. Vous ririez si je vous disais que je me sens, encore à mon âge, la même ardeur qu'au début. Même courage, plus de facilité de travail, mêmes illusions.

Un de mes camarades de théâtre, Désiré, qui devait être plus tard l'étoile des Bouffes-Parisiens, me pria de lui composer pour son bénéfice une scène musicale qui serait jouée par lui et par moi. Il était gros et court, j'étais long et mince. Je choisis *Don Quichotte et Sancho Pança* pour sujet.

Cette pochade fit assez de bruit pour qu'Adolphe Adam vînt l'entendre. Il me complimenta, m'engagea comme trial au théâtre de l'Opéra-National (boulevard du Temple), dont il était directeur, et, le 5 mars 1848, il me fit reprendre ma pièce.

Cette fois, ce fut Joseph Kelm qui remplit le rôle de Sancho. La ronde eut, grâce à lui, beaucoup de retentissement ; on en mit l'air dans les principaux vaudevilles du jour, et il n'est pas sûr que vous n'ayez jadis fredonné vous-même :

> Je sais que les filles
> Sont vraiment gentilles
> Et que tous les drilles
> En sont amoureux.
> Mais sous l'aubépine,
> La corde argentine
> De ma mandoline
> Sait me rendre heureux ;

Oui, ma guitarine
Sait me rendre heureux.

Ainsi, *Don Quichotte et Sancho Pança* fut la première opérette et elle reçut, je puis le dire, une consécration solennelle à l'Opéra-National. L'orchestre, de quatre-vingts musiciens, était dirigé par Georges Bousquet, le même qui fut plus tard chef d'orchestre au Théâtre-Italien, et l'impresario était Adolphe Adam, l'auteur du *Chalet* et de *Si j'étais Roi*.

Voilà donc notre doute éclairci. L'origine de l'opérette remonterait à 1848, et c'est à Hervé que reviendrait l'honneur d'avoir créé ce genre éminemment national. Toutefois, *Don Quichotte* n'en fut que le premier balbutiement. Cinq ans devaient s'écouler avant qu'il ne s'imposât au public d'une façon éclatante et victorieuse. Sur ces entrefaites, Hervé avait été présenté à un gros personnage, le duc de Morny, qui ne haïssait pas la gaudriole; son humeur extravagante lui plut. L'homme d'État offrit une place de secrétaire au musicien. Il avait déjà près de lui Lépine-Quatrelles, Alphonse Daudet, Ludovic Halévy; il choisissait bien ses secrétaires. Hervé n'eût point déparé la collection. Mais il chérissait avant tout son indépendance. Il se déroba aux avantages qu'on lui voulait faire et sollicita seulement la concession d'un théâtre. Cette faveur était rare et difficile. Tout ce que Morny put obtenir de Persigny, son collègue, ce fut la permission d'un concert-spectacle. Hervé s'en accommoda. Il fonda les *Folies concertantes* (toujours la

« folie » et les fous, toujours Bicêtre), qui se changèrent quelques mois plus tard en Folies-Nouvelles et s'ouvrirent par une représentation de gala. Théodore de Banville avait rimé, pour la circonstance, un prologue ironique et gracieux comme il savait les écrire.

>Dans notre parc aérien
>S'agite un monde qui n'a rien
>   Vu de morose ;
>Bouffons que l'amour pour son jeu
>Vêtit de satin rayé, feu,
>   Bleu, ciel et rose.
>
>Notre poème fanfaron
>Qui dans le pays d'Obéron
>   Toujours s'égare,
>N'est pas plus compliqué vraiment
>Que ce que l'on songe en fumant
>   Un bon cigare.

Le répertoire du nouveau théâtre devait être un peu moins aérien et suave que ne semblait l'annoncer le poète. Il se composait surtout de coq-à-l'âne, de plaisanteries froidement concertées, de bouffonneries ahurissantes. Le nouveau genre prenait de l'autorité. Successivement le *Compositeur toqué*, le *Chameau à deux bosses*, le *Duo impossible* allèrent aux nues. *Un drame sous la Terreur* ne fut pas moins goûté. On y voyait un criminel décapité et qui emportait sa tête sous son bras, comme saint Denis. Ses compagnons indignés criaient :

— Cet animal-là va nous faire remarquer avec sa tête sous son bras ! Ce n'est pas l'usage !

Dans *Agamemnon*, Hervé se haussa au grand style ;
il y avait introduit une superbe tirade qu'il modulait
avec majesté, imitant la voix, le port et la noblesse
du terrible Beauvallet.

Je suis Agamemnon ; je règne sans partage,
Je me nourris de pain, de beurre et de fromage ;
Potage, comme rime, eût été plus heureux,
Mais je suis maître ici, je fais ce que je veux.
Déjà plusieurs projets ont occupé mes vues ;
On se plaint de la crotte, il faut paver les rues ;
Peut-être il vaudrait mieux empêcher de pleuvoir.
Mais, hélas ! jusque-là ne va pas mon pouvoir.
Si je ne craignais pas de courir quelque risque,
Je ferais bien aussi redresser l'obélisque,
Ce monument si beau, si plein de majesté,
Dont je ne comprends pas du tout l'utilité.
Le monter en épingle est un projet qui flatte,
Mais c'est un peu trop gros pour mettre à sa cravate.
Il est à supposer que dans les anciens temps,
C'était bon à manger, ou qu'on montait dedans.

Le seigneur Hervé régnait en maître sur la scène des
Folies-Nouvelles. Mais il ne l'accaparait pas ; il y accueillait les camarades. Il y reçut (il a bien soin, dans
son mémoire, de le faire remarquer) la première
opérette d'Offenbach, *Oyayage*, dont les paroles
étaient de Jules Moineaux ; il y joua encore *Deux sous
de charbon*, de Léo Delibes, et révéla à la foule le
talent d'un jeune ténor qui devait devenir un des
meilleurs comédiens du siècle, José Dupuis, le futur

Pâris de la *Belle Hélène*, le futur brigadier Fritz de la *Grande Duchesse de Gérolstein*.

Ayant ainsi affirmé, par des arguments très forts, sa prééminence sur Offenbach, le maëstro Hervé (je continue de le suivre pas à pas) avoue humblement qu'ils eurent tous un prédécesseur obscur et que la plus ancienne des opérettes fut le *Petit Orphée* représenté le 13 juin 1792 — en pleine Terreur — sur le théâtre des Variétés. Cet ouvrage avait trois auteurs : le citoyen Rouhier-Deschamps pour le poème, le citoyen Deshaye pour la musique, le citoyen Beaupré-Riché pour le ballet. En unissant leurs génies, ils n'avaient pas produit grand'chose de fameux, si l'on en juge du moins par ce couplet qu'Hervé propose ironiquement à notre admiration. Le chœur chantait à *Orphée* :

> Ah ! le pauvre époux !
> Il se plaint des coups
> Qui frappent son âme.
> Trop heureux époux,
> Tu n'as plus de femme.
> Que ton sort est doux !

Hervé ajoute, sur un ton inspiré (n'était-ce pas, à sa manière, un prophète ?) :

« Nul ne soupçonna l'importance du *Petit Orphée*, qui passa presque inaperçu. C'était la graine de l'Évangile, celle qui tombe sur la roche sèche et qui ne doit pas y enfoncer de racines, ni pousser de rejetons... Plus tard, cependant, elle germa. »

Le « compositeur toqué » écrivait à ses heures comme M. de Chateaubriand.

Je ruminais les termes curieux de cette lettre. L'idée me vint, hier soir, d'entrer aux Variétés et de rechercher si je ne trouverais pas, dans les archives de ce théâtre, quelque trace du *Petit Orphée,* le vénérable doyen du *Petit Faust* et du *Sire de Vergy.* Je me dirigeai vers la porte des artistes, située, comme vous savez, dans une des galeries latérales du passage des Panoramas. J'ai beaucoup de tendresse pour cet endroit qui n'a jamais changé de physionomie. Tel il était et tel il est demeuré. Et non seulement il a gardé le même aspect extérieur, mais il semble qu'on y respire la même atmosphère. Cet écriteau, fixé au-dessus du seuil, a vu défiler Potier, Vernet, Brunet, Odry ; ils s'arrêtaient devant ces boutiques qui étaient un peu plus pimpantes alors qu'aujourd'hui, et souriaient aux belles marchandes ; enfin, sur ces dalles à demi usées, sur ces degrés de pierre, dans ce couloir fumeux et mal odorant, s'engageaient le pied furtif, la taille ondoyante de Mlle Ozy...

Comme j'y pénétrais à mon tour, je me croisai avec trois messieurs, que je n'eus pas de peine à reconnaître. L'un était maigre, long, barbu, chevelu, hurluberlu : et c'était le musicien Claude Terrasse ; le second, soigné, râblé, rasé, rosé : et c'était Robert de Flers ; celui d'après, rondelet : et c'était De Cailhavet ; les trois heureux auteurs de *Vergy.* Je leur confiai le but un peu chimérique de mes recherches. Et ces obligeants confrères, rebroussant chemin, s'offrirent à me guider.

— D'abord, me dirent-ils, trouvons Samuel.

Nous traversâmes une infinité de loges et de cabinets larges comme des mouchoirs de poche, et nous arrivâmes dans le bureau de M. le directeur. Son fauteuil était vide. Mais sur la table, près de l'écritoire, j'aperçus un vieux couvre-chef en paille, bossué, raviné, à moitié décousu.

— M. le directeur n'est pas là, dit de Flers ; mais nous avons son chapeau... Nous pouvons causer.

Et devant le magnifique portrait de Potier, par Carle Vernet, et devant le chapeau de Samuel, le chapeau porte-bonheur, ce chapeau dont il ne se séparera qu'avec la vie, ce chapeau où son âme directoriale est incarnée, nous commençâmes à théoriser sur le passé, le présent, l'avenir de l'opérette. De pimpantes mélodies nous arrivaient par bouffées, du fond de la scène, et soutenaient agréablement nos discours. Je vis tout de suite que mes interlocuteurs avaient la plus vive estime pour ce genre littéraire et la plus grande foi dans ses destinées. Ils ne le considèrent point comme mort ; et d'ailleurs ils ont fait et feront encore, pour lui rendre la jeunesse, des efforts ingénieux. Nous tombâmes aisément d'accord sur ce point qu'il est susceptible de renouvellement, puisqu'il résulte de la fusion du vaudeville, de l'opéra comique et de la chanson, dont le goût impérissable est enraciné au cœur des Français.

— Il y faut de l'optimisme, dit Cailhavet.

— Un grain de philosophie, dit de Flers.

— Du mouvement et de la couleur, dit Terrasse.

— Et des décors, et de jolies petites femmes, dit Samuel.

M. le directeur était venu nous rejoindre. Je le suppliai de m'indiquer où je pourrais trouver quelque trace du *Petit Orphée*, ce père de l'opérette.

— Ma foi, nous avons une armoire remplie de papiers poudreux. Fouillez-y vous-même.

Je l'accompagnai dans une pièce très basse de plafond et qui, de temps immémorial, sert de refuge au régisseur général. Il me remit une clef — la clef de *Barbe Bleue* — me désigna un placard creusé dans la muraille :

— Amusez-vous... Bonne chance !

J'ouvris le placard et j'aperçus une série de gros registres verdâtres. Je les tirai de cette cachette où ils sommeillaient depuis cent ans et me mis en devoir de les dépouiller, toujours bercé par les lointains et gais concerts de Claude Terrasse.

Le premier livre que je consultai était un état du répertoire des Variétés pendant les premières années du siècle. J'y cherchai vainement une mention du *Petit Orphée*, mais j'y copiai les titres d'ouvrages assez extraordinaires » par exemple le *Baron alle-*

mand ou le *Blocus de la salle à manger*, et *Werther* ou les *Derniers épanchements de la sensibilité*. Celui-ci est de M. Rochefort, le père d'Henri Rochefort, qui troussait fort élégamment le couplet. Le manuscrit était là, près du registre à dos vert, et j'en tournai avec intérêt les pages.

Plus loin, je découvris un état des *appointements payés aux artistes*, qui ne laissa pas de m'induire en de sérieuses réflexions. Vous doutez-vous des sommes que touchait Arnal, le grand Arnal, en 1860 ? 15.000 francs par an, tout au juste. José Dupuis, de 1867 à 1872, après ses triomphes de la *Belle Hélène* et de la *Grande Duchesse*, recevait 16.000 francs et 25 francs de feux, avec une représentation à bénéfice dont le produit était évalué à 1.000 francs net... Couder, Grenier, Kopp, — incomparable trio, — gagnaient chacun dans les 7.200 à 8.000 francs l'an... Christian, moins encore : 6.000 francs. Et quant à Baron, à Léonce, à l'aimable Alphonsine, ils se contentaient de 3.500 et 4.000. La plus mal lotie était Léonide Leblanc — 125 francs par mois. Je suppose qu'elle avait des ressources par ailleurs. C'était l'âge d'or des directeurs de théâtre.

Qu'est-ce encore que ce cahier gris, enfoui sous un monceau de paperasses jaunies ? *Recueils des cancans, bons mots, calembours, couplets pointus, anecdotes, bêtises et réparties spirituelles*, attribués à Potier, acteur du théâtre des Variétés. Parcourons un peu ce « Poteriana. »

On consultait Potier sur le choix d'un traiteur où l'on pourrait aller faire un bon dîner. — Allons, dit quelqu'un, au *Grand-Cerf*. — Non, non, non, répondit Potier, le *Grand-Cerf*, c'est mon père. — Eh bien! allons à la *Licorne*, par exemple. — La *Licorne*, c'est ma tante. — Au *Veau-qui-tette*. — Chut! c'est ma nourrice.

Hum! hum! ceci n'est pas très fort. Voyons la suite.

Potier, qui ne se borne pas à débiter les bêtises des auteurs, a aussi sa petite provision particulière, dont il fait usage de temps en temps. Après qu'il eut entendu la lecture de la *Pièce sans A*, il dit, en s'adressant à l'auteur : « A présent, monsieur, nous vous demanderons des vaudevilles sans R (airs), et surtout des pièces sans C (sensées)... On ajoute que le musicien chargé de faire l'ouverture de la *Pièce sans A*, voulant entrer dans les intentions de l'auteur, ne mit ni *fa* ni *la* dans sa musique.

Voilà qui va un peu mieux, encore que le dernier trait soit pénible. Ne nous décourageons pas. Déchiffrons ce monologue, que l'auteur anonyme du recueil loue comme un modèle de finesse. Potier l'intercalait dans l'*Enfant prodigue*, pour la plus grande joie du parterre.

Comment annoncer mon mariage à mon père qui m'en mitonne un ici? Heureusement il ne me connaît pas plus que je ne le connais moi même, et je pourrai le voir venir. Voilà ce qui me console; et puis mon père est homme, il a été jeune, il a aimé, il a connu la force des passions; son cœur a plus d'une fois cédé à l'aspect des charmes que la nature prodigue à cette intéressante moitié du genre humain sans laquelle l'homme seul vivrait nécessairement isolé, et méconnaîtrait le prix de l'existence, qui, véritablement, n'a d'attrait que pour celui qui la partage avec celle que le ciel a envoyée exprès sur la terre pour embellir ce court espace de la naissance au trépas, appelé communément la vie, et qui, dans le fait, n'est autre chose qu'un enchaînement plus ou moins heureux de circonstances, qui varient en raison des incidents qui la composent, et dont je pourrais citer au besoin mille exemples, mais qui seraient fort inutiles dans ce moment ici, puisque je suis tout seul, et que personne ne pouvant m'entendre, je ne vois pas la nécessité... Mais voici quelqu'un, etc...

Mon Dieu, pour un monologue, ce monologue est passable et notre cher Cadet en a dit de plus méchants. Mais revenons aux « mots » de Potier :

Une femme reprochait à Potier de s'être vanté d'avoir eu ses faveurs. Potier lui répondit : « Madame, je l'ai dit, mais je ne m'en suis pas vanté. »

J'ai peur que Potier n'ait eu ici moins d'esprit que de mémoire.

Un cuisinier vint annoncer que la sauce était tournée en y mettant les jaunes d'œufs. M. Potier s'écria : « Voilà le danger des *liaisons*. »

Hâtons-nous de fermer le « Poteriana ». Ça se gâte. Nos grands-pères avaient le rire facile. Un rien les divertissait. Il est vrai que si l'on relit dans soixante ans nos facéties actuelles !...

Je suis retombé sur M. le directeur qui m'a entraîné, bon gré, mal gré, à travers les méandres de son théâtre. Et nous nous sommes enfoncés dans les dessous, et nous avons grimpé jusqu'aux combles.

Les ouvreuses effarées suivaient de l'œil le « patron », dont l'agitation leur semblait inexplicable. La vieille salle est exactement ce qu'elle était en 1807, et tout en haut, au paradis — grands dieux ! quelle chaleur ! — sont les banquettes, où Mimi Pinson venait en 1840 avec son amoureux applaudir aux grâces de Déjazet. Et j'ai vu aussi la glace du foyer devant laquelle les plus illustres farceurs du siècle ont arrangé leurs perruques et le canapé rouge où Romieu et Henry Monnier s'asseyaient chaque soir et se donnaient mutuellement la comédie. J'ai vu l'unique marche qui subsiste de l'escalier de Mme la duchesse de Berry ; et dans le couloir des loges, j'ai cru discerner les ombres de Roqueplan, de Méry, et le ventre du docteur Véron, et l'habit bleu à boutons d'or de Balzac.

J'ai pris un grand plaisir à ces évocations. Mais...
Mais je n'ai pas retrouvé le manuscrit du *Petit Orphée*, ce respectable aïeul des modernes opérettes.

MARIE LAURENT

MARIE LAURENT, DORVAL, FRÉDÉRICK LEMAITRE

Une grande représentation s'organisa vers la fin de sa vie au bénéfice de Mme Marie-Laurent. Les principaux artistes de Paris, assemblés à l'Opéra, honorèrent leur doyenne. L'idée de cette solennité, qui n'a rencontré que des sympathies, naquit d'une façon assez imprévue. Un certain nombre d'amis dînaient ensemble : peintres, écrivains, musiciens, gens de théâtre. Le nom de Marie Laurent fut jeté dans la conversation et quelqu'un nous fit part de l'honorable pauvreté qui menaçait sa vieillesse.

— Rien n'est plus simple que de lui venir en aide, observa l'un des convives.

— Nul ne refusera son concours.

— Je vous prête la salle de l'Opéra, s'écria M. Gailhard.

Et comme nous le félicitions de son élan, il ajouta :

— J'ai une dette de reconnaissance envers Marie Laurent. Je lui dois un des meilleurs repas que j'aie faits en ma jeunesse. C'est toute une histoire...

Nous le pressâmes de la dire. Il se rendit aisément à nos prières. Et de cette voix généreuse, avec ces grâces de gestes et de langage et cette éloquence cordiale et imagée qui appartiennent en propre aux enfants de Toulouse, il nous conta ce qui suit. L'anecdote est si gentille que je ne veux pas en priver le lecteur.

Donc, à cette époque, Pierre Gailhard rapetassait des chaussures dans l'échoppe paternelle et égayait de ses chants les rues de la cité de Clémence Isaure. Quand il eut l'âge d'aller s'instruire à Paris, son père lui remit un louis de quarante francs, auquel il joignit de sages conseils :

— Voilà, mon fils, de quoi faire le jeune homme. Ton voyage est payé, tu n'as pas besoin d'argent. Je t'en enverrai le mois prochain. Au reste, si tu es à court, va voir Marie Laurent, la fameuse actrice, et présente-lui cette facture. Elle te donnera cinquante francs pour des souliers de bal et des bottines que je lui ai confectionnés naguère, et dont j'ai négligé de toucher le prix. Adieu ! garçon. Bonne chance !

L'adolescent partit, avec trois ou quatre compagnons, futurs poètes, ténors et sculpteurs (je crois que Idrac et Mercié étaient du voyage), comme lui, tumultueux, ardents à vivre et gueux comme Job. Avant même qu'ils eussent pénétré au cœur de Paris, la pièce d'or de Pierre Gailhard s'était volatilisée. Il n'avait plus en poche que la note de cordonnerie du papa. Il résolut de la porter tout de suite à son adresse. Il vit sur les affiches que Marie Laurent jouait à l'Ambigu ; il s'y rendit le soir même et, bousculant le concierge qui lui refusait l'accès des coulisses, il parvint jusqu'à la loge de la comédienne. Elle était en scène à ce moment ; il fut reçu par un monsieur solennel qui l'interrogea sévèrement :

— Qu'y a-t-il pour votre service ?

— J'ai en main un papier... qui intéresse Mme Laurent... Un papier... très important...

— Je suis son mari..., c'est la même chose.

On s'expliqua. Marie Laurent qui survint tendit la main au voyageur :

— Tu es le fils de Gailhard, le cordonnier ? Ma foi, je ne me plains pas de ses bottines, elles m'ont fait de l'usage. Si tu t'établis à Paris, tu peux compter sur ma clientèle.

Et non seulement elle lui versa les 50 francs dont il avait un si pressant besoin, mais elle l'embrassa maternellement sur les deux joues et l'engagea à revenir.

— Je veux être chanteur et jouer la comédie, répondit orgueilleusement Pierre Gailhard.

Il sortit, en brandissant son feutre à la Velasquez, et courut retrouver ses camarades qui l'attendaient sur le trottoir, les dents aiguisées par un appétit de jeunes loups. Gailhard leur montra de loin ses jaunets.

Ah ! mes amis... quelle bombance ils s'offrirent dans un cabaret des Halles ! ils mangèrent des escargots et burent du vin doux, en souvenir du pays. Puis ils remuèrent à perte de vue des problèmes d'esthétique et des projets d'avenir. Après quoi, comme l'aube se levait, ils se rendirent, bras dessus, bras dessous, à la gare d'Orléans, *pour regarder partir le train de Toulouse !*

Nous ayant narré cette historiette, M. Gailhard conclut :

— Ce sont là des souvenirs qui ne s'effacent jamais. Par l'accueil de Marie Laurent, le premier contact de Paris, souvent si rude, me fut adouci. La gratitude que je lui ai vouée est bien naturelle. C'est la reconnaissance de l'estomac !

Il riait, mais nous le sentions secrètement touché à l'évocation de ce passé, déjà lointain et toujours vivant dans un coin de sa mémoire.

Je profitai de l'occasion pour rendre mes devoirs à l'illustre comédienne et deviser avec elle des hommes et des choses d'autrefois.

Je sonnai à la porte du petit appartement qu'elle occupait rue Mansart, dans un coin tranquille, entre cour et jardin — je veux dire entre une vaste cour et un jardin plein d'oiseaux. Elle m'y reçut avec bonhomie et majesté, comme il sied à une tragédienne qui a incarné tour à tour les femmes du peuple et les plus nobles princesses du répertoire : Marguerite de Bourgogne, Marie Tudor et Klytemnestra. Les acteurs ne se dépouillent pas complètement de leurs rôles ; ils en gardent l'empreinte. Songez que Marie Laurent avait vécu, pendant trois quarts de siècle, sur les planches. Quand elle marchait, on cherchait à ses côtés Oreste ou Buridan ; et quand elle parlait, sa voix aux notes graves, aux inflexions nuancées, sa diction lente et rythmique semblaient invoquer les dieux et les héros disparus.

Elle alla quérir un coffret où gisaient des liasses de feuilles jaunies. Elle les en tira avec dévotion :

— Ceci est mon reliquaire.

Je m'assis près d'elle. Je lui demandai de se reporter au début de sa carrière et de me retracer l'image qui s'est conservée dans son esprit de ces jours si fabuleusement éloignés. Et soudain je vis défiler, sous mes yeux, les décors et les personnages du romantisme. Et tandis que je prêtais une oreille attentive à son discours, il me sembla que je redevenais enfant moi-même et que j'écoutais les récits d'une aïeule à cheveux blancs...

Elle avait juste trois ans, lorsqu'elle aborda la scène. Ses parents, les époux Luguet, humbles comédiens nomades, parcouraient la province, gagnant ensemble 250 francs par mois, engagés tantôt à Rouen, tantôt à Amiens ou à Cambrai. Ces villes possédaien alors des troupes fixes, auxquelles venaient parfois s'adjoindre de grands acteurs que l'on saisissait au passage et qui daignaient se montrer dans une ou deux pièces. C'est ainsi que la petite Marie eut l'honneur de figurer en 1828 auprès de l'illustre Gonthier, du Gymnase, dans le *Soldat laboureur*. Elle se mêlait aux figurants et chantait avec eux le chœur par où s'achevait le second acte :

> J'écoutions, je r'gardions
> Ce biau militaire...
> Il parlait de ses hauts faits,
> Ça d'vait plaire à des Français.

Elle avait une réplique très courte, mais l'émotion brouilla sa mémoire. On lui posait cette question :

— Enfant, as-tu un père?

Au lieu de répondre tout simplement *oui*, selon le texte, elle dit :

— Oui, c'est M. Luguet!

Et ce mot, lancé avec énergie, obtint un succès de fou rire. Gonthier prit dans ses bras la gamine, la couvrit de baisers et lui prédit les plus hautes destinées.

Ce fut le baptême de Marie Laurent.

Dès lors, on commença de lui confier de vrais rôles. Le plus important qu'elle ait créé, avant l'âge de huit ans, fut celui de Myrra dans les *Lions de Mysore*. Myrra était une jeune Indienne enlevée par des pirates. Elle échappait à ses ravisseurs, se sauvait au sein d'une forêt vierge et y rencontrait un protecteur, un bon nègre, sympathique et muet, qui la ramenait dans sa patrie après mille dangers. Il fallait qu'elle échappât à la poursuite des bêtes féroces. Or, ces bêtes existaient ; elles appartenaient à une ménagerie qu'on avait installée au fond du théâtre. De telle sorte que les spectateurs voyaient, par un ingénieux effet d'optique, les lions, les tigres et les panthères bondir autour de Myrra. Et l'excellent sauvage, c'était le dompteur, un certain Martin, qui jouissait, dans les foires, d'une réputation égale à celle de nos Bidel et de nos Pezon. Afin d'augmenter l'effroi du public, il avait imaginé d'enrouler autour de Myrra un serpent boa énorme, et lui avait appris à tenir, de la main droite, la tête du reptile écartée de son visage, et de serrer le bout de sa queue, de la main gauche. Myrra, en cet équipage, devait donner les signes de la plus violente terreur. Martin accourait, la délivrait, précipitait le serpent dans la coulisse ; et la jeune princesse, tombant à genoux, remerciait avec effusion la Providence.

Les malheurs de Myrra, l'intrépidité de Martin passionnaient la foule. Durant six mois, l'enfant porta, de bourgade en bourgade, du nord au sud de la France, son boa constrictor...

Et ce fut la première tournée de Marie Laurent.

Elle était heureuse de mener cette existence ; elle n'en voyait que les côtés amusants et n'en soupçonnait pas les misères. Sa jeune vanité s'éveillait au bruit des bravos. Elle respirait l'air du mélodrame et du vaudeville et, sans en avoir conscience, elle apprenait son métier.

A la suite d'une expédition désastreuse, la famille Luguet vint s'échouer à Paris, au dernier étage d'une méchante maison de la rue des Deux-Ecus, à l'hôtel de Normandie. Elle subit la pire détresse. Le père sans engagement, la mère et la fille s'occupant à des travaux d'aiguille mal rémunérés. Ce n'est pas d'aujourd'hui que les couturières des faubourgs ne mangent pas à leur faim. Maman Luguet et Marie fabriquaient des robes de tarlatane pour poupées. On les leur payait dix centimes la douzaine. Elles parvenaient, en s'usant les doigts, à expédier dix douzaines de robes par jour — de quoi désintéresser l'hôtelier. C'était insuffisant. Un soir, Marie dit à sa mère :

— Si tu voulais, j'irais chanter dans les cafés.

Elle avait dix ans à peine. Elle était fière de secourir ses parents, et puis elle avait soif de bruit, de mouvement, de lumière; le public lui manquait; et déjà elle éprouvait, comme une vieille actrice, la nostalgie de la scène.

Sous la conduite de son frère aîné, qui s'arrêtait dehors, le front collé aux vitres des estaminets, elle proposait aux consommateurs de leur fredonner une ariette. On la hissait sur les tables. Elle vocalisait comme un rossignol; elle mimait, elle dansait ses chansons. Il pleuvait des sous dans son escarcelle. Quelquefois un mauvais sujet la saisissait par la taille et l'embrassait plus que de raison. Et voilà que le frérot, qui surveillait tout ce manège, ouvrait la porte avec fracas, délivrait sa sœur et l'entraînait en maugréant de sourdes menaces, pris d'un furieux accès de jalousie.

Et Marie continuait d'être heureuse.

Ils rapportaient fidèlement la recette au logis. Cependant, ils éprouvèrent un jour la tentation d'en distraire une obole.

— Mlle Mars joue au Théâtre-Français... Si on y allait? proposa Marie...

Ils ne dînèrent pas et firent la queue, afin de se placer, tout là-haut, au premier rang du paradis. Et Mlle Mars leur apparut dans les falbalas et derrière l'éventail de Célimène. Ils admirèrent aussi Rachel, que tout Paris acclamait. Ils la guettaient à la sortie du théâtre. Et Marie murmurait, en regagnant son taudis de la rue des Deux-Ecus :

— Ce serait beau, de jouer la tragédie !

Elle la joua. Que n'a-t-elle pas joué? A treize ans, au cours d'un nouveau voyage, elle interprétait avec Jenny Vertpré la *Fée Carabosse*. A quinze ans, elle chantait Inès de la *Favorite* et secondait Bocage dans la *Tour de Nesle*. A dix-huit ans, elle sautait à pieds joints dans l'emploi des mères. Le directeur du théâtre de Bruxelles lui imposa le rôle de Marie-Jeanne.

— Souffrez au moins que je prenne l'avis de Mme Dorval.

Elle lui dépêcha une longue lettre et reçut, en retour, ce billet, qu'elle a pieusement conservé :

« Ma chère enfant, Marie-Jeanne a 600 lignes et 600 effets. Quand, à ton âge, on a le bonheur de jouer un rôle comme celui-là, on ne demande pas de conseil par écrit, on vient le voir jouer. »

La jeune artiste, qui venait d'épouser le baryton Pierre Laurent, obtint à grand'peine de son mari et de son directeur trois jours de congé. Elle monta dans la diligence qui accomplissait, en vingt-huit heures, le trajet de Bruxelles à Paris.

A six heures, elle débarquait rue du Bouloi. A sept heures elle entrait à la Porte-Saint-Martin et se suspendait frémissante, hypnotisée, aux lèvres de Mme Dorval, de Marie-Jeanne. A l'issue de la représentation, elle courut, les yeux noyés, se précipiter dans ses bras.

Après soixante ans écoulés, Mme Marie Laurent se rappelait les plus petits détails de cette scène. Peut-être en exagérait-elle l'importance en les racontant. Le souvenir est un prisme qui grossit et colore les objets. N'importe ! Je goûtai un vif plaisir à contempler, en une évocation fugitive, l'ombre de Dorval :

— Elle m'emmena chez elle. Elle avait préparé un lit dans sa chambre. Et toute la nuit, elle m'analysa la pièce, acte par acte, me répétant ces cris qui vous prenaient aux entrailles et m'obligeant à les pousser avec elle.

Elle lui enseigna le moyen d'imprimer un accent

sublime au mot légendaire de Marie-Jeanne : *Allons donc ! Je ne suis donc pas folle !* C'était d'intercaler mentalement un juron au beau milieu de la phrase. L'infortunée Marie-Jeanne, à qui l'on veut persuader qu'elle est démente, recouvre sa raison prête à s'échapper ; et la joie qu'elle en éprouve lui arrache cette exclamation tout ensemble radieuse et furieuse : « Allons donc, *N. de D...*, je ne suis donc pas folle ! » Quelle étonnante trouvaille que ce *N. de D...*, plaqué dans le dialogue ! C'est le coup de fouet qui enlève l'attelage ! Mme Marie Laurent m'assurait qu'en écoutant Dorval, ce soir-là, elle ne put se tenir de sangloter.

— Vraiment, madame, vous pleuriez ?...
— Oui, monsieur, je pleurais d'enthousiasme...
Et ce fut sa première leçon de « mélo ».

Elle en reçut une autre de Frédérick Lemaître, avec qui elle reprit *Trente ans ou la vie d'un joueur*. Frédérick avait du génie, ce qui l'autorisait à se montrer brutal et intolérant envers tout le monde. Il usait assez souvent de ce privilège... Et s'astreignant à un travail fort méticuleux, il voulait être aveuglément approuvé par ses camarades. Il venait de sortir, après la scène où Georges de Germany contraint sa femme à signer l'acte qui la dépouille et s'écrie, en soulignant ce trait d'un regard diabolique : « La fortune n'est pas toujours contraire ! » Marie Laurent, demeurée seule, entamait son monologue, mais brusquement elle fut bousculée par un poignet de fer; Frédérick avait quitté les coulisses, il avait bondi sur elle et du ton de Napoléon, gourmandant ses grenadiers :

— Pourquoi jouez-vous ainsi ? Ce n'est pas digne de vous. Cette femme est affolée, désespérée. Et vous donnez de la voix ! Vous n'êtes pas émue ! Vous parlez faux ! Recommencez !

Et elle recommença. Et le public, charmé, fit une double ovation au maître impérieux et à l'élève soumise.

— Comment, madame, lui dis-je, vous n'avez pas protesté contre une semonce si durement infligée?

— Mais non, monsieur. En ce temps-là, nous avions du respect pour nos anciens...

Marie Laurent souriait, en me rapportant cet épisode. Elle était arrivée à l'état d'esprit des patriarches, qui considèrent avec sérénité le cours de leur vie et les accidents dont elle fut agitée. Pourtant je suppose que la colère dut flamber plus d'une fois dans l'œil noir de la Sachette, d'Agrippine et d'Athalie...

Je n'en finirais pas, si je voulais suivre Marie Laurent jusqu'au terme de sa carrière, ou même jusqu'au jour où elle fonda l'Orphelinat des arts, sa meilleure création. Je terminerai sur un dernier souvenir.

Vers 1855, eut lieu au Théâtre-Français le bénéfice de Mlle Georges. Marie Laurent, qui prit part à cette représentation, en avait conservé l'impression inoubliable :

— Je la vois encore... Elle jouait le troisième acte de *Rodogune*. Elle s'appuyait, brisée, sur le dossier d'un fauteuil, pour ne pas tomber. De grosses larmes ruisselaient le long de ses joues. On a beau les couvrir de fleurs, les pauvres artistes qui s'en vont ont le cœur navré. Il semble qu'ils assistent à leurs propres funérailles.

Ce fut bientôt le tour de Marie Laurent. L'heure de la retraite sonna pour cette aïeule, précédant de peu de mois celle de la mort.

HENRI HEINE

LE DERNIER AMI DE HENRI HEINE

Il habite là-haut, près du sommet de la Butte; et malgré son grand âge — quatre-vingt-trois ans — il a gardé la plus agréable verdeur d'esprit. C'est un de nos doyens. Son nom, un peu oublié des jeunes gens d'aujourd'hui, fut presque aussi célèbre que celui d'Aurélien Scholl et brilla, pendant plus d'un demi-siècle, dans les journaux. Tous ceux qui fréquentèrent jadis au perron de Tortoni, ou qui soupèrent à la Maison d'Or, tous les anciens lecteurs du *Charivari*, du *Mousquetaire*, du *Figaro littéraire*, l'ont connu. Ils se rappellent les innombrables nouvelles et les pimpantes chroniques que signa, au cours de sa carrière, M. Philibert Audebrand.

— Eh quoi? Audebrand n'est pas mort?

Audebrand vit toujours... Quand le hasard de ma promenade m'amène du côté de la rue Lepic, je sonne à sa porte. Je le trouve, enveloppé d'une ample douillette, assis dans son fauteuil, contre la croisée. Et nous causons des hommes et des choses d'autrefois. Sa tête est superbe ; ses cheveux blancs, bouclés à la mode romantique, ondulent sous le bonnet de velours qui les réchauffe ; sa barbe de patriarche ruisselle en ondes tumultueuses. Le vieux Parisien rêve et médite. Il suit d'un œil amusé le va-et-vient du faubourg. Il voit descendre le matin les petites ouvrières et les voit remonter le soir, leur journée finie, comme des abeilles qui reviennent à la ruche. Il écoute l'appel du vitrier qui passe, la chanson de l'apprenti, le cri de la marchande des quatre saisons. Ce mouvement, c'est la vie... Il ne peut plus guère s'y mêler, il en jouit en spectateur. M. Philibert Audebrand est un philosophe.

Hier, notre entretien s'est porté sur Henri Heine.
— Il fut de vos amis, je pense?
— Oui, certes...

Lorsque Philibert Audebrand débuta dans la presse en 1839, il se mit en devoir d'étendre ses relations littéraires ; il avait soif de frayer avec les écrivains qui occupaient alors le haut du pavé. Il résolut de se rendre chaque jour au café de la Porte-Montmartre, où se restauraient les critiques influents. On y déjeunait fort bien : on y mangeait des huîtres qui ne coûtaient alors que douze sous la douzaine, une côtelette à la provençale, un morceau de brie, une meringue glacée. La côtelette à la provençale, fortement aillée, était la spécialité de la maison. Gérard de Nerval s'en montrait friand, ainsi qu'Eugène Sue, Théophile Gautier, Méry et Paul de Saint-Victor.

Parfois deux personnages s'ajoutaient à la bande. Un grand garçon blond, au teint frais, au profil hébraïque, aux doigts de cire : c'était Henri Heine. Une sorte de nain, à moitié bossu, bruyant, braillant, abondant en paradoxes, éloquent et singulier : c'était Alexandre Weill, l'ami et le commensal de Heine. Quelquefois aussi une jeune femme les accompagnait. Sa beauté était merveilleuse et lui tenait lieu d'esprit. Heine aimait Mathilde; et en attendant qu'il l'épousât, il ne pouvait se passer d'elle. Mathilde, qui se savait indispensable, avait l'humeur acrimonieuse. Et Weill servait, entre eux, de tampon.

Philibert Audebrand se rapprocha du trio. La gloire de Henri Heine, les bizarreries de son existence, les grâces acérées de sa conversation l'attiraient. Dès que Heine s'était assis devant la tasse de café au lait et le ravier de radis roses dont il formait son repas frugal, la joie régnait à la Porte-Montmartre. Une pluie d'épigrammes s'abattait sur Alexandre Weill, qui faisait tête à l'orage.

— Qui est-ce que ce Weill? murmurait Paul de Saint-Victor en manière d'aparté. D'où vient-il? Il a gardé les pourceaux !

— Possible, répliquait Weill, mais je ne les garde

plus. Tandis que vous, monsieur de Saint-Victor, si vous aviez gardé les pourceaux, vous les garderiez encore.

— Bien répondu ! disait Heine... Weill, tu as dû voler ce mot quelque part !...

On ne s'ennuyait pas, vers 1840, au café de la Porte-Montmartre...

C'était un curieux ménage que celui de Henri Heine et de Mathilde. Philibert Audebrand ne tarda pas à en pénétrer les secrets. Il put l'observer de ses propres yeux ; et les indiscrétions d'Alexandre Weill achevèrent de l'instruire. Mathilde sortait d'une ganterie du passage Choiseul, où elle exerçait les fonctions de demoiselle de magasin. Henri Heine se fit ganter par elle, en devint amoureux et lui proposa d'associer son bonheur au sien. Mathilde était dénuée de toute culture.

— Un poète allemand, qu'est-ce que ça gagne ? demanda-t-elle à sa patronne.

— Ça gagne un peu moins d'argent qu'un poète français.

Heine dut prouver sa munificence et verser trois mille francs aux mains de la belle enfant pour vaincre les scrupules de sa vertu. Il l'emmena chez lui, rue des Martyrs. Le lendemain, Mathilde lui jura de ne jamais le quitter :

— Si tu m'abandonnes, si tu me chasses, je te tuerai et je me tuerai ensuite.

Elle n'eut pas à recourir à de telles extrémités. Henri

lui demeura fidèle. Une réelle affection les liait l'un à l'autre. Et quand leur tendresse s'affaiblit, elle fut remplacée par l'habitude. Il manquait de patience, elle manquait de douceur. Elle lui faisait des scènes et il la battait. D'aigres querelles empoisonnaient leur union et c'est pour cela qu'elle était indestructible. Ils éprouvaient le besoin de se disputer. Les plus futiles prétextes déchaînaient et alimentaient cette lutte intestine. Mathilde témoignait un attachement désordonné à sa perruche, dont le bavardage exaspérait Henri Heine. Celui-ci empoisonna la maudite bête. Mathilde en conçut un chagrin mortel; elle sanglota, elle s'abîma dans la douleur, elle gémit :

— Me voilà seule au monde!

— Comment, dit Heine, je ne te suis donc rien ?

— Rien ! rien ! ! rien ! ! !

Heine la roua de coups. Et il lui acheta une autre perruche... Il la battait d'ordinaire le lundi et assurait que ce châtiment hebdomadaire lui était indispensable. Elle le subissait en versant un torrent de pleurs. Elle aurait pu se défendre; elle se contentait de tirer son amant par les jambes. Ils roulaient sur le plancher et se relevaient enfin, rompus de fatigue, meurtris et calmés. Alexandre Weill et Philibert Audebrand les surprirent plus d'une fois en cette étrange posture. Ils en riaient tous ensemble. On se mettait à table; on vidait une bouteille de champagne; Weill, pour sceller la réconciliation, entonnait le grand air de *Guillaume Tell.*

> O Mathilde, idole de mon âme,

et bien souvent, avant le dessert, la guerre recommençait. L'irascible Mathilde, s'imaginant que l'un des convives la tournait en ridicule, lui lançait au visage quelque objet domestique ou le contenu d'un plat. Weill reçut sur sa redingote un brochet tout dégouttant de sauce mayonnaise.

— Soyez tranquille, murmura Heine, lundi elle sera battue.

— Mais lundi, c'est aujourd'hui, s'exclama Weill !

Mathilde s'engagea sur l'honneur à remplacer la cravate qu'elle avait endommagée. Et l'incident n'eut pas de suites. Heine se comparait à Socrate. Il se décida à épouser Xantippe, quoiqu'il n'y fût nullement obligé. La cérémonie achevée, il alla rejoindre ses amis au café de la Porte-Montmartre et s'épancha dans leur sein :

— J'ai écrit mon testament, leur annonça-t-il. Je lègue mes biens à Mathilde, à condition qu'elle se remarie. Je veux qu'il y ait un homme sur terre qui me regrette chaque jour et dise « Pourquoi ce pauvre Heine est-il mort ? S'il n'était pas mort, je n'aurais pas sa veuve. »

Ainsi s'écoulait la vie du poète, assombrie par d'intimes chagrins, tourmentée, médiocre et, au fond, misérable. Des soucis pécuniaires l'attristaient. Il subsistait chichement de ses droits d'auteur et d'une pension de six mille francs que lui payait secrètement

Louis-Philippe. Il redoutait les besoigneux, les indiscrets que nous désignons maintenant par le terme expressif de *tapeurs*. Pour se soustraire à leurs entreprises, il les tapait eux-mêmes à l'occasion. Il empruntait pour prévenir les emprunts.

— Usez de moi, leur répétait-il. Venez partager mon pot-au-feu. Mais ne me demandez jamais d'argent. D'abord, je n'en ai point. Et puis, je ne tiens pas à vous perdre comme ami.

Il espérait vaguement que le Pactole coulerait dans sa caisse vide et que son oncle, le richissime banquier Salomon, lui léguerait un million sonnant et trébuchant. Pourtant ce nabab n'avait pas l'air de le prendre au sérieux. Il avait des mots cruels que Heine citait en souriant, des mots de financier, de propriétaire et de bourgeois.

— Ah ça ! mon cher neveu, s'écriait l'oncle Salomon, tu ne fais toujours rien à Paris?

— Mille pardons, cher oncle, j'y fais des livres.

— C'est bien ce que je dis : tu n'y fais rien.

Heine souriait en rapportant ce trait féroce. Il comptait cependant sur la libéralité posthume du marchand d'or hambourgeois. Salomon mourut. L'auteur des *Reisebilder* ne recueillit dans son héritage, au lieu du million convoité, qu'un maigre capital de 16.000 francs. Et pour comble de malchance, il plaça cette somme dans l'entreprise du Gaz de Prague et la perdit. Sa santé ne résista pas à ces déceptions successives. Il contracta les germes du mal auquel il succomba après dix ans de souffrance et d'agonie...

J'écoute M. Philibert Audebrand me dévider ses souvenirs. Il les narre avec finesse. Il possède à merveille l'art de conter ; il appartient à la génération et à l'école des Méry, des Roger de Beauvoir, des Roqueplan, qui savaient préparer, nuancer, orner les historiettes, en aiguiser la pointe et qui tenaient suspendus à leurs lèvres les auditeurs et les auditrices. Ils étaient le délice des dîners en ville, la providence des maîtresses de maison ; ils suppléaient au comédien et au ténor à la mode. Ils jouaient un rôle d'autant plus brillant qu'on pouvait le croire improvisé.

Oui, Philibert Audebrand est, depuis que nous avons perdu Legouvé et Scholl, le dernier émule de ces charmeurs disparus. Il est roi de l'anecdote. Son discours n'est qu'un chapelet de menues chroniques qui s'enchaînent, s'enchevêtrent, se succèdent et vous tombent dans l'oreille comme un cliquetis de phrases légères. Ce sont ragots de pages, papotages de caillettes, malices de badauds boulevardiers. Et de ce flot sans cesse jaillissant et inépuisable, surgissent des portraits lestement troussés, des figures ressemblantes. Henri Heine est devant moi, dressé de pied en cap j'entends sa « blague » incisive ; j'aperçois ses joues amaigries, son regard ironique et moqueur sous sa prunelle alourdie.

— Ah ! si vous aviez assisté à ce déjeuner qui

réunit, aux environs de 1848, Henri Heine, Eugène Sue et Balzac ! Quel éblouissement !

C'est Alexandre Weill qui les traitait ce jour-là. Les vins étaient de choix et la chère exquise. Les convives s'allumèrent. Et ils en vinrent, tout comme ils l'eussent fait de nos jours, à agiter la question sociale. Ils n'avaient pas même façon de la résoudre. Eugène Sue se posait en champion des idées démocratiques. Balzac les combattait avec véhémence. Heine se réservait. Sans cesser d'être courtoise, la discussion s'anima. Les répliques se croisèrent comme des épées. Ce fut un crépitement d'éclairs. Eugène Sue avait cité Proudhon et Fourier ; il invoquait leur autorité à l'appui de sa doctrine. Balzac l'interrompit :

— Le socialisme qui se croit nouveau est un vieux parricide. Il a toujours tué la République sa mère et la Liberté sa sœur. Pour n'être pas communiste, mon cher Sue, vous vous accrochez au fouriérisme. Mais le peuple est simpliste. Il pousse les choses à leurs plus extrêmes conséquences. Vous ouvrez une porte que vous ne pourrez plus fermer ; vous glisserez jusqu'au bout de la pente où vous avez mis le pied.

Eugène Sue. — N'est-ce pas une honte que quelqu'un ait le superflu, quand tous n'ont pas le nécessaire ?

Balzac. — Autant dire : nul ne doit avoir de l'esprit, lorsque tant d'hommes n'ont pas le sens commun.

Ici, Henri Heine crut devoir intervenir :

— C'est la première fois, dit-il, que dans la bouche de Balzac, le mot esprit s'allie au mot superflu.

Mais Balzac était trop excité par son sujet pour s'arrêter à ce compliment.

— Le communisme, poursuivit-il, est la résultante fatale, le suprême aboutissement de tous les *ismes*, fouriérisme, saint-simonisme et socialisme. Or, qu'est-ce que le communisme? Un retour à la sauvagerie primitive; tous les travailleurs courbés sous le fouet du planteur. C'est la guerre civile en permanence. C'est la révolte. C'est l'anarchie. Le communisme est l'ennemi le plus direct de la démocratie et l'auxiliaire du despotisme.

EUGÈNE SUE. — Le communisme, il est vrai, a toujours été étouffé par un retour offensif de la monarchie. Le peuple en fut-il plus heureux? De quel droit exigez-vous que cent mille citoyens nagent dans l'abondance, alors que trente millions croupissent dans la misère? Abolissons les iniquités, les privilèges, les fortunes sans travail...

HENRI HEINE. — Si nous buvions un verre de cliquot?

Les coupes s'emplirent. Mais le débat n'en fut pas apaisé.

BALZAC. — Les paroles d'Eugène Sue ressemblent à ce champagne. C'est de la mousse. Elles pétillent et s'évaporent. Il faut distinguer parmi les êtres humains. Certains sont des zéros. Certains sont des chiffres; les zéros comptent-ils, à moins de se ranger à droite des chiffres ? Les hommes ne sont heureux que s'ils sont violentés par les forts et les puissants d'esprit... la liberté absolue ne sera que l'anarchie absolue...

Eugène Sue. — Enfin, quelle est, dans tout cela, l'opinion de Henri Heine ?

Heine sortit de son mutisme. Il leva son verre, contempla la blanche liqueur où se reflétait la flamme des lustres et laissa tomber ces phrases :

— Le temps est tissé d'une perpétuelle succession de jours et de nuits. La nuit sans le jour, le jour sans la nuit seraient stériles. La nature n'offre que diversités et contrastes. L'homme et la femme... contraste... Pour faire une bonne affaire, il faut un malin et un sot... Deux dissonances produisent une harmonie... Le contraste, vous dis-je, toujours le contraste !...

Il continuait d'observer à la lueur des bougies le vin doré où montaient allègrement les bulles légères ; il paraissait y chercher l'avenir, comme un augure aux entrailles des victimes. Il conclut :

— Je ne veux ni la République seule, ni la seule monarchie. Je les veux l'une et l'autre et non pas l'une ou l'autre. Je crois qu'il n'y a de durable, comme régime, qu'une monarchie gouvernée par des républicains, ou qu'une république gouvernée par des monarchistes.

Balzac partit d'un large éclat de rire :

— Ma foi, la solution est originale. Je propose que

nous nous emparions tout de suite du pouvoir. Nous sommes en nombre !

Si le gouvernement eût été constitué ce soir-là, dans un salon du café Anglais, Balzac aurait été élu président, Eugène Sue ministre de l'intérieur, Henri Heine eût mis en vers la Constitution. Alexandre Weill l'eût déclamée.

Et Philibert Audebrand l'eût louée, je suppose, dans les gazettes...

Notre vénérable confrère ne m'a pas caché que le vingtième siècle, encore bien jeune, lui semblait très inférieur au siècle qui vient de finir. Il y discerne des symptômes, des inquiétudes, des menaces qui le troublent.

— Ah ! mon jeune ami, l'admirable règne que celui de Louis-Philippe !

Il m'en a tracé une ineffable peinture. Et d'abord j'avais envie de défendre contre lui nos générations calomniées et celles qui grandissent à l'horizon et de lui dire :

— Non, je vous assure, la France ne meurt pas. Elle se transforme. Les Français d'aujourd'hui valent les Français d'hier.

Mais je me suis tu. J'ai reçu avec respect les plaintes du solitaire de la rue Lepic. Et j'ai compris qu'il était bon que ces mélancolies fussent exprimées et qu'elles correspondaient à l'un des sentiments les plus délicats de l'homme et les plus profonds. A mesure qu'il arrive au déclin de l'âge, il cesse d'interroger l'avenir, il compte les pas qu'il a faits, il s'attarde à la route parcourue.

Cet attachement au passé est la consolation de la vieillesse — et sa grâce...

ALFRED DE MUSSET

LA SŒUR D'ALFRED DE MUSSET

J'ai reçu un petit billet de ma vénérable amie Mme Lardin de Musset, m'avisant de son passage à Paris. Je suis allé lui présenter mes devoirs. C'est un délice pour moi de la voir et de l'entendre. D'abord elle habite, rue Tronchet, un logis plein de souvenirs et de papiers précieux ; et puis son entretien abonde en traits piquants et en anecdotes ; et puis elle est la vivante image de son frère. Quand on cause avec elle, il semble que le poète, par un caprice de cette humeur gamine dont il était coutumier, se soit déguisé en vieille dame, pour se divertir et vous charmer. Car Mme de Musset est la séduction même. Elle a des yeux à fleur de tête, des yeux très bleus, très clairs et qui n'ont que vingt ans, quoiqu'elle en ait quatre-vingt-cinq bien sonnés. Sa voix est harmonieuse. Il y a, dans toute sa personne, quelque chose de fin, de discret, d'enveloppé, une extrême bienveillance, jointe à beaucoup de distinction et d'élégance native. Enfin, autour d'elle flotte ce parfum que les vraies femmes continuent, jusqu'à leur dernier souffle, d'exhaler et de répandre : la grâce.

Elle m'attendait à sa place habituelle, dans son grand fauteuil, vêtue de son immuable robe de soie noire, un fanchon de dentelle posé sur ses cheveux blancs, ses mains gantées de mitaines. Je lui baisai le bout des doigts. Et tout de suite, elle me fit part de son souci.

— Je voudrais, me dit-elle, vous parler de la statue d'Alfred. Vous savez les malheurs qu'elle a subis : les lenteurs du Conseil municipal, la difficulté de lui trouver un emplacement, les querelles qui divisent M. Osiris et M. Mercié. Si ces obstacles pouvaient s'aplanir, j'en éprouverais tant de joie ! Je voudrais ne pas mourir avant que ce beau rêve fût réalisé. Mais, à mon âge, on n'a plus le temps d'attendre. Remuez l'opinion publique ! Dépêchez-vous !

J'assurai à Mme de Musset que l'opinion était unanime et que tous les Français souhaitaient comme elle que l'effigie d'Alfred se dressât sur un point quelconque de Paris, autant que possible parmi les fleurs, la verdure, et sous les branches d'un saule...

— Au surplus, madame, il n'y a pas lieu de se

presser. Jamais vous ne m'étiez apparue si rose et si fraîche.

Un léger sourire accueillit mon compliment. Elle soupira.

— N'essayez pas de me donner le change. Je suis une aïeule. Songez que mes premières impressions d'enfance auxquelles mon frère est mêlé remontent à 1829...

A cette époque, M. de Musset, le père, n'était plus. Sa veuve s'installa rue de Grenelle, dans l'antique hôtel qu'orne la superbe fontaine d'Edme Bouchardon. Elle occupait, au fond de la cour, un premier étage qui existe encore, ainsi que le jardin attenant. C'est là que grandit la petite sœur, entre Alfred et Paul, de dix et de quinze ans plus vieux qu'elle. Il fallait la distraire et lui donner du plaisir. Quand leur deuil eut pris fin, la maison devint fort gaie. On y dansait, on y chantait, on y jouait la comédie. Alfred, dont la gloire commençait à poindre, conviait des amis, des camarades de lettres, à ces fêtes de famille, qu'il animait de sa verve intarissable. Il était beau comme un jeune dieu, et s'habillait divinement. David avait modelé son profil.

— Connaissez-vous ce médaillon? Il est d'une ressemblance !...

Mme Lardin de Musset est allée me le quérir. L'écrivain adolescent y est représenté, frêle, délicat, presque imberbe, mais paré d'une chevelure romantique et d'une mèche orgueilleuse qui ruisselle sur son front.

— A le contempler ainsi, on pourrait le croire un peu solennel. N'en croyez rien. C'était la fantaisie même... Et que d'esprit !

Auprès du médaillon de David sont rangés des croquis, des silhouettes, le fameux pastel de Landelle, et les portraits en miniature d'Alfred, de Paul et de Mme de Lardin, dont la blonde carnation et les prunelles d'azur ont comme un air de parenté avec la reine Victoria — quand celle-ci n'était encore que la fiancée du prince Albert.

— Oui, poursuit-elle, Alfred possédait le don de la vie. Dès qu'il entrait dans un salon, la température s'y élevait ; la belle humeur rayonnait sur les visages. Tous les cœurs volaient à lui. Il était aimable, tendre, galant, irrésistible. Pourtant un grain de taquinerie se mêlait à ses caresses. Il attrapait le ridicule des gens...

L'été, on se rendait en province, chez une tante, Mme Almire de Musset, qui recevait à danser, en son château d'Aurey, près de Pacy-sur-Eure, les hobereaux du pays. Alfred étudiait curieusement leur physionomie et s'amusait à la caricaturer.

— Vous savez qu'il dessinait à ravir... Je puis vous montrer un échantillon de son talent...

Elle a tiré de sa poche un trousseau de clefs et ouvert un secrétaire en bois de rose, où des monceaux de paperasses sont empilés. Ce sont les reliques du grand homme, tout ce qu'il a laissé d'inédit, vers ou prose, fragments de comédies, morceaux inachevés. Je sens s'allumer en moi d'étranges convoitises, tandis que Mme Lardin de Musset étale sur la table ces documents, et je songe que, peut-être, elle me permettra de les feuilleter. Mais, pour l'instant, il me faut réprimer ces désirs, qui éveilleraient son inquiétude. Les collectionneurs sont ombrageux.

— Tenez! voici justement ce que je cherchais.

C'est un carnet de forme oblongue, relié en chagrin rouge, et dont les pages sont couvertes de croquis spirituellement tracés à la pointe du crayon. Chacun d'eux arrache à ma respectable amie un petit cri; elle retrouve, en les apercevant, de très vieilles connaissances.

— Ah! monseigneur d'Evreux!... Et son vicaire!...

Monseigneur d'Evreux est auguste et digne comme une oraison de Bossuet, et pénétré de l'importance de son sacerdoce. Il plane. Son regard, son attitude respirent la majesté. Le vicaire est plus humble ou plus sournois. Il a un nez qui n'en finit point, un nez gourmand, des yeux en vrille et des oreilles velues qui suggèrent de fâcheux rapprochements. On pense, en le voyant, au classique compagnon de saint Antoine.

— Ce pauvre vicaire!... Il était d'une timidité!... On l'avait mis, à dîner, près de moi. Monseigneur lui disait : « Eh bien, l'abbé, causez donc! Vous négligez votre voisine! » Et pour obéir à monseigneur, il se creusait la cervelle. Il rougissait, il pâlissait. Il finit par me glisser à l'oreille cette phrase : « Mademoiselle, avez-vous pris aujourd'hui beaucoup de papillons? » Il ne se doutait pas qu'Alfred, à l'autre bout de la table, était en train de buriner ses traits.

L'historiette est charmante. Elle vous a comme un avant-goût des proverbes de Musset. Le vicaire de Mgr d'Evreux est cousin de l'abbé de *Il ne faut jurer de rien*. Et j'aperçois encore dans le cahier rouge d'autres personnages de théâtre, une robuste matrone, aux appas rebondis, déguisée en chasseresse, le feutre à plume sur l'oreille, des crosses de pistolets sortant de sa jupe; et, près d'elle, le mari — malingre, piteux, humilié, — victime désignée à toutes les infortunes. Puis, vient un petit paysan qui se fourre l'index dans le nez et une rusée et béate villageoise.

— Notre servante Giroflée, s'écrie Mme de Musset, et son fils Cadet-Coucou !

Sa jeunesse revit dans ces figurines, ainsi que celle d'Alfred. Je conçois qu'elle éprouve du bonheur à les regarder. Elles sont d'ailleurs enlevées avec une sûreté de main, une ingéniosité et une maestria surprenantes. Les spécialistes ne font pas mieux. Ce que j'ai vu m'a mis en appétit. Je guigne un second album très fatigué, usé aux angles. Je m'apprête à le saisir. Mais Mme de Musset m'a devancé.

— Celui-ci, me dit-elle, a une histoire. Il accompagna Alfred et George Sand à Venise.

Oh ! ce fatal et bienheureux voyage, auquel nous devons ses plus beaux chefs-d'œuvre, Mme Lardin de Musset en a gardé, présentes à la mémoire, les péripéties. Elle n'avait pas douze ans ; et sans rien connaître de la vie, sans savoir ce qui se passait autour d'elle, elle observait que son frère était très agité, sa mère très inquiète. Un soir, elle venait d'exécuter au piano le *concerto* de Hummel en *si* mineur que son maître Frantz Liszt lui avait appris ; elle rêvassait au coin du feu ; ses yeux, gros de sommeil, se fermaient. La bonne entra et dit :

— Une dame est en bas dans une voiture et désire parler à madame.

Mme de Musset la mère tressaillit.

— Quel est son nom ?

— Elle ne l'a pas donné, mais elle supplie madame de descendre une minute.

— C'est bien. J'y vais.

Elle se coiffa en hâte d'une mantille et fit signe à sa fille de l'attendre. Quand elle revint, au bout d'un quart d'heure, ses paupières étaient humides ; elle avait l'air accablé.

— Je ne puis plus l'empêcher, murmura-t-elle. *Ils partent pour l'Italie...*

Longtemps, elle s'était opposée à ce départ. Et c'était dans le dessein de fléchir sa résistance que George Sand avait eu l'audace de venir, presque chez elle, la relancer. Quelles paroles furent échangées à la portière du fiacre, contre la vieille fontaine d'Edme Bouchardon qui assistait ébaubie à ce bizarre entretien ?

Mme Lardin de Musset l'a su depuis. La mère fut d'abord irritée, intraitable. La maîtresse fut éloquente ; elle plaida pour cet enfant qui était cher à toutes deux ; elle assura que son génie naissant retirerait un merveilleux profit de ce séjour dans la patrie des arts. Elle supplia, elle pleura, elle promit de veiller sur lui avec une sollicitude maternelle. La mère s'attendrit. Et finalement elle céda. Elle comprenait qu'on lui demandait, par déférence, son consentement, mais que les deux amants étaient résolus à s'en passer.

Ils s'envolèrent.

Mme de Musset compta les semaines et les heures. Sa fille continua de jouer des sonates dans le grand salon, devenu solitaire. Elles pensaient à l'absent. Elles dévoraient ses lettres. Les lettres devinrent rares. Un matin, la jeune sœur, se penchant à la fenêtre, vit une voiture s'arrêter dans la cour et une forme humaine en descendre.

— Maman, s'écria-t-elle, voilà Alfred !

C'était lui, mais combien différent du brillant et fringant cavalier qu'elles avaient connu ! Blême, voûté, amaigri, tremblant de fièvre, il s'appuyait sur le bras d'un domestique.

— Mon ancienne chambre me déplaît, dit-il, je n'aime pas son papier bleu. Et puis elle est froide. J'en veux une autre au soleil.

Paul lui donna la sienne. Il s'y enferma et, pendant deux mois, n'en sortit que pour prendre ses repas en famille. Quelquefois, espérant le tirer de son ennui, la petite sœur lui jouait le concerto en *si mineur* de Hummel, son morceau favori. Il l'écoutait avec un vague sourire et retombait dans son accablement. Peu à peu les forces et le courage lui revinrent. Il se remit au travail. La littérature le reconquit. Il retrouva, par intermittences, sa gaieté. Un jour il déposa sur la table l'album de caricatures rapporté d'Italie. On le crut sauvé. Il l'était effectivement. Dès l'instant où il raillait ses amours, il ne les redoutait plus.

Cet album, je l'ai là. Mme Lardin de Musset me le confie. J'en tourne avec curiosité les feuillets. Ils renferment la chronique du voyage. George a des yeux de gazelle ou d'almée, des yeux qu'Alfred élargit encore, par plaisanterie, et qu'il borde de cils veloutés. Elle fume le narghilé, le chibouque ou la cigarette. Elle est habillée tantôt en garçon et tantôt en femme. Auprès d'elle, il semble un gringalet, étriqué, serré sous le corset de sa redingote, avec son pantalon à sous-pied, sa bottine effilée, ses cheveux extravagants s'échappant en touffes d'un feutre pointu, le manteau sur l'épaule, la badine flexible au bout du gant. Alfred est un dandy. Mais de menus accidents dérangent l'impeccable correction de sa tenue. Sur le bateau, il est atteint d'un violent mal de mer. Il vomit, devant sa compagne impassible et qui continue de lancer vers le ciel des rondelles de fumée. Et il balbutie entre deux hoquets :

— *Homo sum... et nihil humani...*

A Gênes, nos touristes rencontrent un monsieur horriblement bavard qui les persécute et monte avec eux dans le coupé de la diligence. George Sand, toujours placide, et fumant sa cigarette, le subit. Mais Musset, moins patient, l'interpelle :

— Vous avez parlé tout le temps, et diablement mal encore ! A quelle heure dormez-vous, pour que j'aie un moment sans vous entendre parler ? Parlez-vous en dormant ?

Enfin ils sont délivrés de cette fâcheuse compagnie. Ils débarquent à Venise. On se saisit de leurs malles, de leurs paquets. On les entraîne. Des marchands, sur le quai, leur offrent des bijoux, des bibelots.

— *Bellissima signora...*

George ne fume plus. Elle essaye des bracelets. Alfred attendri, un peu moqueur, la contemple.

— Regarde donc, mignon !

— Dieu, que t'es bête, mignonne !

Musset ne se bornait pas à croquer sa maîtresse et à se croquer lui-même. Il blaguait ses amis, gentiment, exagérant leurs difformités, leur en prêtant au besoin. Stendhal, Buloz, Gustave Planche, tout le monde passe et défile dans l'album, Stendhal sous les traits d'un Auvergnat, Buloz d'un cuistre à perruque, et Planche d'un porteur d'eau ; — ceci, je suppose, par antinomie, puisqu'il se lavait assez rarement. Et toujours circulant, parmi les ombres falotes, la dangereuse houri, l'ensorceleuse aux yeux peints, la fumeuse de chibouque.

J'ai demandé à Mme Lardin de Musset :

— Et vous, madame, l'avez-vous connue ?

Elle repart, avec vivacité :

— Je ne l'ai vue qu'une fois. J'étais chez Liszt, mon maître, qui venait de me donner une de ces leçons merveilleuses dont il avait le secret. Un coup de sonnette retentit. Une grosse dame arriva, essoufflée, et se laissa choir sur le canapé. C'était elle ! Liszt ne nous présenta pas l'une à l'autre, mais me la nomma tout bas. Et je songeais à part moi : « Voilà donc celle qui a tourné la tête à Alfred... »

Mme Lardin de Musset ajoute :

— Vous pouvez m'en croire. Cette personne était laide et commune.

« Cette personne ! » Le mot est exquis. Je pense, Dieu me damne, que ma digne amie ne pardonne pas encore à George de lui avoir enlevé Alfred et qu'elle est jalouse ! Et pourtant, plus d'un demi-siècle s'est écoulé depuis cet événement. Mais la rancune des femmes est éternelle.

Je voudrais dépouiller les dossiers que Mme de Musset a sortis du secrétaire en bois de rose, y glaner quelques broutilles. Je devine qu'un refus va m'être opposé.

— Il n'y a plus rien... ou si peu de chose.

J'insiste. Je conjure. Je prends ma voix la plus douce. J'entr'ouvre une chemise de papier gris. Et, tout en devisant, sans avoir l'air, je transcris. Voilà un madrigal à Augustine Brohan, qui me paraît joliment troussé :

Adieu, Brohan, rapportez-nous vos yeux,
  Si charmants quand ils sont joyeux,
  Si doux, quand vous êtes pensive !
  Avant d'aller sur l'autre rive
  Rencontrer fortune et succès
  (Tandis que je perds mon procès)
  Prenez votre mine attentive,
Regardez-vous dans un miroir français.

  Voyez cette petite fille
  Après laquelle Meg sautille,
  Ce rond visage au nez pointu,
  Amusant comme un impromptu ;
  Cette taille leste et gentille,
  Ces perles fines où babille
  L'esprit charmant de la famille,
  Cette fossette à l'air moqueur,
  Ces bonnes mains pleines de cœur,
  Ce corset qu'a serré Domange,
  Ce diablotin fait comme un ange
  Que l'heureux Desmarets poudra...
  Ah ! Brohan, ma chère, en voyage
  Est-il bien prudent, à votre âge,
  Que vous emportiez tout cela !

Plus loin, je cueille ces couplets empruntés à la première scène d'*On ne badine pas avec l'amour*. Cette comédie, primitivement, devait être écrite en vers :

LE CHŒUR

Sur son mulet fringant, doucement ballotté,
Dans les sentiers fleuris, messer Blazius s'avance
Gras et vêtu de neuf, l'écritoire au côté,

Son ventre rebondi le soutient en cadence.
Dévotement bercé sur ce vaste édredon
Il marmotte un *Pater* dans son triple menton.
Salut ! maître Blazius, comme une amphore antique,
Au temps de la vendange, on vous voit arriver...
Par quel si grand bienfait de ce ciel magnifique
Voit-on sur nos coteaux votre astre se lever ?

BLAZIUS

Si vous voulez apprendre une grande nouvelle,
Apportez-moi d'abord un verre de vin frais.

LE CHŒUR

Voici, maître Blazius, notre plus grande écuelle,
Buvez !... Le vin est bon ; vous parlerez après.

Quoi encore... Des projets raturés, des scénarios, des nouvelles ébauchées, des brins de dialogue. Celui-ci égale, par le style et le sentiment, les plus beaux morceaux que nous ayons du poète. C'est un duo nocturne, à la lueur des étoiles. L'amant et l'amante, les bras enlacés, épanchent leurs mélancolies.

« L'AMANTE. — On aime les mystères et on les redoute.

» L'AMANT. — Où est la ligne de démarcation entre le positif et le mystérieux ?... Ah ! l'habitude ! l'habitude ! Est-ce parce que les hommes ont analysé des cailloux sur leur route et que tout est réglé dans la nature, même le désordre, qu'ils croient que la nature leur appartient ? Est-ce parce qu'ils ont rassuré les paysans sur les éclipses et les aurores boréales qu'ils ont le monopole de la crédulité ? Regardez là-bas, madame. Voyez-vous cette brillante planète ?

» L'amante. — Brillante comme une larme !

» L'amant. — Vous avez lu Mme de Staël ! A côté de cette planète, voyez-vous cette étoile un peu plus éloignée ?... De quelques milliers de lieues environ !

» L'amante. — Je crois l'apercevoir.

» L'amant. — Eh bien ! figurez-vous que vous êtes à présent dans cette étoile et que vous cherchez dans un ciel peuplé comme celui-ci la dernière qu'elle puisse apercevoir elle-même, car il y en a autant derrière elle que devant nous.

» L'amante. — Cela est singulier.

» L'amant. — Elle aussi, elle doute de l'existence d'un monde aussi loin d'elle qu'elle l'est d'ici. Et une flèche en ligne droite, partie de notre sphère, traverserait ainsi des milliers de grains de sable qui doutent les uns des autres. Où pensez-vous qu'elle s'arrêterait ?

» L'amante. — Jamais.

» L'amant. — Est-ce là un mystère ? Vous avez cent ans pour le voir sans le comprendre, et si vous ne voulez pas que vos yeux se fassent les bouffons de votre pensée, il est prudent de les abaisser vers la terre. Ah ! la raison est sûre d'elle ! Elle approuve, elle dénie, mais qu'elle se garde d'interroger, de peur que la réponse ne se fasse dans un langage inconnu ! Regardez-la, cette magnifique nature. Songez-vous que parmi cette poussière de mondes, il n'y en a pas un qui ne sache sa route, qui n'ait reçu sa mission avec la vie et qui ne doive mourir en la suivant ! Pourquoi le ciel immense n'est-il pas immobile ? Dites-moi s'il y a jamais eu un moment où tout fut créé ? En vertu de quelle force ont-ils commencé à se mouvoir, ces mondes qui ne s'arrêteront jamais ?

» L'amante. — Par l'éternelle pensée.

» L'amant. — Par l'éternel amour. La plus faible d'entre les étoiles s'est élancée vers l'astre qu'elle adore, comme son bien-aimé. Mais une autre l'aimait elle-même et l'univers s'est mis en voyage.

» L'amante. — Ah! toute la vie est là !

» L'amant. — Oui, toute la vie ! »

Mme de Musset estime que j'ai suffisamment joui de ses trésors.

— Allons! soyez sage!

Elle les a réintégrés dans le secrétaire en bois de rose. Et j'ai pris respectueusement congé d'elle, non sans qu'elle m'ait renouvelé ses recommandations :

— Alors vous verrez M. Mercié?
— Mais oui.
— Et M. Osiris?
— Certainement.
— Et le préfet de la Seine?
— Sans faute.
— Alfred aura sa statue?
— N'en doutez point.
— Au moins, qu'on se hâte ! Je suis une vieille, une très vieille femme. Je n'ai pas le temps d'attendre !...

Ma vénérable amie, droite et mince dans sa robe de

soie, n'avait pas, quoi qu'elle dise, quatre-vingts ans...
Je la crois un peu coquette!...

Hier, comme je passais au coin de la rue du Bac, je m'arrêtai devant la fontaine d'Edme Bouchardon qui évoquait maintenant, en moi, d'agréables souvenirs. Je pénétrai dans l'hôtel, je priai la concierge de m'indiquer l'appartement occupé jadis par la famille de Musset. Il était clos, le locataire actuel se trouvant à la campagne. Mais je réussis à me faufiler dans le jardin. Il n'a pas, à ce que je suppose, changé d'aspect. Il est sombre, encaissé dans de grands murs, verdoyant et triste. Il contient un frêne, trois ormes, un parterre de gazon, un banc vermoulu. Je rouvris mon calepin, et j'y retrouvai ces vers que j'avais subrepticement copiés sur les manuscrits de mon amie. Ils furent adressés, en 1834, avec un bouquet, à George Sand, par le poète, dont le cœur n'était pas encore tout à fait détaché d'elle :

> Porte ta vie ailleurs, ô toi qui fus ma vie,
> Porte ailleurs ce trésor que j'avais pour tout bien ;
> Va chercher d'autres lieux, toi qui fus ma patrie,
> Va fleurir au soleil, ô ma belle chérie,
> Fais riche un autre amour et souviens-toi du mien.
>
> Laisse mon souvenir te suivre loin de France,
> Qu'il parte sur ton cœur, pauvre bouquet fané ;
> Lorsque tu l'as cueilli, j'ai connu l'espérance,
> Je croyais au bonheur. Et toute ma souffrance
> Est de l'avoir perdu, sans te l'avoir donné.

Et j'eus du plaisir à relire cette plainte, cette prière d'amour, sur les lieux mêmes, et peut-être sur le banc, où l'Amant l'avait écrite...

LE PEINTRE D'ALFRED DE MUSSET

J'ai eu dernièrement l'heureuse fortune de dîner auprès d'un charmant vieillard à qui l'on m'a présenté. C'est M. Charles Landelle, l'auteur du fameux pastel qui nous a conservé l'image d'Alfred de Musset et dont j'avais admiré l'original chez sa sœur. Je croyais cet artiste mort depuis longtemps. Il est plein de vie, causeur spirituel, convive aimable, et doué d'une mémoire infaillible. Jamais je ne lui eusse donné quatre-vingts ans. Il les a cependant, et bien sonnés, puisqu'il naquit en 1820. Je mis à profit ses souvenirs. Je lui dis le désir que nous avions de voir la statue de l'écrivain se dresser prochainement à Paris et je lui demandai s'il se rappelait sa physionomie et s'il pouvait me la peindre avec quelque précision. Il ne prit pas en mauvaise part ma curiosité.

— Je vous entends, reprit-il, vous supposez que j'ai flatté mon modèle.

— N'est-ce pas un peu votre habitude? Les poètes ressemblent aux jolies femmes; ils n'aiment pas la vérité toute nue.

Il sourit.

— Musset vint poser chez moi en 1854. Il était atteint de la grave maladie qui devait l'emporter trois ans plus tard ; elle altérait déjà son visage, et le marquait d'un pli de fatigue et de souffrance. D'abord, je fus très embarrassé. Je voulais tracer de lui un portrait fidèle, mais qui ne rebutât point ses admirateurs et qui gardât intactes leurs illusions. Ils l'apercevaient à travers l'enchantement de ses rimes. C'eût été un manque de tact et de convenance de leur montrer le dieu démoli, ravagé, méconnaissable. Il n'avait jamais été beau, au sens absolu du terme. Ce qui gâtait son front très large et très pur, et ses yeux bleus, c'était le voisinage d'un diable de nez qui n'en finissait plus et d'une lèvre pendante. Musset avait, comme on dit vulgairement, le profil moutonnier...

L'entretien devenait intéressant. La maîtresse de céans l'interrompit. On se levait de table. M. Ch. Landelle me fut arraché, mais il eut le temps de me glisser à l'oreille :

— Venez me joindre, un de ces matins, dans mon ermitage de Chennevières. J'ai beaucoup de détails à vous révéler.

Hier, je me rendis à son invitation et je gagnai les bords de la Marne. Ils sont, à ce moment, délicieux. Le village de Chennevières y est blotti, parmi les roseaux, les fleurs et les arbres, — oasis où expirent les rumeurs du monde. Et quoique de nombreux comédiens y aient élu domicile et qu'on les rencontre par les routes, accompagnés de dames à cheveux jaunes et de petits chiens enrubannés, l'endroit éveille des idées de retraite et de silence. M. Ch. Landelle m'attendait en son « ermitage », qui est une très spacieuse et confortable villa. Assis dans l'atelier, devant une toile inachevée, il songeait.

— Cette maison, gémit-il, est trop vaste. J'y vis seul. J'ai tout perdu. Je suis le chêne debout dans la forêt abattue. Je n'ai qu'une consolation : c'est d'évoquer le passé.

Il allait au-devant de mes vœux. J'étais là pour recueillir ses confidences. Je m'accommodai sur un fauteuil, en face d'une femme fellah, aux chairs d'ambre, au teint de pêche, qui levait vers moi des prunelles veloutées, noires comme l'Erèbe, inexpressives et mollement caressantes. Une tiède brise entrait par la fenêtre ouverte. Je me sentais pénétré de béatitude. M. Landelle ne l'était pas moins. Il avait l'air tout jeunet, avec son vêtement de coutil, sa chemise de tussor, ses babouches turques et sa cravate lavallière négligemment chiffonnée. Il me parut en verve. Sans doute s'était-il préparé à ma visite, ses histoires étaient prêtes, classées, étiquetées, en quelque sorte rédigées d'avance. Comme nous l'avons observé déjà à propos de Philibert Audebrand, les hommes de cette génération excellent dans l'anecdote ; ils savent l'art de l'assaisonner de sel, d'en aiguiser la pointe, d'y introduire le trait pittoresque, le mot piquant qui se grave dans l'esprit de l'auditeur ; ils excellent à nuancer leur diction, ils la ralentissent ou la précipitent, selon le cas, détachant l' « effet » et lui donnant toute sa valeur. Ils content d'autant mieux leurs historiettes qu'elles sont rarement nouvelles. Ce sont de petites comédies qu'ils ont mille fois jouées. Ils les jouent en perfection. On les écoute avec plaisir, même quand on les connaît; — à plus forte raison, quand elles ont le ragoût de l'inédit. Je n'avais jamais confessé M. Landelle. Je savourais par avance la représentation dont il voulait bien me régaler. Il ne me fit pas languir. Il reprit notre conversation où nous l'avions laissée; et tout de suite, il me parla d'Alfred de Musset.

La première vision que le peintre ait eue du poète est assez étrange. Il se trouvait un soir, à minuit, au Divan Lepelletier, avec quelques amis. La porte fut violemment poussée. Ils virent entrer un homme très pâle, qui se campa debout au milieu du salon, se croisa les bras et s'écria sur un ton provocateur :

— Quiconque, dans la vie, n'a pas une bonne épée, un bon cheval et une belle maîtresse est un paltoquet ! Quelqu'un osera-t-il soutenir le contraire ?

Nul ne releva ce singulier défi. Les consommateurs se regardèrent, stupéfaits. Un murmure courut : « C'est Musset!... C'est Musset.... Est-ce possible?... » Il sortit comme il était venu. Et Ch. Landelle fut hanté toute la nuit par cette apparition fantastique. Huit jours plus tard, il rencontra Mlle Fix, du Théâtre-Français, qui lui dit :

— Musset raffole du portrait que vous avez fait de moi. Et je pense que si vous lui proposiez de faire le sien, il en serait ravi. Voulez-vous que j'arrange la chose ?

— Certes !... mais à une condition. C'est que vous serez là, pendant les séances, afin de le tenir en agréable humeur.

— C'est convenu.

— Et que vous amènerez votre camarade Valérie.

Un rendez-vous fut pris pour la semaine suivante. Mlle Fix avait la plus jolie voix qu'il y eût à Paris, un rire ingénu, des dents de perle. Mlle Valérie était intelligente et très gaie. Musset ne s'ennuya pas. Il déploya ses grâces, il y mit de la coquetterie, il eut vingt ans. Dans l'intervalle de ses crises, ou lorsqu'un objet agréable amusait et détendait son esprit, il était fort séduisant. Il possédait une distinction, une élégance native qui sentait d'une lieue son gentilhomme ; et il y joignait, dans les bons jours, une verve intarissable. Il étincelait. C'était un perpétuel jaillissement de paradoxes, de fantaisie, un tour d'imagination qui lui appartenait en propre et rappelait tout ensemble les bouffonneries lyriques de *Fantasio*, les gamineries de *Namouna* et la tendresse rêveuse éparse dans ses chansons. Tandis que Landelle s'évertuait à dessiner son profil, le grand enfant bavardait et tantôt il s'adressait à la blonde Fix et tantôt à la brune Valérie. Et vous pensez bien que le peintre ne perdait pas une syllabe des propos échangés. Un soir,

Musset exposa une théorie qui lui était chère, la théorie des *Bruits de la nature :*

— Nous n'observons pas assez la nature ; nous ne la comprenons pas ; elle nous prodigue des conseils auxquels nous restons fermés. Elle a cependant mille langages très clairs.

Valérie et Fix s'écriaient en chœur :

— Oh ! apprenez-nous les mille langages de la nature !

Alors...

Alors, M. Landelle m'a reconstitué la petite leçon de Musset. Et je voudrais aussi vous la rendre. Mais cela n'est pas aisé. Cela est presque impossible. C'est une symphonie imitative. Il faudrait traduire, avec des phrases, les inflexions, les gestes, les jeux de physionomie du narrateur. Et ces nuances, en quelque sorte impalpables, ne sont pas faciles à coucher sur le papier. Ainsi, comment arriverai-je à vous exprimer la « plainte de la brouette » ?

Musset erre dans la campagne. Il avise un maraudeur qui se dispose à voler des prunes chez le voisin. Il traîne une brouette dont la roue, mal graissée, lui jette, sur un mode aigu, cet avertissement :

Tu seras pris ! Tu seras pris ! Tu seras pris !

— Parbleu, songe Musset, voilà qui est piquant... Je serais curieux de voir si la menace va se réaliser et si le drôle...

Le voleur gaule les branches du prunier et s'en retourne. Et la brouette, lourdement chargée, grince maintenant sur un ton plus grave, et murmure sourdement :

J'avais raison !... J'avais raison !... J'avais raison !...

Juste à cette minute, le propriétaire du champ surgit ; l'homme est pincé ; la brouette se tait. Et Musset continue sa promenade, méditant sur le sens et la philosophie des bruits de la nature...

Autre exemple... Celui-ci est d'un ordre délicat. Il amena un sourire sur les lèvres de Mlle Valérie et peut-être une rougeur furtive sur les joues de Mlle Fix. Je prie le lecteur de m'entendre, sans me forcer à mettre les points sur les *i*.

— Avez-vous, demandait Musset, interrogé la respiration des personnes endormies ? Tentez l'expérience. C'est très curieux. Penchez-vous sur le lit où repose une jeune fille. A quoi rêve-t-elle ? On ne sait trop, ou plutôt on le devine, car de ses lèvres à demi closes sort ce souffle aérien :

Quand ?... Quand ?... Quand ?...

— Très ingénieux, s'écria Mlle Valérie.

— Et très exact, appuya Mlle Fix.

Musset continua :

— A présent, tâchez de surprendre, dans son sommeil, une jeune femme nouvellement mariée et, s'il se peut, amoureuse de son mari. Cela se rencontre. Que soupire-t-elle ?... Ecoutez bien :

Encore ! Encore ! Encore !

Mlle Fix et Mlle Valérie s'exclamèrent :

— O poète, il n'y en a pas deux comme vous !

Mais il n'avait pas fini.

— Approchez-vous du chevet d'une vieille femme, qui fut belle, qui fut adulée, mais que l'âge a sevrée des joies de la vie. Il ne lui en reste qu'un souvenir. Et c'est avec mélancolie qu'elle l'exhale, comme disent les bonnes gens, en soufflant des pois :

Plus !... Plus !... Plus !...

Valérie et Fix poussèrent des cris d'horreur, mêlés d'éclats de rire. Et voilà comment s'acheva la conférence sur les « bruits de la nature... »

M. Ch. Landelle est un homme précieux. Je ressens, à l'interroger, la joie que j'aurais à feuilleter un vieux livre. Et, lui-même, il est enchanté de m'offrir ses trésors. Il y puise à pleines mains. Il s'épanche. Les amitiés qu'il évoque se colorent, par l'éloignement, d'un charme particulier. Il n'a jamais tant aimé Musset qu'aujourd'hui. Et puis, un brin d'orgueil avive sa sympathie, la satisfaction d'avoir fixé les traits de l'écrivain dans un tableau justement célèbre. Il est un peu mêlé à sa gloire.

Lorsque le portrait fut achevé, Musset lui en fit l'éloge. Il était assez coquet de sa personne et très difficile, ainsi qu'en témoigne le morceau bien connu :

> Nadar, dans un profil manqué,
>   M'a croqué
> Landelle m'a fait endormi
>   A demi...

Malgré cette critique, il n'était pas mécontent. Il convia l'artiste à dîner chez sa mère ; mais, durant le repas, il se montra morose et comme accablé, ne mangeant pas, gardant un mutisme farouche. Mme de Musset essaya de dissiper sa tristesse. Ce fut en vain.

— Alfred, dit-elle, es-tu malade ?

Il répondit avec effort :

— Oui, je suis malade.

— Soigne-toi, mon enfant, je t'en supplie !

Alors, il s'anima ; un feu sombre s'alluma dans son regard :

— A quoi bon ? Je ne ferai rien pour me détruire. Mais je ne ferai rien pour me sauver.

— Ne parle pas de la sorte, mon cher fils. C'est affreux !

Il secoua la tête, sa jolie tête où l'hiver commençait à neiger, et il ajouta :

— Mieux vaut mourir, je vous jure... *Le Musset qui vit déshonore le Musset qui a vécu !*

Rentré chez lui, Charles Landelle marqua sur ses tablettes cette parole cruelle, par où se révélait l'angoisse du poète et qui dévoilait si tragiquement un coin de son âme. A dater de ce jour, il ne le revit plus qu'à de rares intervalles. Parfois, il le rencontrait devant les échiquiers du café de la Régence, parfois au foyer de la Comédie. Il essaya de l'entraîner en Angleterre, avec Théophile Gautier et Gérard de Nerval. Musset était enraciné à l'asphalte du boulevard. Il refusa de les accompagner...

M. Landelle lève les bras au ciel ! Il est encore, après cinquante ans, dévoré du regret de cette partie manquée.

— Quel dommage ! La cordialité, l'exubérance, la divine joie de Théo l'eussent guéri !

Et j'ai compris qu'il allait me retracer son voyage.

Ils étaient trois sur le bateau qui cinglait vers la Tamise. Un homme corpulent, large d'épaules, coiffé d'un bonnet turc, et fumant la pipe, couché sur le pont, comme un pacha. C'était Gautier. Un homme maigre, inquiet, agité d'un mouvement perpétuel, avec, dans les yeux, une fugitive impression d'égarement et de lassitude. C'était Gérard. Enfin le bon Landelle qui, son album ouvert, croquait la mer, le ciel, les nuages, croquait sans cesse, croquait toujours. Théo, entre deux bouffées, lâchait des facéties rabelaisiennes, ou bien bâtissait des systèmes métaphysiques, affirmant, par ces fusées d'éloquence, la double puissance de son génie.

A Londres, un banquet d'apparat les attendait. Thackeray, Dickens et quelques membres de la presse britannique avaient résolu de fêter leurs confrères d'outre-Manche. Théo haïssait ce genre de solennités. Gérard n'y était pas moins rebelle. Ils durent se résigner. Les trois compères se mettent en tenue. Théo troque son bonnet levantin contre un chapeau haut de forme, Gérard court la ville à la recherche d'un frac et d'un gilet blanc. Ils se rendent au club, où tout

Londres est assemblé. Et là, le miracle s'accomplit. La maussaderie de Gautier se dissipe. Dès le potage, dès le premier verre de champagne, sa langue se délie. Il parle sur un sujet, sur dix sujets à la fois ; on l'applaudit, et cela le grise ; il raille, il disserte, il est enjoué, moqueur, fougueux, plus savant que Thackeray, plus ému que Dickens. Le dîner s'achève sur un bouquet de feu d'artifice. Et l'honnête Théo, au comble de l'agitation, rentre à l'hôtel, sur le coup de deux heures du matin. Dans la voiture, il se frappe le front avec désespoir.

— Et mon feuilleton ? Girardin y compte sans faute. C'est le jour.

— Rien n'est impossible au grand Gautier, insinuent par politesse ses compagnons.

— Vous vous trompez, mes amis. Quand je me dépense en discours, je ne puis plus écrire. Toute ma force cérébrale est évaporée.

A peine rentré dans sa chambre, il tomba sur le lit et s'endormit pesamment. Gérard de Nerval alluma la lampe, saisit la plume, s'empressa de couvrir fiévreusement les feuillets et signa Théophile Gautier. Le lendemain, à l'aube, le feuilleton était achevé. Et Girardin n'eut pas à se plaindre. Théo, rasséréné par dix-huit heures de sommeil, déjeuna de bon appétit. Landelle lui dit, en manière de plaisanterie :

— Tu n'es pas sérieux, Théo...

(On se tutoyait... depuis la veille. On était frères !)

— Oui, reprit Landelle, tes livres sont inexacts.

Ainsi, quand tu prétends que les rues du village de Brouck, en Hollande, sont lavées à grande eau, et les étables savonnées tous les matins...

— A Brouck... Allons-y.

Aussitôt dit que fait. On se précipite au bateau. On s'embarque. On a le mal de mer. On est heureux. Gautier fût allé, de cette façon, jusqu'aux limites des terres civilisées, jusqu'au pôle nord, ou plus volontiers jusqu'aux Indes, car, en sa qualité d'Oriental, il adorait le soleil. Et l'on visita Brouck, et Landelle fut couvert de confusion, et Girardin continua de recevoir ses feuilletons hebdomadaires qui étaient parfois de Théo, parfois de Gérard, et parfois des deux ensemble.

Quel voyage!... L'excellent M. Landelle, lorsqu'il y pense, en a les larmes aux yeux.

Son récit s'est achevé dans le jardin. Comme les sages de l'ancienne Grèce, nous avons philosophé parmi les fleurs. L'heure était propice. Une douceur, une paix indulgente et sereine montaient des choses. La Marne, aux eaux d'émeraude, coulait lentement. Nous avons longé ses rives, qui ne sont qu'un bouquet d'ombre et de fraîcheur. L'excellent M. Landelle eut un douloureux soupir.

— Peu de temps après notre retour, Musset s'éteignait, Gérard de Nerval se pendait rue de la Vieille-Lanterne. Puis ce fut le tour de Gautier. J'attends le mien!... Connaissez-vous l'épitaphe que Gérard s'était composée au cours de notre fameux voyage ? Elle ne figure pas dans ses œuvres. Elle est superbe. Écoutez :

> Il a vécu, tantôt gai comme un sansonnet,
> Tour à tour amoureux, insoucieux et tendre,
> Tantôt sombre et rêveur, comme un triste Clitandre ;
> Un jour, il entendit qu'à sa porte on sonnait :
>
> C'était la mort. Alors, il la pria d'attendre
> Qu'il eût posé le point à son dernier sonnet
> Et puis, sans s'émouvoir, il s'en alla s'étendre
> Au fond du coffre froid où son corps frissonnait.
>
> Il était paresseux, à ce que dit l'histoire ;
> Il laissait trop sécher l'encre dans l'écritoire ;
> Il voulut tout savoir, mais il n'a rien connu...
>
> Et, quand vint le moment où, las de cette vie,
> Un soir d'hiver, enfin, l'âme lui fut ravie,
> Il s'en alla, disant : « Pourquoi suis-je venu ? »

Le vent bruissait dans les peupliers, et mêlait son harmonie à celle des vers. L'aimable M. Landelle s'arrêta, contempla la rivière au cours sinueux, et les îles verdoyantes, et le sentier qui fuyait devant nous.

— Misère ! s'écria-t-il.

Mais je vis bien qu'il était moins triste qu'il ne voulait le paraître et qu'il ne serait pas fatigué de vivre, tant qu'il pourrait jouir des beautés de l'univers et noter, comme son ami Musset, les voix et les chants de la nature.

P. S. — J'ai reçu cette lettre qui renferme une observation assez piquante :

Paris, ce 25/7 1902.

Monsieur,

Dans votre très intéressante relation de la visite à Mme Lardin de Musset, vous citez un fragment inédit des manuscrits laissés par son frère, le *Dialogue de l'amant à l'amante*.

Les dernières lignes : « En vertu de quelle force, etc. » ont éveillé un souvenir dans mon esprit. J'ai ouvert *Rolla*, et à la page 25 de l'édition Charpentier, j'ai retrouvé les vers suivants :

> J'aime ! voilà le mot que la nature entière
> Crie, etc.....
> Oh ! vous le murmurez dans vos sphères sacrées,
> Étoiles du matin, ce mot triste et charmant !
> La plus faible de vous, quand Dieu vous a créées,
> A voulu traverser les plaines éthérées,
> Pour chercher le soleil, son immortel amant.
> Elle s'est élancée au sein des nuits profondes ;
> Mais une autre l'aimait elle-même ; — et les mondes
> Se sont mis en voyage autour du firmament.

C'est non seulement la même pensée, mais on retrouve dans les vers le même mouvement, le même rythme et la reproduction littérale de plusieurs des expressions de la version en prose.

Le rapprochement m'a paru curieux, et vous m'excuserez de la liberté que je prends de vous le soumettre, car rien de ce qui touche à Alfred de Musset, à celui qui fut le dieu de la jeunesse de ceux qui ont aujourd'hui atteint la cinquantaine, ne nous est indifférent.

Veuillez agréer, monsieur, l'assurance de mes sentiments les meilleurs.

C. Delaitre,
professeur au lycée Janson de Sailly.

Les pages que j'ai citées datent effectivement de la première jeunesse du poète. Il y a puisé, ou du moins il s'en est inspiré, quand il écrivit *Rolla*. Et le plus curieux, c'est que les deux morceaux sont conçus dans un esprit différent, *Rolla* étant une œuvre de pessimisme et de tristesse, tandis que ce dialogue est, dans son ensemble, tout plein de grâce et de tendresse légère.

GAVARNI

LE DERNIER CAMARADE DE GAVARNI

Je me mis à la recherche de quelque artiste ayant vécu dans l'intimité de Gavarni. Et d'abord je pensais que M. Ludovic Halévy, qui a écrit sur lui de fines choses, pourrait me donner à son sujet des indications exactes. Mais il l'a très peu connu, il n'a fait que l'entrevoir; il me conseilla de puiser à une autre source. Alors je m'adressai au propre fils du maître humoriste... M. Pierre Gavarni, qui a dépassé la cinquantaine, est un peintre de talent; il porte dignement son nom redoutable. C'est un homme aimable, un peu grave et sévère et qui semble avoir beaucoup réfléchi sur les vicissitudes humaines. Il m'a ouvert, de la meilleure grâce du monde, ses dossiers et ses cartons, où je fus étonné de découvrir, à côté des lorettes, des débardeurs et des petites femmes de théâtre, un grand nombre de figures géométriques et de dissertations touchant les sciences.

— Mon père, me dit-il, passa ses dernières années dans une sorte de retraite mélancolique. Les Goncourt ont exagéré son pessimisme. Il n'était pas misanthrope; il ne haïssait pas les hommes; il s'écartait d'eux seulement, par indifférence, par lassitude, et se consolait en jetant des chiffres sur le papier. Il avait toujours aimé ce genre d'études. Quand il était jeune, il dessinait des machines avec une étonnante perfection; sur la fin de ses jours, il s'était repris d'un goût vif pour la mathématique. C'était, assurait-il, la seule maîtresse qui ne l'eût jamais trompé.

Pour le prix qu'il convient d'attacher à ces essais, ceci est hors de ma compétence. Ils furent soumis naguère à M. Bertrand, qui ne les jugeait pas méprisables et qui voulut même les faire couronner par l'Institut. Mais ils offriraient sans doute un médiocre intérêt à mes lecteurs et surtout à mes lectrices. Je renonçai donc à en prendre copie. Je remerciai M. Gavarni de ses complaisances et je m'en revenais un peu déçu, lorsque le hasard mit sur ma route un personnage qui, par profession, a le devoir d'être renseigné. C'était M. Puibaraud, haut fonctionnaire de la préfecture de police, mort aujourd'hui, et qui possédait son Paris sur le bout du doigt. Il était de plus fort aimable et il avait toujours ses poches pleines de surprenantes histoires. Je lui exposai mon embarras.

— Avez-vous vu le père Delahaye?

J'avouai que ce nom ne me suggérait que des souvenirs assez confus.

— Le père Delahaye, reprit-il, est le doyen des sculpteurs français; il doit approcher de ses quatre-vingt-dix ans. Il est l'élève de François Rude et il a modelé un médaillon de Gambetta qui est l'image la plus fidèle et la plus cordiale que nous ayons du grand homme. Comme il est sans fortune, l'Etat l'a recueilli et l'a logé dans la maison de retraite de Nanterre. Il lui devait doublement son appui, car le père Delahaye n'est pas seulement un artiste de valeur, c'est un républicain éprouvé; il s'est battu en 1830, en 1848. Je crois qu'il fut lié avec Gavarni, qu'ils dansèrent ensemble au bal de l'Opéra et firent côte à côte, plus d'une fois la descente de la Courtille, auprès de lord Seymour, dit l'Arsouille... Allez l'interroger. De toute façon sa figure est originale et vous rapporterez de cette visite une agréable impression.

Dès le lendemain matin, je me dirigeai vers la maison de Nanterre.

Elle est maussade d'aspect et ressemble à une prison. D'immenses murailles l'enserrent; on y accède par un portail rébarbatif et formidablement verrouillé. Le seuil franchi, cette tristesse se dissipe. Des arbres, des fleurs apparaissent et récréent les yeux. Les salles sont vastes et propres et largement éclairées. Le cabinet du directeur, M. Rodière, a des dimensions de cathédrale. Et M. Rodière est lui-même d'humeur prévenante et enjouée, ancien préfet qui se délasse en ce poste de ses tribulations administratives. Au début, il l'occupa sans plaisir. Ces lieux lui paraissaient funèbres. Puis il commença à s'intéresser à ce petit peuple de quatre mille âmes, dont on lui confiait le gouvernement.

C'est une véritable ville où les éléments sociaux les plus divers sont représentés; elle renferme des vieillards nécessiteux, des repris de justice qui y achèvent leur peine, d'honnêtes vagabonds que le parquet y dépêche, des enfants abandonnés, des malades sortis des hôpitaux et qui y achèvent leur convalescence. Elle ne remplace pas cette utile maison du travail que M. Bulot a entrepris de fonder, mais, en attendant qu'elle existe, elle y supplée; elle est hospice, usine, orphelinat. La librairie Hachette y a créé un magasin de brochage. Tandis que les pensionnaires robustes s'emploient à des besognes, mal rémunérées, sans doute, mais qui leur assurent, outre le vivre et le couvert, la possession d'un mince pécule, les autres, les invalides, ceux qui ont payé à la société leur somme d'efforts, y attendent la mort paisiblement. On les rencontre, assis, deux par deux, se racontant leurs campagnes s'ils ont été militaires, ou jouant aux cartes en buvant de la tisane. Ils sont généralement timides; chez eux toute énergie est éteinte... Pourtant il y a des natures exceptionnellement vivaces et qui résistent à l'action déprimante des années. Le père Delahaye en est une...

Quand je l'ai aperçu, tout à l'heure, je me suis arrêté, saisi d'admiration. Il est superbe. Drapé dans sa redingote bleue, la casquette sur l'oreille, l'œil ardent, le teint rose et frais, les favoris de neige taillés à la Souvarof, avec cela droit comme un i, la taille encore mince, le jarret souple, la canne en main, vous regardant en face, il évoque la silhouette d'un sergent de la garde impériale crayonné par Charlet. Il est superbe, vous dis-je. Et il n'a pas la langue paresseuse. Il s'exprime avec la vivacité d'un gamin de Paris. Il brandissait un pain bis de forme ronde — vulgairement appelé boule de son — et invectivait le garçon qui le lui avait apporté.

— Mon ami, il ne faudrait pas me prendre pour un imbécile. Ce pain est dur et trop cuit. C'est un morceau de rebut. Je n'aime pas ces méchantes farces.

Le directeur surgit à propos pour apaiser la querelle qui menaçait de s'envenimer.

— Voyons ! Qu'y a-t-il ? On se dispute !

L'artiste s'est rasséréné. Il nous convie à pénétrer dans son atelier, sorte d'étroit couloir, où se trouvent empilés ses instruments de travail, du plâtre, du sable, des moules, des ébauchoirs, des pinceaux. Accrochées aux murs, les effigies de Gambetta, de Jules Favre, de Pasteur, de Hugo nous dévisagent. Ce sont ses œuvres les plus marquantes, celles dont il est fier.

— Monsieur Delahaye, je suis venu vous parler de Gavarni.

— Gavarni !

De lointains souvenirs s'éveillent au fond de sa mémoire et peu à peu se précisent. Ils datent du règne de Louis-Philippe. Gavarni avait un peu plus de trente ans. Delahaye n'en avait pas vingt-cinq. Ils ne se quittaient guère. Ils fréquentaient aux mêmes lieux de plaisir, tous deux gais, ardents, coureurs de cotillons, ivres de bruit et de mouvement, suivant une sarabande échevelée.

— Plus tard, la politique nous a séparés. Gavarni n'était pas, comme moi, un révolutionnaire, un démocrate. Il n'avait pas fait le coup de feu pour la liberté. Mais, avant 1848, on songeait bien vraiment à se battre ! On ne se passionnait que pour l'art. Et l'on adorait les femmes. Ah ! quelles nuits nous avons passées, électrisés par l'archet de Musard !... Tivoli, le Prado, Valentino, la Closerie des Lilas. Et le bal des bals, le bal de l'Opéra !

Il en est un surtout que n'a pas oublié M. Delahaye. Il fut organisé en 1843, le soir du Mardi gras, par le *Charivari*. Le fameux Chicard — de son vrai nom Alexandre Levêque, et de son état marchand de cuir — fit mille extravagances, en compagnie de Minon-Minard, de Balochard, coiffés de casques en carton, chaussés de bottes à revers, couronnés de plumets rouges ! Le programme était de Daumier; Adolphe Adam avait composé, sur des vers de Gavarni, un certain galop, capable de damner les douze apôtres, et que tous les masques dansaient et chantaient en chœur.

— Attendez, murmure le père Delahaye... Si je pouvais vous rattraper le refrain...

Les deux poings sur les hanches, la tête au ciel, sous le regard indulgent de Gambetta, il fouille au plus profond du passé, pour y retrouver cet écho d'une heure de joie; quelques versiculets de Gavarni... Les voici... Il les fredonne :

>   Que de plumets, que de bijoux!
>   Que de mines
>   Lutines!
>   Quels yeux doux
>   Aux trous
>   Des loups!
>   Que d'amants jaloux
>   Que d'époux
>   Fous!

Ces vers sont d'une déplorable facilité. Ils lui paraissent exquis. Ils évoquent sa jeunesse.

— Ah! monsieur, comme on s'amusait, et comme on travaillait en ce temps-là!... Sans compter qu'on aimait la liberté et qu'on était prêt à mourir pour elle!...

Le père Delahaye sourit. L'enthousiasme luit dans ses prunelles. Un rayon de soleil illumine ses favoris à la Souvarof. Il a certainement mille curieuses historiettes à me conter. Et, puisqu'il fait beau dehors, je lui propose d'aller nous promener, en devisant, sur les routes, jusqu'au prochain cabaret.

— Nous irons prendre un verre de café au restaurant de la « Sole frite ».

— Allons à la « Sole frite » !

Et tout en cheminant d'un pas gaillard il m'a rappelé les événements qui se déroulèrent aux environs de 1820 dans la bonne ville de Dijon. Delahaye, comme François Rude son maître, est Dijonnais d'origine. Le père de Rude était forgeron-poêlier, le père de Delahaye était fumiste, et l'un et l'autre haïssaient la tyrannie. Les deux enfants furent formés dans ces sentiments.

— J'avais dix ans à peine quand je livrai mon premier combat pour la liberté. Le jour du vendredi saint une procession circulait par les rues, avec un homme nu sur la croix, simulant le Christ. Nous dispersâmes et rossâmes le cortège. Il s'ensuivit un scandale énorme ; mon père perdit sa clientèle riche et bien pensante et dut se rendre à Paris afin de fuir les persécutions de la police locale.

Devenu Parisien, Delahaye apprit comme il le put son métier ; Rude, à son retour de Bruxelles, l'accepta comme élève et l'occupa à l'érection de son groupe immortel du *Départ des Volontaires*. Delahaye a vu le chef-d'œuvre sortir de la pierre et se dresser aux flancs de l'Arc de Triomphe. Il a frémi d'enthousiasme aux accents de la *Marseillaise*. Peut-être a-t-il posé pour l'adolescent, beau comme un jeune dieu, et qui marche si allègrement à la victoire. Il se rappelle l'émotion de Rude, et sa voix vibrante qui emplissait l'atelier de la rue d'Enfer; il revoit sa solide silhouette, se profilant sur le cep de vigne, souillé de plâtre, qui languissait dans la cour; il a toujours dans l'oreille ses conseils judicieux.

— Enfoncez-vous jusqu'au cou dans votre sujet, répétait François Rude; ayez la tête froide et le cœur chaud; ne vous hâtez point; l'impatience est fille du doute. Quand on est sûr d'arriver, on ne se presse pas...

Rude, les bras croisés, secouant sa longue barbe aux ondes michelangesques, semblait un patriarche parmi ses disciples, ses praticiens, ses modèles. Un de ceux-ci, que l'on surnommait le « Bourguignon », était fils naturel de Buffon, et ce sont ses traits, pleins de noblesse, que le sculpteur a reproduits dans la figure centrale des « Volontaires »... Les semaines, les mois se succédaient en ce labeur fécond. Delahaye achevait de s'instruire, il devenait habile. Soudain, la révolution de 1830 éclata. Il jeta l'ébauchoir, il saisit le fusil, il descendit dans la rue; il se rua sur le palais du despote.

— Ce fut ma seconde bataille pour la liberté!

Certes, M. Delahaye chérit la liberté; il eut pour elle un amour violent, agressif, qui se plaisait aux échauffourées, aux coups donnés et reçus, aux tueries, aux bousculades sanglantes. Ce vieux démocrate avait un tempérament de grenadier. Quand il servit, un peu plus tard, au 1ᵉʳ chasseurs d'Afrique, il accomplit de surprenants exploits et mit en pièces les Arabes d'Abd-el-Kader. Et quand il revint en France, il avait gardé cette allure martiale de casseur d'assiettes qui lui valut tant de succès auprès des grisettes du quartier de l'Odéon. Il courait avec elles les foires et les guinguettes ; et c'est alors qu'il se lia avec Gavarni ; il excellait dans les cavaliers seuls, et nul n'avait plus de feu, lorsqu'il s'agissait de mener la ronde infernale et de conduire le long des boulevards, des Vendanges de Bourgogne au faubourg du Temple, la troupe débandée des pierrots somnolents et les débardeurs échevelés... Il se mesurait aussi avec les lutteurs. Il défia Marseille, Arpin le Savoyard, et leur fit mordre la poussière. Mémorables victoires et qui le rendirent célèbre, pendant huit jours...

A ses moments perdus, il modelait la glaise, il exposait au Salon. Il eut trois lignes d'éloges dans un feuilleton de Théophile Gautier. Mais tout à coup, la paix est troublée, la foule s'agite et enlève dans un élan furieux les Tuileries, au bruit de la fusillade. Comme bien vous pensez, le père Delahaye s'épanouissait au sein de l'émeute, aspirant avec délices l'odeur de la poudre, hurlant, s'enflammant, accablant de sarcasmes l'infortuné Louis-Philippe.

— Ce fut ma troisième bataille pour la liberté !

Nous nous sommes arrêtés, sous une tonnelle de la

« Sole frite ». M. Delahaye a refusé le petit verre que je voulais le forcer de boire, m'expliquant qu'il attribuait la remarquable verdeur dont il jouit présentement à ses habitudes d'extrême sobriété. Il m'a offert une prise, m'assurant qu'il usait du tabac sur la recommandation de l'illustre savant Pasteur et que rien n'était comparable à ce remède, pour dégager les méninges et conserver à l'esprit la lucidité et l'agilité de la jeunesse.

Tandis que nous sirotons notre moka, — sans cognac, — le jardin de l'établissement s'est garni. D'autres pensionnaires de l'asile sont venus s'y asseoir : épaves échouées dans ce coin tranquille ; vieillards inoffensifs, traînant la jambe, à demi paralysés, et à qui l'absence des soucis matériels, la certitude où ils sont désormais de ne pas mourir de faim, communique comme une vague sérénité. Ils s'attablent par couple, devant un litre. Ils causent sans se presser, en gens que la vie ne bouscule plus et qui ont des loisirs. Ils écoutent le concert d'une flûte et d'un cornet à piston qui exécutent, là-bas, dans le café voisin, des airs de danse. Et ces mélodies naïves, nous arrivant par bouffées, ont quelque chose d'infiniment doux et triste qui serre le cœur. Mais le père Delahaye ne s'abandonne pas aux rêveries mélancoliques. Il achève son récit.

— Ma quatrième bataille pour la liberté, je la livrai naturellement le 2 décembre... Et quand nous fûmes vaincus, je suivis à Bruxelles et à Londres les exilés.

Il garde dans son portefeuille — un portefeuille fatigué, blanchi, écorné aux angles, presque aussi âgé que lui — des autographes de tous ces grands hommes. Un mot de Victor Hugo, un mot de Lamartine, un mot de Quinet, un mot de Gambetta. Et chacun d'eux est un certificat de civisme :

« L'ami Delahaye... sincère républicain... Pionnier de la démocratie... Victime du 2 décembre... Sculpteur de grand mérite et bon citoyen. »

Eugène Spuller a joint à son bout de lettre une pensée que Delahaye propose avec respect à mes méditations : « *La vérité en politique, pour les hommes qui veulent agir, c'est le possible !* »

— Hein ! qu'en dites-vous ?... Est-ce tapé ?... Quel cerveau que ce Spuller !... C'est lui qui m'a introduit chez Gambetta. Il m'installait dans le cabinet et je faisais ma petite affaire, pendant qu'ils s'occupaient du pays.

M. Delahaye hume une large pincée de tabac, et m'ayant montré une carte de M. Henry Roujon, directeur des beaux-arts, qu'il est orgueilleux de posséder :

— Oui, reprend-il, je suis une victime de l'Empire. Mais je me suis vengé !...

L'anecdote est, ma foi, des plus piquantes. Vers la fin du régime, après le procès Baudin, l'excellent Delahaye avait modelé des médaillons de Gambetta et de Jules Fabre qui se vendaient comme du pain aux environs du Palais. Il en tirait gros profit. Un jour il fut mandé chez le préfet de police, M. Pietri.

— Alors, lui dit ce magistrat, vous êtes un ennemi du gouvernement ?

L'artiste n'était pas de ceux qui rougissent de leur conviction. Il se contint pour ne pas crier : « Vive la République ! » C'eût été une bravade inutile. Il répliqua simplement :

— Croyez ce qu'il vous plaira...

M. Pietri négligea de relever ce qu'il y avait d'offensant dans cette phrase. Il reprit :

— Savez-vous bien, monsieur Delahaye, que vous avez beaucoup de talent ?

Notre sculpteur ne put s'empêcher d'être chatouillé par ces louanges. On a beau ne pas partager l'opinion des gens, on est sensible tout de même à leur estime. Et puis M. Pietri était un homme très intelligent.

— Voulez-vous, poursuivit-il, exécuter un médaillon du prince impérial ? On vous le payera 5.000 francs... Apportez-m'en une maquette... La somme vous sera versée.

Delahaye y consentit. C'était une faiblesse. Mais l'art plane, n'est-il pas vrai ? dans des régions sublimes, au-dessus de la politique. Et d'ailleurs le rusé Bourguignon avait son plan Il fit traîner la commande, et de retouche en retouche, gagna des semaines, puis des mois. La guerre de 1870 fut déclarée, l'Empire s'effondra. Il n'acheva jamais le médaillon du prince. Cependant il avait palpé les cinq mille francs que l'empereur avait puisés, tout exprès pour lui, dans sa cassette.

— Avouez que le tour n'était pas mauvais !

Et voilà comment une « Victime du Deux » exerça contre l'usurpateur de spirituelles et légitimes représailles.

Je contemple la « victime ». Elle respire la santé, la jovialité, le contentement de soi, la quiétude. M. Delahaye est heureux, plus heureux que son camarade Gavarni, qui traîna jusqu'au terme de ses jours le boulet des dettes, le dur fardeau des besoins d'argent. Il ignore, lui, les tourments, les angoisses secrètes qui rongent, si souvent, l'existence de l'artiste. Il est libre, affranchi de toute charge; il trouve chaque soir dans la maison commune bon souper, bon gîte... Et quant au reste, mon Dieu, je suppose qu'à son âge cela n'a pas d'importance. Enfin, il éprouve des satisfactions d'amour-propre. Une parole qu'il m'a dite m'a découvert le coin de son âme.

— Je suis un peu jalousé... Vous concevez... Un artiste ! Ces braves gens comprennent bien qu'ils ne sont pas mes égaux !

Quoi donc, père Delahaye, l'égalité démocratique ne serait-elle qu'illusion ? Est-il convenable que vous — un ami du peuple — vous vous abandonniez à des pensées aussi vaniteuses ? Mais je garde pour moi ces réflexions qui le pourraient chagriner. Je lui presse les mains, pendant qu'il m'assure de sa sympathie :

— Charmé de vous connaître, je dis les choses tout franc, comme je les pense. Je suis un vieux soldat de la Liberté !

Le bon sculpteur a tourné les talons. Et je l'ai entendu qui fredonnait, ravi de sa journée :

> Que de plumets, que de bijoux !
> Que de mines
> Lutines !

Le soleil se jouait dans ses favoris de neige, taillés à la Souvarof ; — dernier rayon des carnavals défunts, dernier éclair de jeunesse...

LE VRAI ROMAN

DE

PAUL ET VIRGINIE

I

J'ai reçu dernièrement une communication assez étrange et dont je désire faire part à mes lecteurs. Elle excitera, je suppose, leur curiosité comme elle a piqué la mienne. Je la dois à un jeune clerc de notaire de mes amis. Ces messieurs sont mêlés, de par leur état, à beaucoup de petits mystères qu'il leur est interdit de divulguer. Mais en de certains cas, et quand l'honneur ou la fortune des tiers n'est pas en cause, ils peuvent s'affranchir du secret professionnel.

— Savez-vous, me dit-il, comment s'appelait, de son vrai nom, Virginie ?

— Virginie ?... De quelle Virginie voulez-vous parler ?

— Il n'en est qu'une seule qui compte en littérature : l'héroïne de Bernardin de Saint-Pierre.

— Ce personnage n'est-il pas imaginaire ?

— Nullement... Virginie se nommait Mlle Caillou.

— Voilà qui n'est guère poétique.

— Et quant à Paul...

— Vous avez aussi des « tuyaux » sur Paul ?

— C'était un aimable gentilhomme, de figure sympathique et de brillant avenir, l'enseigne de vaisseau Longchamps de Montendre.

De tout temps, les officiers de marine ont su inspirer l'amour. M. Longchamps de Montendre fut un prédécesseur de M. Pierre Loti ; et ceci n'avait rien qui pût m'étonner. Je connaissais mon clerc de notaire pour intelligent et sérieux. Cependant je souhaitais qu'il appuyât sa révélation de quelque preuve.

— La relation de cette aventure, reprit-il, est entre les mains d'un client de mon étude. Et s'il consent à s'en dessaisir... Je tâcherai de l'y décider... Aujourd'hui, ne m'en demandez pas davantage.

Le jeune clerc a réussi dans son ambassade. Il m'a apporté le document promis et m'en a conté l'histoire. C'est une double feuille in-quarto, nettement calligraphiée. Le filigrane et la pâte du papier, l'aspect de l'encre décolorée et jaunie, le caractère de l'écriture ne laissent aucun doute sur son âge. Elle renferme le récit de l'idylle si tristement dénouée de M. de Montendre et de Mlle Caillou.

Cette pièce a été trouvée dans la succession d'un très riche Mauricien qui, par ses libéralités posthumes, s'est acquis des titres à la gratitude de tous les Français...

J'ai promis de ne pas le désigner plus expressément... Il la tenait d'une arrière-grand'mère qui habitait l'Ile-de-France, dans la seconde moitié du dix-huitième siècle, au moment même où Bernardin de Saint-Pierre y accomplit un de ses voyages. Les événements qu'elle retrace s'étaient déroulés une dizaine d'années avant l'arrivée de l'écrivain, mais il ne pouvait pas les ignorer, car la société de Port-Louis s'en entretenait encore et en avait gardé le douloureux souvenir. Par qui cette narration fut-elle rédigée? Peut-être par l'aïeule du créole, ou plus vraisemblablement par quelque Français résidant là-bas, ou quelque marin de passage — par quelqu'un, en tout cas, à qui notre langue était familière. Elle porte la marque du temps ; elle est pleine de grâce et de sensibilité ; et certainement elle arracha des larmes à la bonne dame, qui la conserva avec piété et la légua à ses descendants.

La voici, intégralement transcrite et dûment collationnée :

Mlle Caillou, qui n'est connue que sous le nom de Virginie, passa très jeune à l'Isle de Bourbon où elle avait des parents. Dans l'année 1741, elle retourna en France avec M. de Belval, son oncle, qui avait été employé à l'Isle de France, en qualité d'ingénieur en chef; elle avait alors à peu près douze ans, était bien faite, jolie, mais surtout intéressante par la sensibilité qui caractérisait toutes ses actions. On perfectionna son éducation en France. Son esprit et ses charmes se développaient, lorsque M. de Belval fut réintégré dans ses fonctions d'ingénieur et résolut de repasser dans ces isles. Il s'embarqua avec sa nièce sur le *Saint-Gérand*.

Une jeune personne aussi intéressante, aussi spirituelle que Virginie, ne peut être longtemps à bord d'un vaisseau, sans s'attirer les regards de tout ce qui l'environne. M. Longchamps de Montendre fut le premier à lui rendre hommage. C'était un jeune homme de vingt-six ans, enseigne de vaisseau, grand, bien fait, et d'un naturel doux et sensible ; il reconnut bientôt la vertu de Virginie, et lui jura un amour éternel. Leurs sentiments étaient réciproques. Fondés sur la vertu, ils devaient assurer leur bonheur. La conduite de Virginie dans une longue traversée ne démentit jamais l'opinion qu'en avait eue M. de Longchamps dès sa première entrevue. Il n'y a point d'épreuve comme le séjour d'un vaisseau. Tant de personnes peu faites l'une pour l'autre, embarquées ensemble sans s'être vues, contrariées par les éléments et se contrariant elles-mêmes, s'aigrissent et ne peuvent longtemps se contenir. Les animosités ajoutent à l'horreur d'une situation déjà trop cruelle par les privations qu'on éprouve dans un long voyage. Virginie était toujours la même ; rien ne pouvait troubler la tranquillité de son âme.

Le *Saint-Gérand* découvrit la terre le 18 août 1744. Ce moment ne peut être apprécié que par ceux qui, longtemps privés d'un objet cher, le retrouvent à la fin.

La joie, la négligence et la trop grande sécurité des officiers furent la cause du plus malheureux des événements. M. de la Marre confia son vaisseau à ceux qui connaissaient cette côte mieux que lui. On diminua de voile pour attendre le jour, mais le vent et la mer portaient à terre. Vers les deux heures du matin, M. de la Marre, trouvant qu'il était trop près de terre, ordonna de virer. Hélas! il était trop tard; à peine l'ordre donné, le bâtiment toucha et perdit son gouvernail. Les vagues battaient le travers du bâtiment et le portaient avec force contre les ressifs. Les mâts tombèrent, rien ne put résister à leur choc; ils enfonçaient le bâtiment, dont les bords cédaient à leur violence. M. de la Marre, après les prières usitées, embrassa son équipage et abandonna son bâtiment à la merci des flots.

M. de Longchamps était avec Mlle Caillou; et voyant que toutes les embarcations étaient brisées, résolut de gagner l'Isle-d'Ambre, éloignée d'une lieue, et lui jura qu'il reviendrait la chercher. Il arriva heureusement à terre. Ceci paraîtrait incroyable, si j'oubliais de dire que des hauts fonds et des ressifs lui offraient un repos, même en augmentant les périls. L'équipage suivit l'exemple de M. de Longchamps. La nuit rendait leur situation plus affreuse; la mer était couverte de débris. M. de la Marre, qui refusa constamment de se déshabiller, périt sur un radeau.

Virginie restait presque seule sur les débris. Jugez de l'horreur de cette affreuse position. L'image de la mort se présentait sous différentes formes, plus terribles les unes que les autres; elle se voyait entourée de morts et de mourants, noyés et tués par les débris qui flottaient autour d'elle. Il est cependant très vrai qu'on se familiarise avec l'idée de la mort, soit que la Providence, toujours compatissante, adoucisse dans ces moments affreux l'horreur de l'anéantissement, soit qu'elle rende l'homme indifférent pour une mort qu'il regarde comme le terme de ses souffrances.

M. de Longchamps chercha vainement des secours. Au

lever du soleil, il promène inutilement ses tristes regards sur une côte inhabitée ; alors, et au comble du désespoir, il fixe enfin ses yeux sur cet affreux débris. Il voit ou son amour lui fait croire qu'il voit encore sur le pont son amante. En proie à tous les sentimens divers qui peuvent alors agiter une âme sensible, il fit taire le cri de la nature et n'écouta que l'amour ou l'amitié : il se jetta à la mer, il écarta avec un courage et une adresse incroyables tous les débris, et parvint en vue de Mlle Caillou. Sa présence l'anima, il fut bientôt à bord. Il employa en vain toutes les ressources de son imagination pour l'engager à se déshabiller : elle fut inexorable. Le tems ne permit pas de balancer, il respecta ses volontés et, se jettant à la mer, la prit sur son dos, nagea pendant quelque tems ; mais accablé par le poids d'un objet si cher, il ne put résister au flux et au reflux d'une mer orageuse qui se déployait sur eux et, gêné par les jupes de son amante, il perdit ses forces. Dans ce fatal moment, leur premier mouvement fut de se prendre à bras-le-corps et, dans cette position, rendirent et... réciproquement leur tendre mais dernier soupir. La mer respecta leur amour et les porta sur le rivage, où on les trouva étroitement serrés dans les bras l'un de l'autre. Ils y furent enterrés, et il n'existe pas une pierre qui puisse transmettre à la postérité le souvenir de leur malheur.

Telle fut la fin de ce couple infortuné, victime de l'amour le plus généreux et de ces bienséances cruelles que Virginie, dans un âge plus mûr, aurait sans doute sacrifiées au devoir de se sauver la vie, et de la conserver à un amant qui s'est perdu pour elle.

Voilà l'épisode dont mon jeune ami le clerc de notaire voulut bien me confier la version originale. Il me parut fort touchant. Toutefois, en y regardant de plus près, quelques objections me vinrent à l'esprit. D'abord le morceau est ultérieur à la publication de *Paul et Virginie*. Le prodigieux succès de ce roman, qui parut en 1788, et dont la gloire ne parvint qu'un peu plus tard dans les colonies lointaines, dut ébranler l'imagination des gens de l'Ile-de-France et plaire à leur vanité. Un de ces indigènes n'avait-il pas inventé, après coup et de toutes pièces, la fable de M. Longchamps de Montendre et de Mlle Caillou ? N'étions-nous pas en présence d'une supercherie, d'une grossière mystification ?

— Il est aisé de s'en assurer, reprit le clerc, à qui j'exprimais mon inquiétude. Soumettez-le cas aux généalogistes, dont c'est la spécialité de débrouiller ce genre de problèmes et de remonter dans le passé des familles. Ils vous diront si Mlle Caillou et M. Longchamps de Montendre ont encore aujourd'hui quelques parents chez qui vous puissiez vous renseigner.

Il me donna l'adresse d'un de ces messieurs, et j'y courus aussitôt.

Ce généalogiste se nomme M. Andriveau. Il est docteur en droit. Il occupe, rue du Cherche-Midi, un très vieil hôtel, qui m'impressionna par sa physionomie vénérable et m'inspira tout de suite du respect. Des armes sont sculptées dans la pierre, au-dessus du portail. L'herbe pousse entre les pavés de la cour. Des bornes usées, où les roues des carrosses ont marqué leur empreinte, s'y élèvent, témoins muets et mélancoliques de la fuite du temps. Dès qu'on a franchi le seuil, une fraîcheur vous saisit. Les voûtes sont hautes, les murs épais, l'escalier humide et vaste. M. le généalogiste m'a reçu dans un immense salon du premier étage, aux lambris richement ornés, aux frêles moulures. Il était assis devant un meuble de Boule, fort élégant, mais qui disparaissait sous des monceaux de dossiers et de paperasses. J'entrai vivement en matière.

— J'ai des éclaircissements à vous demander, fis-je, sur *Paul et Virginie*.

Contrairement à ce que j'attendais, le visage de M. Andriveau ne trahit presque aucune surprise.

— Nous avons affaire, chaque jour, dit-il, à tant d'extravagants, que les questions les plus singulières ne nous peuvent émouvoir.

Je ne sus si je devais prendre cette remarque pour un compliment ou un avertissement à mon adresse. Mais M. Andriveau avait un air si aimable que je n'osai mettre en doute sa courtoisie. Il poursuivit ses explications et m'exposa en quoi consistait exactement son industrie.

— Nous possédons ici environ cent cinquante millions de fiches qui contiennent, méthodiquement classés et par ordre alphabétique, les noms et prénoms des individus qui naquirent à Paris et dans les principales villes de France, depuis 1680 jusqu'à nos jours. De telle sorte que si quelque neveu croit avoir des droits à la succession d'un oncle d'Amérique ou de

Bretagne, si quelque notaire est à la recherche d'héritiers inconnus ou disparus, ils nous appellent à leur secours, nous leur ouvrons nos archives. Et ainsi nous contribuons à entretenir et à rétablir l'ordre normal et régulier des choses humaines...

Je l'interrompis.

— Mais alors, m'écriai-je, vous allez m'apprendre qui était cette demoiselle Caillou, si infortunée et si charmante...

Il m'entraîna, à sa suite, dans les appartements de l'hôtel. Nous traversâmes une quinzaine de salles, bondées de cartons verts, qui se superposaient du sol au plafond et sur lesquels on discernait les lettres de l'alphabet inscrites en majuscules. Il rapprocha une gigantesque échelle roulante d'une armoire de chêne et attira à lui un registre qui faillit le renverser en tombant. Ce livre se rapportait à une faible partie de la lettre C et correspondait aux trente premières années du dix-huitième siècle. Nous cherchâmes le nom de Caillou. Il y figurait, hélas! trop abondamment. Cent cinquante ou deux cents Caillou étaient couchés à la file. Hippolyte Caillou... Ignace et Pierre Caillou — deux frères — Mlles Germaine, Sylvie, Thérèse, Colette Caillou... et bien d'autres !

— Quel était le prénom de votre jeune personne? reprit M. Andriveau. Est-ce Colette, Thérèse, Jeanne ou Sylvie?

Je restai déconfit. Je n'avais pas songé à cette difficulté. M. le généalogiste daigna compatir à ma peine.

— Tâchez de m'apporter ce renseignement en ce qui concerne Mlle Caillou et le même en ce qui regarde M. Longchamps de Montendre. Je vais, de mon côté, m'en enquérir.

Il ne me restait plus qu'à lui offrir mes remerciements et mes excuses.

Je me suis plongé dans la poussière des bibliothèques. J'ai dévoré à peu près tout ce qui a été écrit sur *Paul et Virginie* et l'auteur de ce chef-d'œuvre. J'ai relu les trois études de Sainte-Beuve, celle de Prévost Paradol ; feuilleté la biographie de Bernardin de Saint-Pierre par A. Fleury, celle d'Aimé Martin et l'*Ile-de-France légendaire* d'Henri de Rauville, où l'illustre romancier est vertement censuré à chaque page et convaincu d'ignorance, au moins en ce qui concerne la géographie de l'île. Enfin j'ai vu un extrait des *Archives de Port-Louis* où se trouve constaté le rapport d'un M. de Mallet, qui prétend être le frère de Virginie.

« Ma sœur, écrit-il, revenait de France en 1744 à bord du *Saint-Géran*, lorsque le 23 décembre un coup de vent submergea le navire. Un des officiers de ce vaisseau était devenu éperdument amoureux d'elle pendant la traversée ; il lui proposa de la sauver à condition qu'elle se déshabillerait, etc... »

Cela nous fait une seconde Virginie et cela nous égare davantage. Mais le baron Mylius, qui gouvernait la colonie de 1821, rétablit la vérité. Il organisa une enquête que nous devons accueillir avec confiance, car elle fut sérieusement ordonnée. Il interrogea les rares survivants du naufrage, coordonna leurs dépositions et établit un copieux travail, dont il est facile de résumer les traits principaux.

Le *Saint-Géran*, bâtiment de la Compagnie des Indes, du port de 600 tonneaux, avait quitté Lorient le 24 mars 1744, à destination de l'Ile-de-France. Il portait à son bord, comme passagers, MM. Villarmois, Guinée, de Belval, ingénieur, Gresle, de Brenhan, Dromar de Saumur, Mlles Caillou et Mallet, et, comme officiers, M. de la Mare, commandant, Malles, premier lieutenant, Longchamps de Montendre, premier enseigne, Lair, deuxième enseigne et écrivain, et le chevalier Boëtte, enseigne surnuméraire. Après une traversée de cinq mois, il parvint, le 17 août, vers quatre heures de l'après-midi, en vue de l'île. Le ciel était magnifique et rien ne faisait présager la catastrophe. M. de la Mare eut l'imprudence de confier la conduite du navire à ses jeunes lieutenants qui manœuvrèrent si mal que le *Saint-Géran* toucha et se coucha sur le flanc. A cet instant, les lourdes lames d'un violent raz de marée l'assaillirent et la situation devint critique. La yole fut chavirée sur le pont et se brisa ; la chaloupe et le canot furent défoncés. Un radeau qu'on mit à la mer s'enfonça avec les soixante malheureux qui y avaient pris place. La nuit s'écoula dans ces angoisses. M. de la Mare manda l'aumônier qui prononça un vœu à Notre-Dame d'Auray et entonna l'*Ave Maris Stella* et le *Salve Regina*. Les hommes d'équipage, émus aux larmes, se jetèrent dans les bras les uns des autres. Edme Carret, patron de la chaloupe, supplia le commandant d'enlever ses habits. Mais M. de la Mare s'y refusa, « objectant » qu'il ne conviendrait pas à la décence de sa condition d'arriver à terre tout nud et qu'il avait des papiers dans sa poche dont il ne devait pas se séparer. » M. de Longchamps de Montendre adressa-t-il la même prière à Mlle Caillou ? On le présume. On l'aperçut qui embrassait les genoux de la jeune fille, l'implorait et s'efforçait de la dépouiller de ses vêtements en l'entraînant vers la mer, tandis que son camarade, M. de Péramont, tâchait de sauver pareillement Mlle Mallet. M. de Montendre se précipita seul dans les flots, puis remonta et renouvela sa tentative. Ce fut la dernière scène que purent observer les survivants du *Saint-Géran*. Ce qu'il advint ensuite est le secret de l'Océan et de Dieu...

Ces détails, puisés à des sources authentiques et que M. de Rauville a patiemment rassemblés, ne s'éloignent pas sensiblement de la relation dont j'ai donné ci-dessus le texte. On voit ce que Bernardin de Saint-Pierre en a retenu. Elle lui a fourni la catastrophe de son élégie ; afin de rendre le naufrage plus vraisemblable et plus émouvant, il l'a placé au mois de décembre, ce qui lui a permis de tracer une des plus belles descriptions de tempête qui soient dans notre langue. Tout le reste est inventé. Il a composé son livre avec les souvenirs qu'il avait conservés de l'Ile-de-France et les théories humanitaires qu'il tenait de son ami Jean-Jacques Rousseau...

Je n'ai toujours pas le prénom de Mlle Caillou ni celui de M. Longchamps de Montendre. M. Andriveau m'a écrit qu'il renonçait à les découvrir.

II

A la suite de cette tentative infructueuse, je demandai aux lecteurs du *Temps* de vouloir bien y suppléer et m'aider dans mes recherches, en me donnant, s'il était possible, quelques lumières sur le héros et l'héroïne du *Saint-Géran*. Je reçus de M. Victorien Sardou la lettre suivante :

Marly.

Mon cher Brisson,

Voici une brochure de Lemontey que je vous confie et qui ne vous donnera pas le petit nom de Mlle Caillou, — mais qui confirme par des rapports officiels les efforts de M. Longchamps de Montendre pour la sauver.
Le vrai nom de l'héroïne de Bernardin de Saint-Pierre n'est donc pas une révélation, puisque la brochure de Lemontey date de 1823. Ce qui est plus neuf, c'est la liaison amoureuse de M. de Montendre et de Mlle Caillou, et ça — c'est du roman, selon toute apparence.
Mille amitiés.

V. Sardou.

La brochure de P.-E. Lemontey, de l'Académie française (Institut royal), n'est nullement indifférente. Elle s'ouvre par des considérations solennelles, dans le goût du temps, sur les grâces de la poésie qui embellit la réalité. « Tel est le privilège des muses, qu'elles charment ce qu'elles touchent ; dès que les peuples aperçoivent cette vérité, c'est un signe certain qu'ils commencent à se lasser de la barbarie. » Le vieil académicien loue Bernardin de Saint-Pierre de n'avoir pas dédaigné les sources obscures où l'on apprend à n'être plus copiste, car, si l'art est borné, la nature est inépuisable... » Et c'est ainsi que Lemontey ennoblit son sujet en le parant d'idées générales. Mais le récit qu'il donne du naufrage du *Saint-Géran* est minutieux, coloré, accompagné de détails précis et plus complet que ceux qui furent faits par la suite. J'en détacherai un épisode sur lequel il s'étend avec complaisance.

Mais dans la relation de cet événement (qu'on pourrait appeler un *naufrage de main d'homme*, tant fut grande l'impéritie des officiers et de l'équipage), j'ai réservé quelques faits qui sortent véritablement de l'ordre commun et que je considère comme éléments de beautés littéraires. D'abord, on a dû s'étonner que l'équipage n'ait employé ni la chaloupe, ni les canots si nécessaires à un bâtiment échoué. L'obstacle qui les en priva fut, en effet, d'une étrange nature. On se souvient que le navire, couché sur le flanc, allait être submergé par le poids de la mâture. Le premier soin fut donc de couper les mâts et de les jeter à la mer.

Mais cette opération si prudente amena un phénomène inattendu, car, aussitôt, la mer s'empara de ces énormes débris, et la lame les reporta avec fureur sur le pont du vaisseau. C'est là que ces mâts, devenus plus funestes, promenés comme une faux, ou frappant comme le bélier, fracassent tout ce qui se trouve sur leur passage et brisent la chaloupe et les bateaux entre les mains de ceux qui, alors, les dégageaient de leurs liens. Cette destruction fut la circonstance la plus atroce du naufrage et arracha aux marins un cri de désespoir. Il me semble que ce désastre, neuf, cruel, imprévu, que cet océan, armé, pour ainsi dire, par ses propres victimes, doivent fournir à l'art des effets terribles, des images pittoresques que, jusqu'à ce jour, ni poète, ni romancier, ni voyageur n'avait soupçonnés. Le premier écrivain qui en fera usage, pour émouvoir les hommes, n'oubliera pas, sans doute, qu'il les doit à un récit de simples matelots ».

Assurément, le bon M. Lemontey avait le sens du réalisme, et par là, il devançait son siècle. Mais il était aussi très sensible à l'innocence, à l'amour, à la vertu. Le dévouement de l'enseigne Longchamps de Montendre, qui s'obstine à sauver Mlle Caillou en tâchant de la dépouiller de ses habits, lui arrache des pleurs. Il blâme toutefois le jeune officier d'avoir eu recours à cet expédient. « Au lieu d'ôter ses vêtements à Virginie, il aurait dû les lui faire reprendre, parce que le vêtement d'une femme est surtout nécessaire au nageur qui veut la secourir, pour la saisir, la soutenir sur l'eau, la ressaisir quand elle lui échappe, et finalement la tirer jusqu'à terre. » L'héroïsme de M. de Montendre n'en fut pas moins touchant et admirable. « Est-ce l'amitié, l'amour ou la seule générosité qui l'inspirèrent? Les antécédents d'une si belle action sont inconnus, mais faciles à supposer et nulle imagination ne peut rester froide à la vue d'un pareil résultat. On ne sait, il est vrai, de Mlle Caillou que son nom ; et l'on ignore sa patrie, sa famille, ses mœurs, ses projets. Était-elle intéressante ou vulgaire? Questions oiseuses! Est-ce que la femme pour qui le jeune officier du *Saint-Géran* a voulu mourir peut jamais être banale? » Lemontey s'arrête sur ce point d'interrogation.

Le problème qu'il n'avait pu résoudre a été repris. Un chercheur ingénieux publia, en octobre 1891, dans les *Annales de l'Est*, un travail sur Mlle Caillou. L'auteur de cette étude est M. Charles Benoit, mort aujourd'hui, alors doyen de la faculté des lettres de Nancy ; et c'est son collègue, M. A. Collignon, qui a eu l'extrême obligeance de me la communiquer. Il s'agit d'un mémoire rédigé par Mme Journel, née Millon d'Ailly, laquelle aurait été liée avec un certain M. Mallet, le propre frère de l'infortunée Mlle Caillou. Ici, je cite textuellement :

« La jeune fille ne portait pas le même nom que lui. Elle s'appelait Mlle Caillou. Elle était née d'un premier mariage de sa mère, qui, devenue veuve, s'était remariée avec M. Mallet. C'est alors sans doute que cette dame avait consenti, quoique avec bien du regret, à envoyer en France sa fille adolescente, pour y compléter son éducation. Elle y avait une parente religieuse qui, depuis longtemps, l'y sollicitait. La jeune fille, sous la direction de sa tante, après quelques années passées dans le cloître, en avait aisément pris le goût et les habitudes, et ne songeait plus qu'à y ensevelir désormais sa vie et ses affections. Mais sa mère ne put consentir à la perdre ainsi pour toujours. Elle réclamait sa chère fille avec insistance ; elle avait besoin de la revoir. Il fallut céder à sa tendresse. En 1744, la jeune exilée prit passage à Bordeaux, sur le *Saint-Géran,* pour retourner dans sa famille »

Voici donc soulevé un coin du voile qui nous dérobait l'aimable jeune fille. Un autre correspondant, M. B. Antoine, m'assure que sa parenté n'est pas éteinte et qu'elle a encore, quelque part, en Provence, d'arrière-petits-cousins. Peut-être est-ce l'un d'eux qui m'est venu voir, en inscrivant sur sa carte : « *descendant de Mlle Caillou.* » J'ai manqué sa visite qui malheureusement ne s'est pas renouvelée.

LE TRÉSOR DE MONACO

I

Monte-Carlo.

Chaque fois que j'arrive sur ce coin de terre, ma première visite est pour M. Gustave Saige. C'est un des plus aimables et des plus savants hommes que je connaisse. Son nom n'est peut-être pas très populaire, mais il est universellement estimé des érudits; ses travaux considérables l'ont illustré. Depuis vingt ans, M. Saige, qui sort de l'École des Chartes, où il eut pour condisciples M. Paul Meyer et le regretté Gaston Paris, classe les archives de Monaco; il en a tiré, sous la direction du Prince, la matière de plusieurs gros volumes, bourrés de faits, de documents précieux, d'annotations critiques qui lui ont ouvert les portes de l'Institut. Tous ces papiers étaient dans un grand désordre quand on le pria de s'en occuper. Et cette mission lui fut confiée à la suite d'une aventure fort extraordinaire qui mérite d'être divulguée. Alphonse Daudet aurait pu s'en servir lorsqu'il raconta, dans l'*Immortel*, l'histoire de Chasles et de Vrain Lucas.

Ceci se passait en des temps déjà lointains, vers la fin du second Empire. Un littérateur assez célèbre, M. de X..., qui préparait un ouvrage sur Montaigne, sollicita du prince de Monaco, Charles III (le père du prince actuel), la communication de quatre lettres inédites de l'auteur des *Essais* qu'il tenait de son aïeul le maréchal Matignon. Charles III lui confia le registre où elles étaient reliées avec d'autres pièces. Plusieurs années s'écoulèrent. Un jour, M. de X... alla trouver l'expert et marchand d'autographes Charavay et lui dit :

— Je vous apporte quatre lettres inédites de Montaigne.

Charavay s'en saisit et laissa échapper un cri d'étonnement :

— J'ai déjà vu ces billets. Ils appartiennent, ce me semble, à la famille de Monaco.

M. de X... chercha vainement à dissimuler son trouble. Il balbutia une explication : les quatre lettres de Montaigne lui avaient été communiquées par le prince ; mais elles s'étaient détachées du gros cahier, qu'il avait rendu fidèlement ; et il les avait retrouvées sur sa table. Et voilà comment elles étaient dans ses mains.

— Je ne cherche pas à les vendre, croyez-le bien, mon cher Charavay. Je voudrais que vous m'aidiez à les restituer discrètement à leur possesseur.

Charavay voulut bien consentir à ce qu'on lui demandait. Les premiers autographes réintégrèrent le fonds monégasque. Mais cet incident éclaira le souverain et lui montra la nécessité d'avoir près de lui un conservateur vigilant. Il investit de cette charge M. Saige.

Celui-ci s'empressa — et ce fut son premier soin — de remettre en place les fameuses lettres de Montaigne. Et il découvrit avec stupéfaction qu'elles figuraient dans le registre ; on y avait substitué des décalques, de tous points semblables et merveilleusement exécutés par un habile faussaire.

Voilà comment M. Saige devint le chef des archives du prince de Monaco. Lors de son avènement, Albert Ier le confirma dans les fonctions qu'il exerçait avec tant d'éclat et de modestie ; il y joignit d'autres faveurs : le titre de Conseiller d'Etat, et un grade élevé dans son ordre. M. Gustave Saige est tout cela. C'est un personnage considérable. Et de plus, ce qui ne gâte rien, il a beaucoup d'esprit, l'œil perçant, l'oreille fine. Il voit ce qui se passe et il le retient. On assure que, chaque soir, il couche par écrit ce qu'il a observé durant le jour. Et Dieu sait s'il a des notes à prendre en un pays où défilent, s'étalent, s'épanouissent la beauté, l'oisiveté, le luxe, l'ostentation et les vices de l'univers !

J'aime infiniment causer avec M. Saige. Et je retire un fruit particulier de son entretien.

Cette fois, c'est lui qui m'a abordé. On jouait au Grand-Théâtre la *Damnation de Faust*. Le rideau venait de tomber sur le second acte du chef-d'œuvre, sur ce tableau de la taverne dont l'art de M. Raoul Gunsbourg a su faire une création épique. Pendant un quart d'heure, nous avions vécu parmi des buveurs de Van Ostade, soudainement animés comme à la suggestion d'une baguette magique; nous subissions encore le charme de cette prodigieuse évocation. La salle croulait sous les applaudissements. J'aperçus dans la foule l'honnête visage, les lèvres rasées (selon la vieille règle imposée aux magistrats), les favoris grisonnants, le ventre cordial et rondelet de M. Saige. Nos regards se croisèrent.

— Parbleu! me dit-il, je suis ravi de cette rencontre. Quand venez-vous aux archives? J'ai à vous montrer de l'inédit.

Nous prîmes rendez-vous. Il ajouta :

— D'ailleurs, nous nous verrons demain au palais. Je sais que vous êtes invité.

Effectivement, je trouvai, en rentrant à l'hôtel, un carton qui m'apprenait que : « *Par ordre de Son Altesse Sérénissime, l'aide de camp me conviait à passer chez Elle* » la soirée du lendemain. J'étais trop sensible à cette gracieuseté, pour n'y pas répondre avec empressement. Au jour et à l'heure fixés, je me rendis à la cour. Il y règne une étiquette inflexible, dont on m'avait prévenu. Et je m'assurai bien vite qu'elle égalait ce qui m'en avait été dit. A neuf heures et demie, tous les hôtes du prince gravissaient le perron de marbre de la cour d'honneur, pénétraient par la galerie d'Hercule dans les appartements de Son Altesse et s'assemblaient dans la salle du trône, où Elle devait venir les rejoindre.

En l'attendant, nous pûmes admirer à loisir cette magnifique pièce ornée de tableaux et de portraits remarquables, entre autres d'un superbe Largillière représentant le duc de Valentinois, un des ancêtres du prince. Le trône était dissimulé sous un rideau de roses fraîchement cueillies, et nous y vîmes la marque d'une agréable simplicité. Mais le chambellan de service nous rappela aussitôt que sur les autres points, les règles traditionnelles de cette antique maison n'étaient pas abolies. Il fit ranger les dames à gauche, les hommes à droite, avec le cérémonial usité sous Louis XIV ; et tous se tinrent debout, les hommes cherchant une contenance, les dames s'éventant d'une main un peu lasse et languissante.

Enfin la porte s'ouvrit. Albert Ier parut, suivi de son cortège, de l'aide de camp, du gouverneur, du secrétaire d'Etat, et des hôtes momentanés du château : le prince Radolin, ambassadeur d'Allemagne en France, et la princesse sa femme, M. et Mme Massenet, M. Jules Combarieu, délégué par notre ministre des Beaux-Arts.

A peine Son Altesse eut-elle franchi le seuil du salon qu'elle se trouva tout contre un de nos confrères et le baryton Renaud qui avait obtenu la veille dans le Méphisto de Berlioz un éclatant succès. Elle l'en félicita. Elle poursuivit sa promenade, et je fus confondu de la patience, de l'amabilité et de l'ingéniosité d'esprit que déployait le prince à renouveler avec chacun de ses hôtes une conversation dont le champ devait nécessairement être fort étroit. On parlait de Berlioz, des représentations théâtrales, de la *Damnation de Faust*, d'*Hérodiade*, de la joie qu'éprouve un Mécène éclairé à assurer la gloire des grands artistes et à réparer l'injustice des contemporains. Quelques-uns, plus hardis, osaient interroger le souverain sur ses projets scientifiques, en quoi ils manquaient à l'étiquette, car on n'adresse pas de questions aux souverains et l'on répond seulement à celles qu'ils daignent vous poser. Mais Albert Ier ne semblait point blessé de ces légères incorrections et continuait de se montrer spirituel et affable. Comme il s'éloignait du groupe où j'étais placé, j'entendis près de moi ce dialogue, entre deux Parisiens qui n'avaient pas apparemment l'usage des cours.

— Ces dames sont toujours debout. Elles doivent être bien fatiguées...

— Pourquoi le prince ne les aborde-t-il pas?

Un troisième interlocuteur intervint un peu sèchement :

— Parce que le prince, ayant commencé de causer

avec les hommes, ne peut les quitter pour aller aux femmes. L'étiquette s'y oppose.

Impitoyable étiquette! la bonté d'Albert Ier consentit cependant à l'adoucir. Le maître du palais vint dire de sa part aux dames, qui continuaient de s'éventer d'une main un peu nerveuse, que Son Altesse les priait de s'asseoir, en attendant qu'Elle vînt les entretenir. Et ce fut, dans le rang des invitées, une satisfaction visible quoique discrète. Un haut fonctionnaire monégasque murmura :

— C'est la première fois qu'une telle grâce est accordée.

Je demeurai rêveur. Cette pompe, ces cérémonies, ces us séculaires, corrigés, il est vrai, par la bienveillance et l'aménité personnelles du souverain, mais demeurés immuables, me ramenaient à des mœurs abolies, au temps lointain des Grimaldi, des Matignon, des Valentinois. Etais-je auprès d'Albert Ier, prince moderne, savant naturaliste, intrépide explorateur, ou auprès de son ancêtre Honoré II, l'ami de Louis XIV — et son émule au point de vue du décor et de la magnificence?... En vérité je ne savais plus. Je dis à M. Gustave Saige, que je saisis au passage :

— N'estimez-vous pas que la rigueur de ce protocole devrait être atténuée et qu'elle est, en quelque sorte, étrangère à notre époque, et, sans doute aussi, hors de proportion avec l'importance géographique de ce tout petit royaume?

M. Saige sourit finement :

— Je vous attends demain aux archives. Suspendez, jusque-là, votre jugement. Je vous ferai voir certaines choses qui vous suggéreront peut-être des idées très différentes.

La soirée s'acheva d'une façon agréable. Massenet nous conta, comme il sait conter, ses souvenirs de Rome ; je crois qu'il se permit un calembour — un calembour sous le toit des Grimaldi! — puis nous allâmes dire deux mots au buffet. Enfin Albert Ier, en se retirant, nous rendit la liberté. Car la civilité s'oppose à ce qu'aucun de ses hôtes prenne congé, avant qu'il ait lui-même donné l'exemple.

Vous pensez si je fus ponctuel au rendez-vous que m'avait assigné mon excellent ami Saige. Il n'était pas huit heures du matin que je gravissais la pente du vieux Monaco. C'est un lieu charmant, mille fois préférable, pour qui veut s'isoler et jouir de la nature, au vertigineux tourbillon de Monte-Carlo. On y trouve des allées sinueuses, des terrasses fleuries, des bancs enfouis sous la verdure et d'où l'œil embrasse un horizon sans limite; l'azur de la mer, l'azur du ciel confondus dans l'éblouissement féerique du soleil. On y respire l'odeur poivrée des œillets et le suave parfum des roses. Presque pas de promeneurs ; la solitude, un silence harmonieux que trouble seulement la vague chanson des flots, qui viennent, tout en bas du rocher, mourir sur la grève.

Je me dirigeai vers le palais. Un suisse, énorme et

galonné, qui en surveille l'abord, me désigna une porte basse, située à droite de la cour, sous la galerie du Triomphe de Bacchus. C'est le domaine de M. le directeur des archives. Il se compose de plusieurs salles voûtées, garnies de rayons, de bibliothèques, de dossiers, de fiches, de catalogues, où s'accumulent les innombrables papiers, qui depuis huit siècles sont aux mains des princes de Monaco. Ce fonds est d'une inconcevable richesse. La famille de Monaco comptait des alliances dans tous les pays d'Europe et correspondait familièrement avec les rois et les empereurs. Cependant ces autographes sans prix avaient été négligés. Ils gisaient pêle-mêle, dans un indescriptible désordre, quand M. Saige fut appelé à les réunir. Depuis 1881 il y consacre ses forces ; le prince, qui est lui-même un grand travailleur et qui sait les difficultés de cette tâche, lui a donné comme collaborateur, le jeune chartiste Henri Lacaille. Leur besogne n'est pas encore achevée ; chaque jour amène des découvertes nouvelles.

— Vous devinez mon étonnement et ma joie, me dit le bon archiviste, lorsque je fus mis en possession d'un pareil trésor. Je défonçais des caisses, reléguées au fond d'un grenier, comme objets de rebut, et j'y trouvais les manuscrits, les sceaux, les parchemins de l'abbaye de Rethel que l'on croyait à jamais perdus. Je défaisais une liasse poudreuse ; il en tombait des lettres de Henri IV, de Louis XIII, de Richelieu, de Louis XIV, d'Anne d'Autriche, du cardinal Mazarin. J'ai sur ma table quelques-uns de ces documents récemment classés, et que je vais soumettre tout à l'heure au prince Radolin. Voulez-vous y jeter les yeux?

Je me suis plongé dans ces cartons. Comment vous peindre ce que j'y ai vu et rendre cette ivresse singulière que l'on éprouve à vivre dans le passé, à toucher, à frôler de ses doigts les feuilles de vélin où tant de mains illustres se sont posées !

Voici soixante-douze lettres de Charles-Quint, plus une lettre patente transcrite sur un parchemin, large d'une aune, et revêtue du sceau impérial. Voici une bulle de Clément VII, datée de 1523, et consacrant l'autonomie de Monaco, au profit d'Augustin Grimaldi, évêque de Grasse. Voici neuf cents lettres de rois et de reines, depuis Henri III jusqu'à la mort de Henri IV et de Catherine de Médicis. L'écriture de Henri IV large et ferme, celle de Catherine cauteleuse, obscure, indéchiffrable ; celle de Henri III un peu molle, celle de Charles IX triste et inquiète. M. Saige m'a avoué que tout ne lui paraissait pas chimérique dans les prétentions des graphologues et que le tempérament des hommes célèbres se retrouve dans la manière dont ils écrivent matériellement, de même que leur esprit se reflète dans la contexture de leurs phrases. Il est allé quérir un autre dossier où sont plus de cinq mille autographes de souverains et d'hommes d'Etat depuis Louis XIII jusqu'à nos jours.

— Tenez, me dit-il, examinez ce paraphe victorieux du grand Condé, qui domine son nom, comme le panache d'un chapeau à plume. Cependant, observez que les dernières lettres de sa signature s'abaissent — signe de traîtrise, ne vous y trompez pas. Et les deux billets d'Anne d'Autriche et de Louis XIV, tracés entièrement de leurs mains, ce qui est fort rare... Voyez combien l'écriture en est hautaine, royale. Et quel style! Quelle impérieuse courtoisie! Ce n'est presque rien, ces billets, des marques d'honnêteté accordées par de puissants monarques à un petit prince, son voisin. Mais Honoré II venait de s'affranchir de la tutelle espagnole et de recourir à la protection française. Il méritait qu'on lui témoignât de la sympathie. Admirez comme ces nuances, ces ménagements, ces sentiments se trouvent ici exprimés en peu de mots!

Sous la dictée de M. Saige, j'ai transcrit ces deux billets et je les offre à votre amusement, dans leur forme originale. Pour commencer, la lettre d'Anne d'Autriche, dont les deux cachets noirs, aux armes de France et d'Espagne, sont intacts :

Mon cousin, vous avez donné tant de preuves de vostre affection pour les intérests de ceste couronne que j'ay bien crû que la levée du siège d'Arras et les autres progrez de nos armes pendant la campagne dernière ne vous toucheroient pas moins sensiblement que vous me l'avez tesmoigné par vostre lettre. Comme ces grands aventages dans des temps difficiles sont des marques d'une protection particulière de Dieu sur cet Estat, nous avons lieu de nous en promettre encore d'heureuses suites, et d'espérer de sa bonté que la justice de nostre cause et la sincérité de nos intentions attireront continuellement ses bénédictions sur nos entreprises. Vous serez, je m'asseure, des premiers à vous resjouir des bons succès qui nous arriveront, et moy, tousjours des premiers à vous donner aux occasions qui vous pourront regarder des témoignages de l'estime et de la bonne volonté que j'ay pour vous, demeurant cependant

Vostre bonne cousine,

Anne.

Paris, le 4 décembre 1654.

— Avouez, s'écrie M. Saige transporté d'admiration, que l'on savait écrire, en ce temps-là ! Passons à Louis. Vous noterez que sa lettre est revêtue des deux cachets de cire rouge du petit sceau royal.

Mon cousin, j'ay esté très aise de voir dans la lettre que vous m'avés escrite des assurances si précises de la continuation de vostre zèle pour mon service et de vostre affection envers moy. Mais j'ay eu encore plus de joye de la recevoir par les mains de mon cousin le duc de Valentinois vostre fils; croyez qu'estant un autre vous-mesme et *prenant alliance dans une maison que j'ayme particulièrement*, il ne peut manquer de m'estre toujours en singulière recommandation. Les effets vous le confirmeront mieux que tout ce que je pourrois adjouter, icy; c'est porquoy je finis priant Dieu qu'il vous ayt, mon cousin, en sa sainte garde. Escrit à Aix, le 23 janvier 1660.

Louis.

J'avouai à M. Saige que cette lettre me semblait être, en effet, un modèle de convenance, de politesse et de majesté.

Il parut hésiter un moment et me dit :

— J'en aurais une autre à vous communiquer...

— Ne vous gênez pas, je vous en prie.

— C'est que je la réservais pour l'Institut. Il s'agit d'un document historique, entièrement inédit, d'une assez haute importance, et qui fera quelque bruit dans le monde savant.

Comme je n'osais insister par discrétion, il reprit :

— Bah! mes confrères le connaîtront, en ouvrant le *Temps*. L'essentiel est qu'il leur arrive. Et peu importe par quelle voie !

Il prit dans le tiroir de son bureau une vieille feuille qu'il y avait soigneusement serrée ; il s'apprêtait à me la lire, quand il en fut empêché. Un huissier du palais venait l'avertir que le prince et la princesse Radolin étaient sur ses pas et se rendaient aux archives.

L'ambassadeur d'Allemagne parut. Je sortis, non sans avoir arraché à l'obligeant M. Saige la promesse de remettre au jour suivant la suite de notre conversation, si brusquement interrompue...

II

Monte-Carlo, 15 mars.

— Eh bien! dis-je à M. Saige, en le retrouvant le lendemain, le prince Radolin a-t-il été satisfait de sa visite?

— A tel point qu'il m'a demandé copie de plusieurs documents pour l'empereur d'Allemagne. Il ne nous savait pas en possession de tant de richesses. Guillaume II se livre en ce moment à quelques recherches sur l'amiral de Coligny. Or, nous avons ici une pièce qui doit exciter son intérêt. C'est une lettre de Charles IX dévoilant à ses sujets le sens et leur expliquant le caractère de la Saint-Barthélemy.

Voici cette circulaire, signée de la propre main du roi, et destinée à calmer l'émotion que l'événement du 24 août 1572 répandait dans le pays.

De par le roy,
Sa Majesté désirant faire sçavoir et congnoistre à tous s^{rs} gentilshommes et autres ses subjectz la cause et occasion de la mort de l'Admiral et autres ses adhérens et autres complices dernièrement advenue en ceste ville de Paris, le Dimanche XXIIIe jour d'Aoust, d'autant que ledit faict leur pourroit avoir esté déguisé autrement qu'il n'est ;

Sadicte Majesté déclare que, en ce qui est ainsy advenu

a esté par son expres commandement et non pour cause aucune de relligion, ne contrevenir à ses Eedicts de pacification qu'il a tousjours entendu, comme encores entend observer, garder et entretenir, ains pour obvier et prévenir l'exécution d'une malheureuse et detestable conspiration faicte par led.-Admiral, chef et autheur d'icelle, et sesd. adhérens et complices en la personne dudit s^r Roy, la Royne sa mère, Messeigneurs ses frères, le Roy de Navarre et autres Princes et Seigneurs estans près d'eulx ;

Par quoy sadicte Majesté faict sçavoir par ceste présente déclaration et ordonnance à tous gentilshommes et autres quelsconques de la relligion prétendue refformée, qu'elle veut et entend qu'en toutte seuretté et liberté ils puissent vivre et demeurer aveq leurs femmes, enffans et famille, en leurs maisons, sous la protection dudit Seigneur Roy, tout ainsy qu'ils ont par cy-devant faict et pouvoient faire suivant le beneffice desdits Eedits de paciffication ;

Commandant et ordonnant très expressément à tous gouverneurs et lieutenans généraux en chacun de ses pais et provinces et à tous autres ses justiciers officiers qu'il appartiendra de n'atempter permettre, ne souffrir etre atempté ne entreprins en quelque sorte et manière que ce soit es personnes et biens desdits de la relligion leursdites femmes et enffans et famille, sur peine de la vie contre les délinquans et coulpables;

Et néantmoings, pour obvier aux troubles, scandales et deffiances qui seront pour intervenir à cause des presches et assemblées qui se pourroient faire tant es maisons desdits gentilshommes que ailleurs, selon et ainsy qu'il est permis par les susdits édits de paciffication, sadicte Majesté fait très expresses deffenses et inhibitions à tous lesdits gentilshommes et autres estans de la relligion de ne faire assemblées pour quelque occasion que ce soit, jusques à ce que par ledit Seigneur, après avoir pourveu à la tranquillité de son Royaume, en soit aultrement ordonné et ce sur peyne de désobéissance.

Faict à Paris le XXVIIIe jour daoust 1572.

Charles.

Le morceau est curieux. Mais M. Saige ne m'a pas caché qu'il en existait d'autres versions conçues en termes à peu près équivalents. Charles IX n'avait pas avisé le seul prince de Monaco de ses desseins : il les avait transmis aux principaux seigneurs du royaume.

— Ce n'est donc pas là, lui dis-je, la lettre inédite dont vous me parliez hier, cette pièce capitale que vous destiniez à l'Institut ?

— La voici.

Mais avant de me la montrer, il m'en a exposé l'étrange origine.

Henri III venait d'être assassiné. Le duc de Mayenne s'empressa d'envoyer à Philippe II d'Espagne une missive, le suppliant d'intervenir dans les affaires de France et de s'opposer à l'élévation du Béarnais. Son courrier fut arrêté à Bordeaux, la dépêche interceptée et remise au maréchal de Matignon, gouverneur de Guyenne. Elle ne pouvait tomber en de plus mauvaises mains. Matignon, qui s'était opposé de toutes ses forces à la Saint-Barthélemy, aimait sincèrement Henri de Béarn ; il s'empressa de lui envoyer une copie de l'imprudente lettre du duc de Mayenne ; il garda par devers lui l'original, l'emporta à Monaco, où

M. Saige vient de l'exhumer, après un long sommeil de trois siècles. La feuille in-quarto double est annotée de la main même du prince qui en atteste ainsi l'authenticité.

Lettre du duc de Mayenne à Philippe II roy d'Espagne interceptée par le M^{al} de Matignon gouverneur de Guienne qui fist arrêter à Bordeaux le courrier qui en estoit porteur. Du 21 aoust 1589.

Il a pleu à Dieu nous oster un roy qu'il avoit laissé quelque temps affliger ses subjets. L'entreprise de sa mort a esté faite et exécutée par ung jacobin de son mouvement, comme par inspiration, et sans qu'il ayt esté aidé ny poussé d'autre personne, Dieu ayant voulu choisir ung instrument si faible pour exécuter ceste vengeance, afin que chacun cogneut qu'elle estoit dutout sienne.

Jay fait déclarer par sa mort Monsieur le cardinal de Bourbon roy. Nous faisons tout ce qui nous est possible pour le retirer de la prison où il est. Le prince de Bearn, qui prend aussi le titre de roy, n'oublie rien de son costé pour s'en saisir et rendre maitre; et crains que ceux qui le tiennent ne soient plus disposés à suivre son intention que la notre.

Si ceste cause et les catholiques de ce misérable et désolé royaume ont eu besoing par le passé de l'appuy et du secours de Votre Majesté, s'ils ont expérimenté sa bienveillance et sa bonté, elle leur est encore ici plus nécessaire que jamais. Aujourd'huy quils ont ung ennemi chef de l'hérésie qui va estre assisté detous les princes qui se sont séparés de leglise et l'est déjà de la Reine Dangleterre et de plusieurs en ce royaume, qui, soubs le nom de chatholiques, ont toujours essayé destablir l'hérésie, nous la supplions très humblement d'employer sa grandeur, son authorité et son nom pour nostre conservation qui Luy acquerera ce tittre immortel, comme il est le plus grand monarque du monde, quil est aussy le seul et vray protecteur de leglise et des catholiques par toute la chretienté et sur nous qui aurons conservé notre religion et notre Etat par son bien fait, une obligation si grande que nous confesserons et recongnoistrons à jamais luy devoir tout, et moy en particulier qui ne veux espérer bien seureté et authorité, ny avoir resglé en ma conduite, que celle qui viendra de ses commandemens, luy rendray très humble et perpétuel service. Et entreray aussy en conférence de l'état de nos affaires aveq Mens^r le commandeur aussy tost qu'il sera icy où je l'attens au premier jour, afin qu'elle en soit au plustost instruite. Et cependant je prieray Dieu que pour la chretienté il conserve votre majesté,

    Sire,

En très parfaite santé, très heureuse et très longue vie. De Paris xxie jour daoust 1589.

Votre très humble et très obéissant serviteur,

    CHARLES DE LORRAINE, DUC DE MAYENNE.

Il faut être historien de profession pour apprécier l'importance et la nouveauté d'un tel document. M. Saige a bien voulu les mettre en lumière et venir au secours de mon ignorance.

— Vous remarquerez, dit-il, que le duc de Mayenne applaudit au régicide d'un roi très chrétien, ce qui ne manque pas de piquant; ensuite qu'il fait appel aux armes de l'étranger (mais c'est un fait trop fréquent dans nos annales pour que nous nous y arrêtions). Enfin, cette lettre indique comment le cardinal de Bourbon fut proclamé roi de France et elle explique l'attitude du Béarnais qui, l'ayant lue par les soins de Matignon, fit transporter son oncle, de Loches où il était tenu prisonnier, à Fontenay-le-Comte, pays huguenot...

Je remerciai M. Saige de cette excellente leçon d'histoire.

Qu'ajouterai-je ? Pendant six heures, je me suis plongé dans cet océan de papiers jaunis, aux encres décolorées ; j'ai respiré leur odeur ; je les ai remués entre mes doigts ; j'ai vu défiler la plupart des personnages qui peuplent les mémoires de Saint-Simon, et Saint-Simon lui-même ; j'ai causé avec le duc de Créqui, le duc de Gesvre, le duc de Coislin (fameux par sa politesse), le duc de Beaufort, le duc de Richelieu (le père du maréchal), Mme de Montespan, le Père La Chaise. J'ai vécu dans leur intimité la plus secrète, j'ai surpris les ragots de la cour et de la ville.

Et que de traits de caractère ! Et que de scènes de mœurs ! Voulez-vous savoir comment on accueillait, au dix-septième siècle, la naissance d'une fille ? Savourez ce billet, adressé par Louis de Lorraine au prince de Monaco. Celui-ci avait uni son fils à l'héritière de Louis de Lorraine. Il espérait un petit-fils. Sa bru ne lui donna qu'une petite-fille. Et Louis de Lorraine — l'autre grand-père — s'en excuse humblement et furieusement.

Fontainebleau, ce 11 octobre 1690.

Nostre fille est accouchée; mais elle n'a fait qu'une marmotte; ils se portent bien toute deux; elle est assés jeune pour faire un beau garçon à la première fois.

Je vous proteste, mon cher Prince, que j'ay esté fasché de la fille par rapport à vous, car je vous souhaite de la joie en tout et par tout, soyés-en persuadé je vous en conjure et me conservés toujours quelque part dans vostre amitié.

Louis de Lorraine,
Grand escuyer de France.

Et voulez-vous savoir les cérémonies et préliminaires qui accompagnaient, à la même époque, un grand mariage? Quelques lettres du maréchal de Noailles vont vous instruire. C'est tout un roman. Il s'agit de célébrer à Paris l'hymen de Mlle de Monaco. Le prince, son père, retenu dans ses États, charge le maréchal de le représenter en cette grave circonstance. Et M. de Noailles s'acquitte avec conscience de la commission. D'abord il a fallu régler les affaires d'intérêt.

Je n'ai point eu, Monsieur, l'honneur de vous escrire par le dernier ordinaire, parce que le roy vint à Meudon ce jour-là. Je demanday congé à Sa Majesté pour aller hier à Paris, pour achever de terminer le mariage de Mlle de Monaco. Tout fut arresté, et l'on signa les articles que l'on vous envoyera par le premier ordinaire. Nous avons fait augmenter le douaire jusques à 12.000 livres en cas qu'il n'y eut point d'enfans et à 10.000 livres avec des enfans.

Suivent des chiffres et des détails qui rebuteraient le lecteur. Mlle de Monaco n'est pas à plaindre. Son futur, le duc d'Uzès, a du bien. Le roy le protège et signera au contrat, ce qui couvrira de gloire toute la famille.

Je crois que le mariage de mademoiselle vostre fille se fera mardy. Mgr l'archevesque veut bien le faire; j'espère qu'il y apportera bénédiction. Il donnera mesme le disné ensuite, ce qu'il n'aurait pas fait pour d'autres, je vous assure, la maison d'un archevesque n'étant pas destinée à de tels usages. Mme la duchesse du Lude donnera le soupé et les logera chez elle. Voilà tout ce que je vous puis mander par cet ordinaire. Nous ayderons Mlle de Monaco dans ces commencements de son mariage, Mme de Noailles et moy, comme si nous estions son père et sa mère. Soyez bien persuadé, monsieur, qu'on ne peut être avec plus de passion et de vérité que je le suis, vostre très humble et très obéissant serviteur.

Avant la solennité, le duc d'Uzès crut devoir écrire une lettre à son beau-père qu'il ne connaissait point, pour lui rendre hommage et lui exprimer sa gratitude. Le « monsieur » qui commence cette épître est situé, par déférence, tout en haut de la page :

Je suis très fâché de ne pouvoir pas vous marquer moi-mesme combien je suis sensible à l'honneur que vous avez bien voulu me faire de me donner mademoiselle votre fille, mais j'espère que je pourrai un jour avoir ce plaisir. Je feray en sorte de reconnaître la faveur que je tiens de vous et de mademoiselle votre fille en la rendant aussi heureuse qu'elle le mérite.

Il est parfait, ce jeune duc, et des mieux élevés.

— Au moins, mon cher monsieur Saige, a-t-il tenu sa parole et assuré le bonheur de Mlle de Monaco?

M. Saige lève les bras au ciel :

— Lui !... C'était un mauvais drôle, un chenapan qui battait sa femme et qui la fit mourir de chagrin !

Et voilà ce que recouvrait parfois l'extrême civilité du grand siècle...

Les archives d'Albert Ier ne renferment pas que de la prose princière. On y trouve aussi des documents qui concernent le commerce et la roture. Lorsque l'hôtel de Mazarin, situé rue Saint-Dominique, fut démoli en 1875, tous les papiers qu'il contenait, et qui avaient échappé par miracle à la destruction, furent transférés à Monaco. Ce sont des mémoires et des lettres de fournisseurs. Les nièces du cardinal étaient fort coquettes; elles aimaient à paraître braves et à briller. Mme Colbert courait avec elles les boutiques et leur prêtait le secours de ses lumières. Elle ne leur prêchait pas l'économie, si l'on en juge par certaines factures que Mazarin était tenu, bien malgré lui, d'acquitter. Dans les « parties du linge fourni par Barat et Lopin à Mme Colbert pour Mlle Marie-Anne », je vois marqué 66 livres pour 16 aunes de hollande; 23 livres pour le blanchissage et la façon de deux douzaines de chemises; 162 livres pour 27 aunes de dentelles propres à garnir six peignoirs et six tabliers.

Rien n'était négligé pour le corps et le visage de ces demoiselles, mais leur esprit nécessitait aussi des dépenses. La plus jolie pièce que m'ait produite l'aimable M. Saige est l'état de ce qui était dû au sieur Raymond pour avoir enseigné « aux trois niepces et au nepveu de monseigneur le cardinal » les principes de son art, à savoir :

L'escriture Italienne, Françoise, l'ortographe et ponctuation, la lecture, et prononciation françoise avec l'arithmétique a la plume et au getz ; y aiant employé journellement toutes les apres disnées et la pluspart des petites festes depuis le dixiesme septembre quarante neuf, faisant seize mois consécutifs à raison de cent livres par mois qui sont pour lesditz seize mois la somme de seize cens livres cy . . . . 1.600 livres.

Pour avoir esté enseigner lesdites trois niepces expres a cheval de Paris a Conflans pendant deux mois trois fois la sepmaine qui sont vingt quatre voiages, a raison de six livres chaque voyage, faisant la somme de cent quarante quatre livres cy. . . . . 144 livres.

Le sieur Raymond était très bon écuyer, pour un maître d'écriture. Quand il ne gagnait pas Conflans à franc étrier, il se rendait à Rueil ou à Saint-Germain-en-Laye. On l'aperçoit trottinant sur son bidet, apportant à ses élèves les instruments et provisions dont elles avaient besoin :

Fourny une rame de papier fin lavé avec des cartes pour faire des papiers d'exemples auxdites demoiselles et pour

les façons d'iceux papiers, la somme de treize livres
cy. . . . . 13 livres.

Fourny deux cens et demy de plumes à plusieurs fois
pour escrire leurs exemples et leurs expéditions de Rome
de huict livres dix sols cy. . . . . 8 liv. 10 s.

Fourny un sacq de velours noir pour serrer leurs papiers
et exemples, qui a demeuré entre leurs mains lors qu'elles
ont parti de Paris de dix livres dix sols cy. . . 10 liv. 10 s.

Je ne me lassais pas de parcourir ce mémoire superbement calligraphié (le sieur Raymond avait beaucoup de talent). Il s'achève sur un total de deux mille cent quatre-vingt-deux livres, qui est assez gentil pour l'époque.

— Est-ce charmant! répétait M. Saige Ne croirait-on pas lire du Molière? C'est une scène du *Bourgeois gentilhomme!*

Nous dûmes nous arracher à ce délice. La nuit tombait, et l'honorable archiviste ne me dissimula point que sa vieille gouvernante, Mlle Rose, le gronderait, s'il oubliait l'heure du souper. Les cinquante-quatre ans que cette digne personne a passés à son service lui donnent quelques privautés. Nous nous dirigeâmes vers le logis qu'il occupe entre la ruelle Sainte-Barbe et la rue du Tribunal. Et tout en cheminant à petits pas, M. Saige me disait :

— Comprenez-vous maintenant pourquoi le prince Albert, qui est l'intelligence et la bonté mêmes, conserve à sa cour cette étiquette que vous trouviez d'abord surannée ? La noblesse d'une maison ne se mesure pas à l'étendue de son territoire, mais aux racines qu'elle a dans le passé. Or, celle-ci compte près de huit siècles de gloires militaires, d'alliances royales et d'illustres parentés. Son dernier rejeton a le devoir de conserver intactes, non seulement les traditions morales qu'il reçut de ses aïeux, mais aussi quelque chose de leur élégance aristocratique et de leur altière courtoisie. Et voilà pourquoi, les soirs de réception, au palais, les dames sont assujetties à manier debout l'éventail, comme Célimène : c'est que, sur elles, continue de planer l'ombre cérémonieuse de Louis XIV...

M. Saige m'a forcé d'entrer chez lui. Mlle Rose, qui a le visage le plus honnête du monde, m'y a accueilli avec bienveillance. Mon vénérable ami m'a fait les honneurs de ses livres, de ses tapisseries, de ses meubles, de son pastel de La Tour, des portraits d'ancêtres qui ornent son salon et parmi lesquels j'admirai celui de son arrière-grand-oncle, Michel Montaigne, peint par Clouet.

— Que je vous annonce une nouvelle, me dit-il... Sarcey descend, comme moi, de l'auteur des *Essais*.

— Quelle plaisanterie !

— Mais non... Un Sarcey de Suttières épousa, voilà deux siècles, une demoiselle Martineau, laquelle était petite-nièce de Montaigne.

— Grands dieux, qui l'aurait cru ? Alors, nous sommes cousins...

— A la mode de Bretagne...

— Je crois plutôt, mon cher monsieur Saige, que c'est à la mode de Gascogne.

Il me conduisit à la fenêtre, d'où l'on jouit d'une vue immense sur la mer, la Turbie, le cap d'Ail, Villefranche, avec, là-bas, dans le lointain, comme un point imperceptible, l'île de Corse.

— Que je vous envie ! m'écriai-je. Vous avez le repos de l'âme et du cœur. Vous aimez le travail et travaillez avec fruit. Vous avez tout près de vous, sur le rocher voisin, le spectacle des passions humaines que vous observez, sans y être mêlé et sans en souffrir. N'est-ce pas là le sort idéal pour un philosophe ?

M. Saige sourit. Et je vis, en effet, qu'il était heureux et goûtait pleinement la douceur de vieillir.

M. PHILIPPE CROZIER

OU LE « PROTOCOLE »

L'image de M. Philippe Crozier s'associe à la vision des solennités qui, depuis dix ans en France, se sont accomplies. Elle en est inséparable. A Dunkerque, à Compiègne, à Reims, à Paris, sur le pont des cuirassés, dans les appartements du palais de l'Élysée, dans les allées du parc, dans la loge impériale et présidentielle, parmi les généraux et les soldats, sa silhouette nous est apparue. Et ce n'était pas une silhouette purement décorative, mais une silhouette agissante. On devinait que cet homme chamarré, aux formes élégamment athlétiques et coiffé de plumes, jouait un rôle essentiel dans la comédie, et qu'il en était, sinon l'acteur principal, du moins le metteur en scène et, pour tout dire, l'âme et le ressort.

Régler les entrées et les sorties, veiller aux accessoires, assurer l'harmonie des gestes et des paroles, éviter les froissements, concilier les vanités, imprimer à la machine un mouvement si doux qu'aucun de ceux qu'elle porte ne s'y sente cahoté. Que d'affaires ! M. Philippe Crozier ne semblait pas le moins du monde écrasé par cet énorme labeur. Il en subissait allègrement le poids ; il souriait, très à l'aise, l'œil aimable, le teint frais et vif, la moustache conquérante. On n'eût pas cru, à le voir, qu'il assumât des responsabilités si terribles.

Et j'éprouvais un violent désir de causer avec lui des choses du protocole. « Ce diplomate, pensais-je, est un philosophe ; il approche les grands de la terre. Il est dans le secret des intrigues qui se nouent autour d'eux. C'est un confident. C'est un témoin. Il connaît les coulisses de l'histoire. Il a l'occasion de mesurer, chaque jour, les petitesses humaines. Et sans doute y a-t-il un sérieux profit à retirer de son entretien. »

Je me dirigeai donc vers la maison qu'il habite, avenue d'Antin, à deux pas du président de la République. Et comme je ne voulais pas le déranger de trop bon matin, je fis un détour par les quais et m'amusai, selon ma coutume, à fouiller dans les boîtes des bouquinistes. J'y découvris un ouvrage que je n'eusse pas songé à feuilleter à une autre heure, et qui éveilla mon attention. C'était l'*État de France*, publié chez Ribou en 1697. L'exemplaire était incomplet. Il y manquait la moitié des pages. Mais celles qui subsistaient n'étaient point indifférentes. Elles contenaient de judicieux avis sur l'art d'être courtisan et de se comporter avec décence dans le commerce du roy. L'auteur y enseigne les difficultés de l'étiquette ; comment il faut distinguer entre les fauteuils à bras avec franges, les fauteuils à bras sans franges, les fauteuils sans bras ni franges ; et quelle distance sépare les chaises des tabourets, et les tabourets des pliants et des escabeaux ; comme quoi l'honneur de présenter la chemise était réservé au seul Dauphin, et à son défaut aux princes de la famille, et celui de tenir le bougeoir constituait la plus haute marque de faveur que pût octroyer le souverain. Il renferme aussi de brefs et de précieux avertissements. Je copie :

« Quand les princesses du sang traversent la
» chambre royale, elles font une révérence au lit de
» Sa Majesté. »

J'ai trouvé également dans mon vieux livre deux ou trois historiettes. L'introducteur des ambassadeurs au temps de Louis XIV, s'appelait Nicolas Sainctot, seigneur de Veymars. Et, quoiqu'il fût rompu aux délicatesses du métier, il lui arrivait de commettre des impairs. C'est ainsi que, dans un lit de justice, il se permit de saluer le Parlement après les évêques et s'attira cette riposte foudroyante du premier président de Lamoignon :

— Sainctot, la cour ne reçoit pas vos civilités.

Il en fit bien une autre, à quelque temps de là. Il

conduisit la fille de l'ambassadrice de Hollande à la duchesse de Bourgogne et dit à celle-ci :

— Baisez, madame. Cela est dû.

La duchesse de Bourgogne s'exécuta, mais la duchesse d'Orléans à qui la fille de l'ambassadeur tendit aussi son minois à baiser, se recula et rabroua vertement Sainctot :

— C'est une sottise que vous avez commandée à la duchesse. Je ne l'imiterai point.

Le roi fut bientôt informé de ce scandale. Outré de fureur, il envoya chercher Sainctot et lui dit qu'il ne savait qui le tenait de ne pas le chasser et lui ôter sa charge.

J'achevais cette anecdote, comme j'arrivais au rond-point des Champs-Élysées. Je refermai l'*État de France* et je me pris à songer :

» Voilà certainement des coutumes surannées. Le protocole républicain ne se peut comparer au protocole de la monarchie. Il est beaucoup moins méticuleux. Et M. Philippe Crozier évite plus aisément les « gaffes » que Sainctot, son infortuné prédécesseur. »

Lorsque je sonnai chez M. Crozier, il venait d'être mandé à la présidence. On me pria de l'attendre dans son cabinet de travail. C'est une pièce confortable et silencieuse, meublée de divans bas, de tapis orientaux, de quelques sièges modern-style en acajou, et ornée d'innombrables objets d'art, tableaux, bronze, statuettes, armes damasquinées, sabres persans, cimeterres aux poignées éblouissantes. D'autres bibelots plus mignons sont rangés dans une vitrine : des médailles, des bijoux, des bagues, des bonbonnières d'or et de vermeil, rehaussées de diamants, de rubis, d'émeraudes. Ces boîtes remplacent les tabatières que distribuaient jadis les monarques. Ils sont demeurés fidèles à la tradition et c'est toujours par de petits cadeaux somptueux et inutiles qu'ils prouvent leur munificence.

Sur le bureau, sont disposés cinq ou six volumes traitant de sujets sévères, science, morale et métaphysique. M. le chef du protocole, dont l'esprit fut façonné aux fortes cultures par l'École polytechnique et la Faculté de droit, se repose en lisant ces livres des détails quelquefois un peu frivoles de son emploi. Et, d'ailleurs, en matière de lecture, il n'a pas de préférence exclusive, car dans sa bibliothèque j'aperçois rangés, côte à côte, l'*Histoire universelle*, de Bossuet, et l'*Enfant de ma femme*, de Paul de Kock... J'ai achevé le tour du salon et je regarde curieusement un coffret, presque trop riche à mon gré, sur le couvercle duquel l'initiale de Nicolas II se détache en brillants, saphirs et perles. Une voix cordiale m'arrache à cet examen.

— Vous êtes en train de cataloguer ma collection ?

Le maître de céans est devant moi. Il n'a plus son splendide uniforme des grands jours. Il est habillé d'une redingote qui dessine sa taille souple et bien prise. La simplicité de ce costume ne lui enlève rien de sa distinction, et elle me met à l'aise. Je me sens moins loin de lui. J'oserai l'interroger familièrement, ce que je n'eusse pas fait peut-être, s'il eût été affublé de ses insignes de ministre plénipotentiaire, introducteur des ambassadeurs. Le galon m'en impose. Et d'abord une question me monte aux lèvres :

— Monsieur Crozier, apprenez-moi, je vous prie, combien vous avez de décorations.

— Une quarantaine au maximum. Ce n'est pas la peine d'en parler...

— Et si vous les aviez toutes, combien en auriez-vous ?

— Un peu plus de cent...

M. Crozier sourit. Il y a dans son sourire de l'urbanité, de la finesse et, sans doute, un brin d'ironie. Il est blasé sur le chapitre des croix et des rubans. Je dois lui paraître très naïf. La vérité, c'est que j'éprouve quelque embarras à engager la conversation. J'ai l'envie, à la fois, et la crainte d'être indiscret. Ce personnage est initié aux arcanes des cours ; il a la tête pleine de mystères, d'anecdotes ; il a pénétré la psychologie intime de nos plus illustres contemporains. Ah ! s'il voulait me dévoiler leurs faiblesses ! Mais il est lié par le secret professionnel. Il est homme d'honneur et il est diplomate : double raison pour qu'il demeure muet. Et je suis honteux de solliciter des confidences dont je ne pourrai, sans trahison, me servir...

Pourtant, nous avons abondamment devisé. Une

particularité qui me revint en mémoire me permit d'entrer dans le vif des questions protocolaires. Je lui rappelai la représentation donnée à l'Opéra en 1896, pour le premier voyage du tsar, et notre surprise lorsque nous vîmes Nicolas II quitter la loge à la fin de la soirée, sans offrir le bras à Mme Félix Faure. Le public fut choqué de cette attitude ; il y crut démêler une intention de dédain. Mme Félix Faure, sur qui deux mille paires d'yeux étaient braquées à ce moment, dut se lever seule et emboîter le pas au monarque. Il y eut là une minute d'oppression et de gêne insupportable. Et comme on ne pouvait supposer que l'empereur manquât de galanterie, on en conclut qu'il agissait selon les strictes règles de l'étiquette. Et l'on s'étonna qu'il s'attachât à les observer avec tant de minutie. Car enfin l'on conçoit qu'elles s'imposent au commun des mortels, mais un roi et surtout un souverain absolu s'en peut affranchir. Il a le droit de modifier à son gré le protocole, puisque c'est lui qui le fait. Or, dans ce sens spécial, si Nicolas II eût violé le protocole, n'aurait-il pas eu pour lui l'approbation des honnêtes-gens ?

M. l'introducteur des ambassadeurs murmura :

— Vous n'y êtes pas... Mais pas du tout !...

Je prêtai une oreille attentive à son discours. Tel un petit clerc qui s'apprête à recevoir les leçons du docteur savantissime.

— Quand vous avez passé une soirée dans le monde et que vous prenez congé de la maîtresse de maison, vous ne lui donnez pas le bras, je suppose. Mme Félix Faure, arrivée par avance dans la loge de l'Opéra, y attendait l'empereur. Elle s'y trouvait, en quelque sorte, chez elle. De plus, cette loge était précédée d'un vaste salon, aménagé pour la circonstance. Et les deux pièces, séparées par un rideau, n'en faisaient qu'une.

— Cependant, à Compiègne, Mme Loubet prit le bras du tsar...

— A Compiègne, la situation était différente. Il fallait quitter le théâtre, traverser des galeries, se rendre dans une salle éloignée. Sa Majesté devait donc nécessairement servir de cavalier à la femme du chef de l'État, comme le président servait de cavalier à l'impératrice.

Voilà de subtiles distinctions auxquelles je n'avais pas réfléchi. C'est le propre de l'ignorance de se doubler de présomption. Aussi les journalistes qui n'entendent goutte à ces choses se mêlent-ils d'en disserter à tort et à travers. N'ont-ils pas reproché à M. Crozier de s'être coiffé d'une casquette blanche durant les manœuvres ?

— Ma casquette, je puis vous la montrer. Elle n'est pas blanche. Elle est noire !

Que de légèreté, que de mauvaise foi dans ces critiques qui portent toujours à faux ! M. Crozier n'en ressent point d'amertume. Il n'en est pas blessé. Mais il voudrait que la presse fût moins prompte dans ses jugements et moins superficielle. Elle aurait des observations utiles à présenter, mais de celles-là précisément, elle ne s'avise point. Par exemple, jamais elle n'a blâmé la façon dont est réglée la marche de l'escorte officielle et qui présente mille inconvénients. Le président de la République et ses hôtes, s'il en a, défilent en tête, au milieu d'un gros de cuirassiers ou de gardes. Il en résulte un brouhaha, qui est préjudiciable au bon ordre. Les autres voitures sont retardées, le cortège ne réussit pas à se former décemment. Il serait plus logique que les ministres, les dignitaires, les fonctionnaires du gouvernement, au lieu de venir après le chef de l'État, le précédassent, l'attendissent à l'endroit où il se rend, fissent la haie sur son passage et reprissent leur place naturelle derrière lui. Arrivé le dernier, il repartirait le premier. Et cette pompe serait, au fond, plus respectueuse. C'est ainsi que l'on se comportait dans l'ancien cérémonial, qui était un modèle de clarté et de sagesse, et le fruit d'une expérience dix fois séculaire...

La conférence de M. Crozier me tient sous le charme. Elle est exempte de pédanterie, mais non pas de gravité. M. l'introducteur des ambassadeurs a de l'esprit. Il ne saurait être confondu avec les chambellans d'opérette, ayant leurs clefs dans le dos, et pour qui, hors du protocole, il n'est pas de salut. Il agite avec un scepticisme et un enjouement de bon goût ces petits problèmes ; il ne les traite pas avec mépris. N'a-t-il pas eu cent fois l'occasion d'en éprouver l'importance ? Qu'adviendrait-il, grand Dieu ! si, aux minutes solennelles, chacun s'abandonnait à sa libre inspiration !

Quelle confusion ! Que d'embarras, de gaucheries et de sottises irréparables ! Que de compétitions, que de conflits d'amour-propre, que de jalousies surexcitées, que de combats !... M. Crozier et M. Mollard s'insinuent, invoquent la tradition, glissent un conseil, et les effervescences s'apaisent ! S'il se commet encore quelques maladresses, elles sont sans conséquence. Elles alimentent la chronique, ce qui est excellent. Car, je vous prie, de quoi s'occuperait-on dans les salons si la médisance n'avait pas un moyen de s'exercer ?

Et c'est un de ces riens piquants, un de ces ragots de cour, dont je voudrais arracher le récit à M. Crozier. Je le mets sur la voie :

— Là-bas, à Compiègne, vous aviez à manœuvrer parmi les vanités féminines... Dure corvée !

M. l'introducteur des ambassadeurs part d'un éclat de rire :

— Les femmes ?... Elles sont beaucoup moins vaniteuses que les hommes !... Si je vous contais...

A cet instant retentit un timbre avertisseur...

— Tenez, voilà mon plus cruel ennemi : le téléphone.

La communication achevée, M. Crozier ressaisit son sang-froid. Et je compris que je ne saurais jamais ce qu'il avait eu, un moment, le dessein de me narrer...

— Monsieur le ministre, les journalistes qui débitent tant de sornettes, prétendent que vous avez toujours avec vous un petit livre qui vous sert — passez-moi l'expression — de *vade mecum* ou de guide-âne et que, sans ce *memento*, vous seriez fort empêché.

Toujours souriant, il m'a remis cet ouvrage, qui n'est point un manuel portatif, mais un album in-quarto, édité par les soins de l'Imprimerie nationale. Il a pour titre : *Protocole du ministère des affaires étrangères*. J'en ai tourné les pages avec un certain effroi. Et soudain j'ai vu danser devant mes yeux toute une sarabande de titres, de formules, de salamalecs, de révérence, de jarrets tendus, d'épées en verrouil, de brochettes, de cordons, de cravates, une théorie de jeunes et vieux messieurs, aux habits brodés et aux favoris géométriques...

Je suis avec respect,
Sire,
de Votre Majesté
le très humble et très obéissant serviteur.

C'est la « courtoisie » dont use le ministre envers les empereurs et les rois. S'il écrit au pape il change le *respect* en *profond respect* et la *Majesté* en *Sainteté*. S'il ne s'adresse qu'aux princes des maisons souveraines, il les qualifie d'Altesses (Impériale, Royale ou Sérénissime) et les assure de sa *respectueuse considération*, tout en continuant d'être, au bas du feuillet, en une posture extasiée, leur « très humble et très obéissant serviteur,... » Serviteur, il l'est aussi du nonce, des envoyés extraordinaires et des ambassadeurs étrangers. Mais ici s'arrête son humilité. Le président de la République n'a droit qu'à l'*hommage du profond respect*, tout sec, sans autre courbette. Et du haut en bas de la hiérarchie, les « courtoisies » s'échelonnent, diversement nuancées, menacées des lueurs du prisme, vrai parterre héraldique où d'étranges fleurs éclosent : l'éclatante pivoine de la *respectueuse considération*, la rose plus timide de la *haute considération* et l'humble violette de la *considération distinguée*.

Considération, considération...

A mesure que les feuillets se succèdent, je suis hanté par cet alexandrin de l'école du bon sens. Camille Doucet soupçonnait-il, lorsqu'il le puisa au fond de son encrier, qu'il résumait en deux mots le Protocole? Mais ces deux mots, selon le verbe qui les précède et l'adjectif qui les suit, embrassent une gamme immense de sentiments. *Agréez les assurances... recevez les assurances de ma considération*. Un abîme sépare ces phrases qui sont en apparence cousines germaines. *Agréez* est plus déférent, et *recevez* plus impératif. *Agréez* se dit aux amiraux, aux maréchaux, aux cardinaux, au chancelier de la Légion d'honneur, aux présidents de cour. *Recevez* se dit aux procureurs généraux, aux préfets et aux vicaires.

Enfin — remarquez bien ceci, s'il vous plaît — la *haute considération* n'échoit qu'aux vice-amiraux et aux généraux membres des conseils supérieurs de la guerre et de la marine ; mais les autres, ceux qui n'ont que leurs grades et qui ne siègent pas dans cet illustre corps se doivent accommoder de la *considération la plus distinguée*. Et, de même, la considération qui s'attache aux maires est « distinguée » ou « très distinguée » suivant l'importance de la municipalité ; très distinguée pour M. le maire de Lille, Lyon et Marseille, à peine distinguée pour M. le maire de Fouilly-les-Oies...

Que de merveilles aurais-je encore à vous signaler, en compulsant le précieux registre ! Parlerai-je du papier à lettres, de sa pâte, de sa teinte, de son format ? Vous apprendrai-je — retenez ce détail, de grâce ! — qu'il est doré sur tranches à l'intention du président et des souverains, et qu'il est tantôt long, tantôt carré, avec ou sans en-tête gravé, et qu'il renferme sur son recto trois lignes au moins, cinq lignes au plus s'il s'agit des empereurs, quatre lignes au moins, huit lignes au plus s'il s'agit des sénateurs, des députés et des princes, cinq lignes au moins, dix lignes au plus s'il s'agit des cardinaux ..

Ma cervelle se trouble... Je n'en puis plus... Le seigneur Protocole me fascine... Ah ! que ce monstre est insidieux ! N'a-t-il pas revêtu, pour mieux me séduire, l'aspect de cet exquis gentleman qui continue de sourire doucement ?... Oui, tous les deux se confondent. M. Crozier reflète le Protocole et le Protocole se symbolise en M. Crozier.

J'allais lui demander quelques éclaircissements supplémentaires... Mais je n'en eus pas le loisir. Une brusque sonnerie l'appela au téléphone.

— Que vous disais-je ? C'est là mon bourreau...

Comme je redescendais dans la rue, je tirai machinalement de ma poche l'*État de France* de 1697. Et j'y lus ce paragraphe :

« Se lever, se coucher, dîner, marcher, chasser, se tenir debout, selon le caprice ou l'imperfection d'autrui, ce n'est pas avoir son corps à soi, pas plus que l'âme n'est libre si elle se déguise et dissimule. Prenez place aux cours des princes, adieu plaisirs ! Un soupçon, un songe, un rapport, une femme ruineront votre faveur. C'est folie de travailler pour ce qui se perd si aisément, s'acquiert avec tant de labeur et se conserve avec tant d'effort... Cela, toutefois, est nécessaire au bon ordre de l'État. »

Et mais, savez-vous bien que, s'il prend fantaisie à Louis XIV de venir au prochain gala de Versailles — ou de Compiègne — il n'y sera pas, en somme, trop dépaysé...

LE PROTECTEUR DES ROIS

Vendredi dernier, je remontais les Champs-Elysées, avec trente mille Parisiens, badauds comme moi, et friands des spectacles de la rue. Je guettais l'arrivée d'Edouard VII. Toutes les forces publiques étaient en mouvement; les troupes s'alignaient et faisaient la haie. On entendait résonner de brefs commandements; on voyait luire au soleil l'acier des fusils, l'or des plumets et des épaulettes. D'importants personnages circulaient, se communiquant à demi-voix de brèves consignes, puis s'éloignaient d'un air soucieux. La foule grossissait, son murmure, pareil au grondement des flots, s'élevait, chantait au loin. C'était jour de liesse. Le peuple s'esbaudissait. Un rien l'occupe en ces occasions et le divertit. Il aime le roulement des tambours, la sonnerie des trompettes, le cliquetis des sabres, le trot des chevaux frappant en cadence le pavé, et les apprêts de fête, les illuminations, les arcs de triomphe, les girandoles. Il en éprouve une joie qui se traduit de mille façons inattendues, par des lazzis, des éclats de rire, des chansons. Un mitron, à mon côté, fredonnait *Poupoule*.

Et je compris que *Poupoule*, dans cette bouche naïve, signifiait :

— Mon Dieu, que c'est donc amusant de regarder passer Edouard !...

Le cortège parut... Sa Majesté, rose et fleurie, très en forme, le bon président Loubet, hâlé par le vent africain, paternel et robuste, l'amène lord Monson, resplendissant sous ses chamarrures, le souriant et fin Delcassé... Une jeune ouvrière, qui trimballait dans un grand carton quelque toilette excessivement pressée, et s'arrêtait une minute à baguenauder, s'écria :

— Très chic, la daumont de l'Elysée... Ça dégote les « autos ».

Le cortège a défilé. Et voici que, descendant l'avenue, j'avise un homme discret, vêtu de noir, à la chevelure et à la moustache grises, à l'impeccable chapeau de soie, bien brossé. On ne saurait s'y tromper. Cet œil de lynx, ce nez fureteur, ce teint vif, cette rosette... c'est lui, c'est Paoli...

C'est le protecteur des rois.

Depuis longtemps, je le connais et l'estime. Je me rappelle une soirée, à Compiègne, où j'eus le plaisir de le voir à l'œuvre. Il veillait — puisque telle est la fonction qu'il exerce dans l'Etat — à la sécurité du tsar et de la tsarine ; et, naturellement nos chers confrères, MM. les reporters, l'assiégeaient. Ils voulaient tenir de sa bouche les plus récents échos de la cour, et s'instruire des projets de Nicolas, touchant certaine visite, dont l'espérance tourmentait Paris. Or M. Paoli se répandait en détails passionnants sur la santé des souverains, sur l'ordonnance de leurs repas ; il en révélait même le menu aux oreilles attentives qui recueillaient avidement ses propos. Mais dès que l'on abordait la question délicate, la question brûlante, M. Paoli se repliait comme une sensitive. Il devenait impénétrable ; non pas qu'il opposât aux questionneurs la sécheresse d'un refus brutal. En se dérobant à leurs sollicitations, il continuait de les charmer ; il leur narrait des historiettes.

— Alors, monsieur Paoli ?

— Alors, messieurs, Sa Majesté a déjeuné d'un vigoureux appétit.

— Mais...

— Je crois que l'impératrice apprécie beaucoup la cuisine française.

— Ne pourriez-vous nous dire...

— Je puis vous dire que les jardins du château l'enchantent...

— Cependant...

— Et qu'elle y est restée une heure entière, ce matin, en tête-à-tête avec son époux...

— Enfin, viendront-ils ou ne viendront-ils pas à Paris ?

Une lueur de malice s'allumait dans la sombre prunelle du commissaire. Il reprenait d'un ton bon enfant :

— Ceci me rappelle ce que me contait un jour Napoléon III... Car il me témoignait quelque sympathie. Je suis du pays de son oncle, je suis Corse. A trente ans, je représentais au conseil général le canton de Bastia, il m'eût été facile de réussir dans la politique ou de me faire nommer sous-préfet. Mais des revers de fortune m'obligèrent à accepter un emploi plus modeste.

— Et que vous remplissez fort bien...

— Merci, messieurs, merci de tout cœur.

— Mais ceci ne nous apprend pas si l'empereur et l'impératrice...

— Où donc en étais-je ?... Ah oui ! Napoléon me disait...

J'avais beaucoup admiré la souplesse de cette diplomatie ; j'en avais gardé la meilleure impression. Et c'est pourquoi, vendredi dernier, comme il redescendait les Champs-Elysées, je cherchai à me frayer un passage vers lui, vers Paoli, vers le protecteur des rois.

Les remous de la foule nous séparèrent et je ne réussis à le rejoindre que le soir du même jour, au gala de la Comédie-Française. L'entr'acte venait de finir. M. Paoli s'était attardé dans la galerie des bustes. Je l'abordai sans cérémonie et je vis qu'il était en humeur de causer.

— Etes-vous satisfait, monsieur Paoli?
— Je suis charmé.
— Et le roi?
— Le roi également, je présume...
— Vous recevez de lui quelques confidences? Il vous traite, sans doute, en ami? N'aviez-vous pas la confiance de sa mère?

Dès que l'on parle à M. Paoli de la reine Victoria, mille anecdotes s'éveillent dans sa cervelle. Il m'en dévida le chapelet, pour me délasser et m'instruire, et aussi peut-être parce qu'il évitait, par ce détour, des questions qui eussent été trop directes sur Edouard VII. C'était une manière de se renfermer plus étroitement dans la discrétion professionnelle. Je retrouvai, à ce moment, l'adroit politique de Compiègne. Nous nous assîmes sur un divan du foyer et je l'écoutai sans l'interrompre, avec infiniment de plaisir.

C'est en 1887 que M. Paoli fut mis à la disposition de Sa Gracieuse Majesté. Elle se rendait aux eaux d'Aix. Il fut attaché à sa personne ; et tout de suite il s'efforça de prévenir ses moindres caprices. Il y réussit si bien qu'il devint au bout de peu de temps indispensable. Dès que la reine débarquait sur la rive française, elle cherchait des yeux Paoli, le sympathique, le cher Paoli. Il la devançait, préparait son voyage, et travaillait la population pour qu'elle fût accueillie partout avec des témoignages de respect et d'allégresse. Ainsi, elle explorait volontiers en voiture les environs de Nice. Le jour où elle accomplit sa première promenade, elle tomba comme par hasard sur un régiment de cavalerie et s'amusa fort à suivre ses évolutions. Elle exprima à M. Paoli le ravissement où ces exercices belliqueux l'avaient jetée.

— C'était très beau, monsieur Paoli ! Vos soldats sont magnifiques. Vous ferez mes compliments à leur colonel.

Paoli s'inclinait avec gratitude. Ce qu'il ne disait pas à Victoria, c'est qu'il était l'ordonnateur du spectacle qui l'avait tant réjouie. Comme il savait d'avance son itinéraire, il avait eu soin de l'indiquer à l'un des aides de camp du général.

— Allez donc manœuvrer du côté de la Turbie... Peut-être y rencontrerez-vous la reine...

Et la rencontre ne manquait jamais de se produire : et elle avait, comme nous l'avons vu, les plus heureux effets. Le lendemain, nouvel incident. Victoria, en se dirigeant, au petit pas de son équipage, du côté de Villefranche, se croisait avec cinq ou six fantassins, qui se rangeaient le long de la route, portaient la main au képi d'un geste élégant et criaient d'une seule voix :

— Vive la reine !

Elle était touchée de cet élan et elle en exprimait sa reconnaissance.

— Ils sont superbes, ces soldats français ! Et qu'ils sont aimables !... Vous le direz à leurs chefs, monsieur Paoli.

Elle ne soupçonnait pas, la bonne reine, qu'ils avaient été plantés là, tout exprès, par l'ingénieux commissaire qui réussissait, de la sorte, à varier ses plaisirs, à lui rendre notre sol plus agréable, plus hospitalier, et à lui montrer notre armée sous des aspects divers et avantageux. Tour à tour, Victoria admirait de la sorte, en détail, la cavalerie, l'infanterie, l'artillerie, la marine nationales. Et Paoli se félicitait, sinon de créer ces liens qui unissaient le cœur de la vieille souveraine à notre sol, au moins de les resserrer, de les affermir. Il avait dans son sac mille ressources... Chaque soir il entr'ouvrait sa porte à MM. les journalistes. Il informait la presse niçoise des munificences royales, des actes de bienfaisance accomplis durant le jour. Et quoique Sa Majesté fût très au-dessus de ces petites satisfactions d'amour-propre, il lui était doux qu'on la sût généreuse et compatissante. Elle sentait croître autour d'elle la vénération. Elle s'épanouissait sur cette côte d'Azur, où il lui tardait de revenir, dès que les frimas et les brumes la chassaient de son royaume. A peine débarquait-elle à Calais ou à Cherbourg, qu'un homme, correct, décoré, vêtu de noir, surgissait, empressé à la servir. C'était Paoli... Les années coulaient, les gouvernements croulaient. Les ministres tombaient comme des capucins de carte. Carnot succédait à Grévy, Perier à Carnot, Félix Faure à Perier, Loubet à Félix Faure... Paoli ne bougeait point. Si bien que dans notre pays, où tout change, Paoli seul donnait à Victoria l'illusion du calme et de la stabilité.

Comment ne l'eût-elle pas aimé ! Elle lui témoignait une grande bienveillance. Je n'ose assurer qu'elle fonda tout exprès pour lui l'ordre qui porte son nom, du moins fut-il le premier Français à qui elle en remit les insignes. Et plus tard, au moment de son jubilé, elle honora Paoli d'une invitation spéciale. Il logea à Buckingham, il monta dans les carrosses royaux, il fut de toutes les fêtes. On le combla de politesses, d'égards, de présents. Il reçut des mains de la reine un magnifique vase d'argent, qui portait, gravée sur ses flancs rebondis, une dédicace flatteuse... Et certes ce ne fut point la valeur vénale de ce cadeau qui le toucha, mais l'affectueuse pensée dont il était le symbole...

Voilà ce que m'exposa M. Paoli au foyer de la Comédie, tandis que la prose de Maurice Donnay se déroulait sur la scène. Et ne supposez pas au moins qu'il y eût dans ces confidences la plus légère ostentation, le moindre désir de publicité, bien au contraire. On me supplia de garder pour moi ces petits mystères de 'histoire. Je ne vous les livre que parce qu'ils sont inoffensifs, et puis parce qu'il est apparemment dans ma destinée de ne pouvoir garder un secret. J'eusse voulu en apprendre davantage... Mais la représentation tirait à sa fin.

Le narrateur disparut. Le commissaire se ressaisit.

Et je laissai aux soins de sa charge Paoli, l'excellent Paoli, le protecteur des rois.

Nous nous retrouvâmes au gala de l'Opéra, Mlle Zambelli venait de danser le ballet du *Cid;* et j'avais eu l'imprudence de l'applaudir avant qu'Edouard VII eût donné le signal de l'enthousiasme, ce qui m'avait valu un regard courroucé de mes voisins de loge, mieux instruits que je ne l'étais des rigueurs protocolaires. Confus de cette faute, et mécontent de moi-même, j'errais par les couloirs. J'y rencontrai M. Paoli, toujours affable et plein de mansuétude. Je lui confessai mon ennui dont il daigna sourire. Je lui demandai :

— Edouard VII est-il très formaliste et très exigeant sur le chapitre de l'étiquette ?

M. Paoli me répondit :

— Le roi d'Angleterre a le juste sentiment des convenances et de la dignité de son rang. Mais ce qu'il y a en lui de solennel est tempéré par la grâce. Car il a beaucoup d'esprit.

J'espérais qu'il allait me communiquer quelques traits piquants de Sa Majesté, et déjà j'ouvrais l'oreille. Mais, selon sa coutume, M. Paoli fit dévier l'entretien vers les choses d'autrefois.

— On se forme, dans le public, de fausses idées sur les personnes royales. Elles ont plus de bonhomie qu'il ne le semble généralement. Que n'a-t-on pas dit de l'impératrice Eugénie ?... Eh bien, elle est cordiale et charmante. Il y a deux ans, elle m'accorda la faveur de me convier à dîner.

— Vraiment, monsieur Paoli, n'aviez-vous pas peur de vous compromettre ?

— C'est ce que je pris la liberté de lui faire observer... Elle m'avait placé à table à sa gauche. « Votre Majesté, lui dis-je, croit-elle qu'il y ait beaucoup de fonctionnaires de la République qui eussent osé accepter son invitation ?... » Elle me répondit : « Croyez-vous qu'il y ait beaucoup de fonctionnaires à qui je l'eusse adressée ? »

Bien répliqué, ma foi ! N'importe ! M. Paoli me semble très imprudent. Tout de suite, il ajouta :

— Je m'empressai de raconter la scène à M. Waldeck-Rousseau qui me couvrit de son approbation. Ce sont de ces aventures qu'il vaut mieux retracer soi-même, afin qu'elles ne soient pas dénaturées par la malveillance.

A la bonne heure ! M. Paoli est bien l'homme avisé et sage que je supposais. Il poursuit :

— Au fond, voyez-vous, les rois et les empereurs adorent la simplicité. Leur morgue n'est qu'apparente et c'est avec délices qu'ils s'en dépouillent, quand les regards du monde ne sont plus fixés sur eux. Ah ! si vous aviez connu comme moi, l'impératrice d'Autriche.

L'infortunée Elisabeth fut au nombre des augustes « clientes » de Paoli. Il voue à sa mémoire un culte pieux. Elle était si séduisante ! Lorsqu'elle partait pour sa résidence annuelle du cap Martin, elle lui faisait signe. Il accourait. Elle ne pouvait vivre sans lui. Elle n'acceptait pas un cheval, que Paoli ne l'eût essayé, et n'embauchait pas un valet, que Paoli ne l'eût scruté de son œil infaillible... Paoli était pour elle un oracle. Trois jours avant sa mort, elle lui faisait écrire, et le mandait à Genève. En même temps que sa lettre, il lisait dans les journaux la dépêche du monstrueux attentat de Luccheni. Il prit le train, et ne put, en arrivant, que verser des larmes sur le cadavre de l'exquise femme qui lui avait montré tant de sympathie. On le pria d'accepter le couteau de chasse dont elle ne se séparait point et qui ne l'avait pas préservée, hélas, des coups du lâche meurtrier. M. Paoli conserve cette relique avec cent autres qu'il doit à la libéralité des princes. Mais il n'en est pas qui lui suggère des réflexions plus mélancoliques.

— Pauvre impératrice ! J'ai gardé un recueil des paroles qui lui échappaient lorsque nous l'accompagnions au bord de la mer, sur le sable de la grève, parmi ces tamaris et dans ces bois de pins qu'elle aimait. Elle avait l'âme profonde. Et les mots qui lui montaient aux lèvres donnaient le frisson. On ne savait trop d'où ils venaient, de la terre ou du ciel. L'un de nous lui ayant offert une urne lacrymatoire découverte en Grèce, nous lui dîmes : « Puisse Votre Majesté ne conserver dans cette urne que des larmes de joie. » Elle demeura rêveuse... « Alors, répondit-elle,

elle restera toujours vide, et pour les autres larmes, elle est trop petite. »

Je continuais d'écouter M. Paoli.

— Une autre fois (c'était par une radieuse soirée de printemps, les étoiles brillaient, et la brise nous apportait des odeurs de roses), elle nous dit : « Dans cent ans, rien de ce qui vit aujourd'hui n'existera ; il ne subsistera plus une seule des créatures vivantes du temps actuel ; peut-être la moitié des trônes d'Europe seront-ils renversés ; une humanité nouvelle remplacera notre humanité. Tout ce qui nous paraît grand, nécessaire et durable aura seulement été, afin de n'être plus en ce temps-là. Nous ne sommes éternels que par ce qui rattache le passé à l'avenir. Nous ne sommes rien de plus qu'une fleur de pavot ou une vague... »

Assurément ce sont là de nobles pensées, non pas très neuves, mais propres à inspirer l'humilité et à rabaisser l'orgueil. Elles empruntaient une éloquence particulière au lieu où nous étions, à ce théâtre, à ces tapis, à ces marbres, à ce temple somptueux, à la féerie de cet escalier sur les degrés duquel se tenaient, debout, sabre en main, casqués, cirés, éperonnés, les plus beaux soldats de France.

A mon tour, je voulus exprimer les réflexions que cette vue m'inspirait. Mais mon interlocuteur s'était évanoui, comme une ombre. Et c'est en vain que je cherchai, à mes côtés, le digne commissaire, le protecteur des rois, Paoli.

Hier matin, je pus encore le saisir au vol. Il était très affairé, mais radieux. Il me fit admirer une épingle en diamant qui étoilait sa cravate.

— Voici le souvenir que me laisse Edouard VII. Je vais préparer son départ... Adieu!

Il me quitta. Puis, se retournant :

— Sa Majesté est ravie... ravie!...

Il s'éloigna, tout courant, vers l'ambassade où l'appelait son devoir. Je m'engageai dans la rue de la Paix; j'aperçus des ouvriers qui s'occupaient déjà à défaire les guirlandes, si lumineuses la veille, maintenant si mornes, et à replier les oriflammes, et à décrocher et à remiser les lampions. N'était-ce pas un peu tôt? Eh quoi! Edouard est dans nos murs, la pièce n'est pas achevée et déjà l'on enlève le décor! Les phrases d'Elisabeth, que le protecteur des rois, le bon philosophe Paoli m'avait citées, me revinrent à l'esprit :

« Tout ce qui nous paraît grand est éphémère... Nous ne sommes rien de plus qu'une fleur de pavot ou une vague... »

FIN

TABLE DES MATIÈRES.

Victor Hugo : I. Le roman d'un roman, les *Misérables* . . .   1
            II. La *Légende des Siècles* expliquée et commentée par l'auteur. 34
Edgar Quinet et son libraire 55
Emile Zola : I. L'aube de la gloire. 70
           II. Le caractère d'Emile Zola 90
Le P. Didon : Le cœur du P. Didon 106
Renan : Un pèlerinage. 121
Ferdinand Fabre : Les dessous de « l'Abbé Tigrane ». . . 140
Rachel : L'auberge natale de Rachel. 156
Charles Garnier : Les petits poèmes de Charles Garnier. 185
Hervé et Offenbach : Le berceau de l'opérette. 203
Marie Laurent : Souvenirs sur Dorval et Frédérick Lemaître. 220
Henri Heine : Le dernier ami de Henri Heine. 233
Alfred de Musset : I. La sœur d'Alfred de Musset 246
                II. Le peintre d'Alfred de Musset. . . 262

GAVARNI : Le dernier camarade de Gavarni.   277
B. DE SAINT-PIERRE : Le vrai roman de Paul et Virginie.   292
DES ARCHIVES PRINCIÈRES : Le Trésor de Monaco   309
M. Philippe Crozier ou le « Protocole ».   335
Le Protecteur des Rois   349

ÉMILE COLIN, IMPRIMERIE DE LAGNY (S.-&-M.)

www.ingramcontent.com/pod-product-compliance
Lightning Source LLC
Chambersburg PA
CBHW070842170426
43202CB00012B/1911